Bibliografische Information der Deutschen Nationalbibliothek: Die Deutsche Nationalbibliothek verzeichnet diese Publikation in der Deutschen Nationalbibliografie;
detaillierte bibliografische Daten sind im Internet über http://dnb.dnb.de abrufbar.

Verlag: BoD • Books on Demand GmbH, In de Tarpen 42, 22848 Norderstedt
Druck: Libri Plureos GmbH, Friedensallee 273, 22763 Hamburg
ISBN: 978-3-7583-6730-4

Daniel Pfister-Wiederkehr

Hochstrittige Eltern

praxisbewährte Lösungsansätze

radikal kindorientiert

Inhaltsverzeichnis

Zum Buch

In diesem Teil wird beschrieben, was in diesem Buch behandelt wird, für wen dieses Buch lesenswert sein könnte und wer zum Gelingen beigetragen hat.

Für wen ist dieses Fachbuch lesenswert?

AUSGANGSPUNKTE UND ZIELGRUPPE

Die Arbeit mit hochstrittigen Eltern ist in der Regel sehr belastend für Fachleute, da das Wohl und die Entwicklung der betroffenen Kinder[1] gefährdet sind. Der Druck von aussen, erfolgreich zu handeln, ist oft massiv hoch. Erschwerend kommt dazu, dass meistens nur sehr beschränkte Zeitkapazitäten zur Verfügung stehen, bei gleichzeitig vielfach sehr rudimentären Informationen über das betroffene Kind, die Systemdynamik der Eltern, das Netzwerk, in welchem sie leben, und die persönlichen Kompetenzen und Ressourcen des Kindes und der Eltern. Trotzdem müssen die Fachpersonen handeln. Doch was genau soll zum Wohl des Kindes gemacht oder unterlassen werden?

Dieses Buch richtet sich an Fachleute, welche mit streitenden Eltern zu tun haben, sei es beispielsweise als Berater/in, Abklärer/in, Beiständin/Beistand, Sozialarbeiter/in, Pädagogin/Pädagoge, Psychologin/Psychologe, Therapeut/in usw. Der Arbeitskontext kann angeordnet oder freiwillig sein.

Fachpersonen, welche im Kinderschutzbereich als Entscheidungsinstanz (Gerichte, Kinder- und Erwachsenenschutzbehörden usw.) tätig sind, soll das Buch darin unterstützen, hilfreiche, effektive und effiziente Lösungsprozesse anzuordnen.

Der Schwerpunkt im Buch liegt auf dem Umgang mit hochstrittigen Eltern, denen die Fähigkeit zugesprochen ist, dass sie für ihre Kinder allein oder mit punktueller ambulanter Hilfe sorgen können.

AUFBAU DES BUCHES

Zuerst wird ein Blick auf hochstrittige Systeme und die betroffenen Kinder sowie auf den Arbeitskontext der Fachleute geworfen. Anschliessend werden die möglichen Rollen für Fachpersonen und die Entscheidungskriterien beleuchtet.

---

[1] Das Wort „Kind" steht in diesem Buch – soweit nicht spezifiziert – als altersunabhängiger Überbegriff auch für „Säuglinge", „Kleinkinder", „Jugendliche", „junge Erwachsene".

Der Hauptteil des Buches beschäftigt sich mit dem Beratungsmodell der „kindorientierten Elternberatung". Die unterschiedlichen Phasen im Vorgehen, methodische Kernpunkte und Spezialfragen werden vorgestellt.

Im vorletzten Teil wird das Zusatzmodell „Befreiung aus der Sackgasse" präsentiert, welches bei schwerwiegenden Verdachtsäusserungen zur Anwendung kommt und auf dem Modell der kindorientierten Elternberatung aufbaut.

Zum Abschluss werden noch zentrale Elemente für eine gelingende Zusammenarbeit zwischen Behörden und beraterischen Fachleuten beleuchtet.

BENUTZUNG DES BUCHES

Jedes Kind, jedes Elternpaar, jedes System ist einzigartig und daher ist jeder „Fall" besonders. Mit diesem Buch wird daher einerseits die Absicht verfolgt, Haltungen und methodische Vorgehensweisen mit hochstrittigen Elternsystemen im Sinne eines „Kochbuches" zur Unterstützung der Handlungsfähigkeit anzubieten.

Andererseits werden die Fachleute eingeladen, die vorgestellten Ideen auf ihren Arbeitskontext und den aktuellen „Fall" anzupassen und vor allem auch mit ihren persönlichen Kompetenzen zu verbinden.

Um bei der Kochmetapher zu bleiben: Je nach Gemüsemenge ist die im Kochbuch angegebene Gewürzauswahl und -menge anzupassen, damit das Gericht vor allem den Kindern mundet.

Dank!

Mit grosser Dankbarkeit schaue ich auf das Vertrauen zurück, welches mir viele Eltern seit 40 Jahren in der Elternberatung entgegengebracht haben. Es berührt mich immer wieder zu sehen, wie Eltern ihre Kinder lieben und bereit sind – soweit es ihnen möglich ist –, gemeinsam bessere Lösungen für ihr Kind zu entwickeln. Ich konnte viel mit und von ihnen lernen.

Sehr zu Dank verpflichtet bin ich auch allen Kolleginnen und Kollegen, welche ich in meinen weit über 100 Seminaren und unzähligen Supervisionen zu diesem Thema seit Jahren kennen lernen durfte und die mit ihren Praxiserfahrungen und Fragen viel zu diesem Buch beigetragen haben.

Für die anregenden fachlichen und freundschaftlichen Hinweise zum Buch danke ich: Jürgen Hargens (Psychologe/Psychotherapeut, Meyn); Lukas Leber (Jurist/Sozialarbeiter, Bern); Nadine Loeliger (Psychiaterin/Psychotherapeutin, Liestal); Jennifer Steinbach (Psychologin/Psychotherapeutin, Solothurn); Stefan Wilhelmus (Sozialarbeiter, Basel); Andreas Zürcher Sibold (Sozialarbeiter/Kurzzeittherapeut, Arlesheim).

Danken möchte ich noch folgenden Fachleuten, welche mir ihre Gedanken und Anregungen zum neusten Kapitel „Gelingende Zusammenarbeit Behörden und Beratende" zur Verfügung gestellt haben: Patrick Fassbind (Jurist, Präsident KESB Basel-Stadt); Ursula Feustle (Leiterin kjz Rüti); Marta Friedrich (Juristin, Präsidentin KESB Hinwil); Nathalie Rush (Sozialarbeiterin, Kinderzentrierte Beratung; Basel); Torsten Schutzbach (Sozialarbeiter, KJD Basel-Stadt); Louise Vilén Zürcher (Psychologin, Institut für Familienrechtspsychologie, Solothurn).

Diana Wider (Juristin/Sozialarbeiterin, Luzern) danke ich sehr für ihre hilfreichen, unterstützenden und anregend kritischen Hinweise zum Buch und insbesondere zum neuen Buchkapitel.

Ein besonderer Dank geht noch an meine Ehefrau Monika Pfister-Wiederkehr, welche darauf geachtet hat, dass der Text verständlich und leserfreundlich blieb, und mich an vielen Abenden nach Gesprächen mit hochstrittigen Eltern am Esstisch gedankenversunken ertragen musste und sich auch mit mir freute, wenn Eltern eine kindorientierte Beratung zugunsten ihres Kindes nutzen konnten.

Hochstrittige Systeme

Kennzeichen hochstrittiger Systeme und deren Folgen für das betroffene Kind werden im ersten Abschnitt dargelegt.

Danach werden zwei handlungsleitende Orientierungen in Bezug auf das Kindeswohl vorgestellt.

Anschliessend wird ein Blick auf die oft divergierenden und manchmal auch unerfüllbaren Erwartungen an die Fachleute in diesem konfliktären Arbeitsfeld geworfen.

Der rechtliche und ökonomische Kontext und seine möglichen Auswirkungen werden dann beleuchtet und ein Kaskadenmodell für Interventionsmassnahmen präsentiert.

Blick auf das Kind in hochstrittigen Systemen

Viele Eltern von minderjährigen Kindern trennen sich heutzutage. 19 von 20 Elternpaaren gelingt diese Trennung anscheinend relativ gut.[2]

Etwa 5 % aller Scheidungen und Trennungen haben aber einen hochkonflikthaften Verlauf.[3]
In Deutschland wird geschätzt, dass etwa 50'000 Kinder davon betroffen sind.[4] In der Schweiz kann von proportional angepassten Zahlen ausgegangen werden.

KENNZEICHEN VON HOCHSTRITTIGKEIT

Dass Eltern in Trennungs- und Scheidungsphasen Auseinandersetzungen haben, ist nachvollziehbar. Es geht um Grundbedürfnisse im Leben der Beteiligten, insbesondere wie die Beziehung zu den Kindern weitergelebt werden kann, welche ökonomische Basis in naher Zukunft gilt, was für eine Wohnsituation nach der Trennung/Scheidung möglich ist.

Die Auseinandersetzungen erfolgen manchmal sinnvoll und ab und an auch destruktiv. Manche Eltern streiten laut, andere leise, die einen fair und offen, andere giftig und strategisch. Konflikte belasten selbstredend Eltern und Kinder.

Hochstrittige Elternbeziehungen unterscheiden sich von streitenden Eltern in bedeutsamen Punkten deutlich.

In der Forschung werden verschiedene Definitionsversuche des Begriffes „Hochstrittigkeit"[5] angeboten.[6] Eine allgemein anerkannte Definition fehlt.

---

[2] Weber & Schilling (2012), Seite 13
[3] Dietrich & Fichtner & Halatcheva & Sandner & Weber (2010), Seite 10
[4] Walper & Fichtner & Normann (2013), Seite 19
[5] „Hochstrittig", „hochkonfliktär", „hochkonflikthaft" werden in diesem Buch synonym verwendet.
[6] Walper et al. (2013), Seite 151; Keil de Ballón (2018), Seite 1; Weber & Schilling, (2012), Seite 14

Bei hochstrittigen Eltern sind vielfach folgende Kennzeichen für Fachleute mehr oder weniger ausgeprägt erkennbar:

- DIE BEDÜRFNISSE DER KINDER SIND NICHT IM BLICK DER ELTERN UND DAHER AUCH NICHT HANDLUNGSLEITEND.

  Diese Eltern sind beispielsweise vorwiegend damit beschäftigt, auf ihren Rechten zu beharren (z.B. Besuchsrecht), weitere belastende Erfahrungen für sich persönlich zu vermeiden (z.B. Verweigerung eines gemeinsamen Elterngesprächs) oder dem anderen Elternteil zu zeigen, dass diese/r keinen Einfluss auf sie/ihn mehr hat (z.B. reflexartige Ablehnung von Ideen des anderen Elternteils). Kinderbedürfnisse werden dabei oft übersehen, die Auswirkungen des konfliktiven Verhaltens auf dieses nicht wahrgenommen.[7]

  Die Eltern sehen ihre persönlichen Bedürfnisse oft als deckungsgleich mit denjenigen des Kindes. Sie reduzieren beispielsweise ihren Kontakt und den des Kindes zum anderen Elternteil, um ihre Stressbelastung zu minimieren, und gehen davon aus, dass das auch für das Kind gut ist oder sogar von diesem gewünscht wird. Dass dies das Kind auf verschiedenste Weise belasten kann, ist nicht in ihrem Blick.

  Die Kinder werden von den Eltern kaum ernsthaft gefragt, wie es ihnen geht und was sie brauchen.[8]

- BEDEUTSAME WÜNSCHE DER KINDER WERDEN VON DEN ELTERN NICHT BEACHTET.

  Obwohl hochstrittige Eltern betonen, dass sie alles tun wollen, was für ihre Kinder gut ist, ignorieren sie bedeutsame Aussagen von diesen. Beispielsweise wünschen sich Kinder in der Regel von ganzem Herzen, dass die Streitigkeiten zwischen den Eltern sofort aufhören, und teilen dies ihren Eltern oftmals mit. Hochstrittige Eltern überhören diese Äusserungen oder reagieren pro forma verbal darauf, aber nonverbal[9] oder paraverbal zeigen sie weiterhin Streitverhalten.

---

[7] Lawick & Visser (2017), Seite 15; Dietrich et al. (2010), Seite 22
[8] Lawick & Visser (2017), Seite 33
[9] Unterstrichene Wörter werden im Glossar erläutert

- EIN ELTERNTEIL (MANCHMAL BEIDE) SIEHT SICH ALS AUS-SCHLIESSLICHE/R EXPERTIN/EXPERTE FÜR DAS KINDES-WOHL UND SPRICHT DEM ANDEREN ELTERNTEIL ELTERLI-CHE KOMPETENZEN AB.

Die Sichtweise des anderen Elternteils wird zurückgewiesen oder überhört. Ein Gespräch darüber wird abgelehnt.

- SCHULD FÜR NEGATIVES WIRD DEM ANDEREN ELTERNTEIL ZUGEORDNET.

Bei Problemen sieht jeder Elternteil den anderen als schuldverursa-chend an.[10] Wenn ein Kind beispielsweise beim Wechsel von einem Elternteil zum anderen weint, gibt ein Elternteil dem vielleicht die Be-deutung, dass das Kind nicht zum anderen Elternteil gehen will, weil es diesen nicht gern hat. Der andere Elternteil sieht darin einen Be-weis, dass der andere Elternteil es nicht gehen lassen will und darum das Kind unter Druck gerät und weint.
Im Extremfall kann ein solches Muster in einer „Dämonisierung" des anderen Elternteils enden.[11]

- DIE ELTERN SIND NICHT IN DER LAGE, LÖSUNGEN FÜR IHR KIND ZU FINDEN, DIE VON BEIDEN MITGETRAGEN WERDEN.

Anstehende Entscheide, wie beispielsweise ob das Kind Medika-mente nach einer ADHS-Diagnose nehmen, Nachhilfe bei einem Schulleistungsabfall erhalten, mehr oder weniger Zeit mit seinem Lieblingssport oder Musikinstrument verbringen soll oder wo und wann dieses zu wem in die Ferien geht, können (oder wollen?) die Eltern nicht mehr gemeinsam treffen.[12] Anstelle von Lösungsgesprä-chen versuchen die Eltern die Situation „auszusitzen" oder ihre Sicht-weise mittels Einbezug von anderen (Anwältinnen/Anwälte, Thera-peutinnen/Therapeuten, Gerichte usw.) durchzusetzen.

---

[10] Siehe „Kausalattributionen" und „Verantwortungsattributionen" in Lawick & Visser (2017), Seite 23 und „Interpunktion der Ereignisfolgen" Watzlawick & Beavin & Jackson (1969), Seite 92
[11] Lawick & Visser (2017), Seite 20
[12] Walper & Fichtner & Normann (2013), Seite 151

- ELTERN ZIEHEN IHR KIND IN IHREN (PAAR-)KONFLIKT MIT HIN-
  EIN UND BELASTEN DAMIT DIE BEZIEHUNG DES KINDES ZUM
  ANDEREN ELTERNTEIL.

  Hochstrittige Eltern zeigen dem Kind mit expliziten Äusserungen
  oder nonverbaler oder paraverbaler Kommunikation, dass sie den
  anderen Elternteil ablehnen. Manche Elternteile reden mit dem Kind
  explizit negativ über den anderen. Andere Elternteile reden indirekt
  negativ über den anderen Elternteil, beispielsweise wenn sie mit
  Freunden oder Grosseltern sprechen und das Kind dabei ist und mit-
  hört. Manchmal wird ein negativer Zusammenhang zu alltäglichen
  Punkten hergestellt in der Form „Wenn dein Vater mehr zahlen und
  nicht alles für sich behalten würde, dann könnte ich dir ein neues
  Handy kaufen!". Auch informieren einige Eltern das Kind ungefiltert
  über negative Mails eines Elternteils oder über anwaltschaftliche Kor-
  respondenzen: „Deine Mutter will, dass ich dich nicht mehr sehen
  darf." Dies belastet das Kind und kann einer negativen Sichtweise
  über einen Elternteil Vorschub leisten.[13]

- DAS KIND IST MEHR FOKUSSIERT AUF DIE BEFRIEDIGUNG
  DER ELTERNBEDÜRFNISSE ALS AUF SEINE BEDÜRFNISSE.

  Kinder in hochkonflikthaften Systemen konzentrieren sich oft auf die
  emotionalen Befindlichkeiten und Bedürfnisse ihrer Eltern. So versuchen einige Kinder ihre Eltern wieder zu versöhnen. Andere passen
  sich den Erwartungen der Eltern massiv an, in der Hoffnung deeskalierend auf den Konflikt Einfluss zu nehmen. Aufgrund der emotionel-
  len und auch ökonomischen Abhängigkeit ist diese Bewegung
  selbstverständlich nachvollziehbar. Eine derartige Ausrichtung führt
  aber dazu, dass die Kinder das eigene Befinden und die eigenen Bedürfnisse – zeitweise oder über lange Strecken – aus den Augen verlieren. Bleibt die Situation unerträglich, wählen einige Kinder auch
  die Distanzierung oder sogar den Abbruch des Kontaktes zu einem
  Elternteil.[14]

---

[13] Walper et al. (2013), Seite 151; Dietrich et al. (2010), Seite 21
[14] Dietrich & Fichtner & Halatcheva & Sandner & Weber (2010), Seite 23

- ANGEHÖRIGE UND FACHLEUTE WERDEN ZU ALLIANZEN EIN-GELADEN.

Im Rahmen von Trennungs- und Scheidungsprozessen werden Eltern von Anwältinnen/Anwälten, Gerichten/Behörden, Gutachterinnen/Gutachtern, aber auch von Freunden, Familienangehörigen usw. vielfach aufgefordert, ihre Sichtweise darzulegen. Die Elternteile präsentieren diese dann logischerweise so, dass das Gegenüber ihren negativen Blick auf den anderen Elternteil teilen kann. Eltern machen die Erfahrung, wenn ihnen das gelingt, haben sie einen Allianzpartner gegen den anderen Elternteil gewonnen. Aus ihrer Sicht werden sie sich dann eher gegen den anderen Elternteil durchsetzen können, diesen „besiegen" oder zumindest nicht „unterliegen".

Verschiedene Forscher weisen darauf hin, dass je höher der Konfliktpegel ist, desto mehr Fachpersonen[15] und private Bezugspersonen der Eltern involviert werden[16].

Allianzen, juristische Verfahren und Massnahmen eröffnen Eltern vielfältige Möglichkeiten, elterliche Aufgaben und Verantwortung an Fachleute zu delegieren, z.B. nicht mehr miteinander sprechen zu müssen, Fachpersonen als „Postboten" zu instrumentalisieren oder von diesen zu fordern, den Kontakt mit dem Kind durchzusetzen.[17]

- EINSCHÄTZUNGEN VON FACHLEUTEN WERDEN OFT ZURÜCK-GEWIESEN, ZUMINDEST VON EINEM ELTERNTEIL.

Elternteile in hochstrittigen Systemen erwarten von Fachpersonen vielfach, dass diese ihre Sichtweise teilen und sie gegen den anderen Elternteil unterstützen. Tun sie das nicht, werden sie schnell als Verbündete der Gegenpartei wahrgenommen. Dies passiert auch oft, wenn die Fachmeinung der Fachleute gegensätzlich zur Ansicht der Eltern ist.

---

[15] Weber & Schilling (2012), Seite 180
[16] Lawick & Visser (2017), Seite 20
[17] Holt & Schönherr (2015), Seite 73; Dietrich et al. (2010), Seite 18

SYSTEMMERKMALE

Forschungsergebnisse zeigen, dass soziodemografische Merkmale keinen Einfluss auf den Grad der Hochkonflikthaftigkeit von Eltern in Trennung und Scheidung ausüben. Weder Alter noch Geschlecht, Herkunft,
Bildungsgrad und kultureller Hintergrund spielen eine Rolle.[18]

---

[18] Dietrich et al. (2010), Seite 17 ; Walper et al. (2013), Seite 29

TRENNUNGSFOLGEN FÜR KINDER

Kinder reagieren unterschiedlich auf die elterliche Trennung.[19] Vielfach empfinden sie Schmerz, Wut, Angst oder Trauer über die ihnen aufgezwungenen Abschiede (Familie, Freunde usw.) und Veränderungen (z.B. Wohnort, Sportclub).[20] Sie erleben sich oft belastet, hilflos und zerrissen. Ungewollt fühlen sie sich zum Vermitteln zwischen den Eltern oder zur Parteiergreifung für einen Elternteil gezwungen.

Geschwister können die Belastung stark unterschiedlich erleben, auch wenn sie den elterlichen Auseinandersetzungen in ähnlicher Weise ausgesetzt sind.[21]

Einige Scheidungsforscher gehen davon aus, dass bei niederem Konfliktniveau eher keine negativen Langzeitfolgen für die Kinder zu erwarten sind, andere bezweifeln das. Einigkeit besteht darüber, dass in hochstrittigen Systemen Kinder geschädigt werden.[22] Je heftiger die Trennungskonflikte sind, desto gravierendere psychische und psychosoziale Folgen haben diese wohl für die Kinder.[23]

Zwei bis drei Jahre nach der elterlichen Trennung setzt bei zwei Drittel der Kinder eine Normalisierung ein. Bei einem Drittel der Kinder kommt es zu mittel- und langfristigen Beeinträchtigungen der psychischen Gesundheit oder Persönlichkeitsentwicklung, vor allem wenn die elterlichen Konflikte anhalten oder eskalieren.[24] Als Spätfolgen werden beschrieben: weniger Selbstvertrauen und Lebensfreude, Anfälligkeiten für körperliche und seelische Störungen.[25] Die Kinder neigen zu einer erhöhten emotionalen Erregbarkeit und nehmen andere Kinder oftmals positiver wahr als sich selbst.[26]

Manche Kinder erhalten altersunpassende Macht zur Manipulation im Familiensystem und beginnen im Konflikt mit zu agieren.[27]

---

[19] Walper et al. (2013), Seite 91
[20] Walper et al. (2013), Seite 146; Weber & Schilling, (2012), Seite 55
[21] Dietrich et al. (2010), Seite 26
[22] Walper et al. (2013), Seite 20 und 91; Hötker-Ponath, Gisela (2009), Seite 39
[23] Lawick & Visser (2017), Seite 15
[24] Walper et al. (2013), Seite 145
[25] Weber & Schilling (2012), Seite 55/235
[26] Dietrich et al. (2010), Seite 24
[27] Dietrich et al. (2010), Seite 25

KINDESWOHL

Die Aussage „Das ist zum Wohl des Kindes!" ist in dieser oder synonymen Formen eines der häufigsten Äusserungen von Eltern und wird vielfach auch als „Joker" eingebracht, um die eigene Sichtweise unangreifbar zu machen und durchzusetzen. Beispielsweise werden Sätze der folgenden Art geäussert: „Es ist wichtig, dass ein Kind seinen Vater sieht!" „Eine Mutter weiss am besten, was für ihr Kind gut ist!" Was damit genau gemeint ist, wird vielfach nicht genauer erläutert.

Es gibt einige Kindeswohldefinitionen aus rechtlicher, psychologischer, soziologischer oder philosophischer Sicht. Diese sind für die konkrete Arbeit oft zu vielschichtig und damit zu wenig handlungsleitend.

In der Arbeit mit hochstrittigen Eltern sind in der Regel zwei Orientierungen hilfreich:

▷ Maximalorientierung: „Dem Kind ist es wohl."
▷ Praxisorientierung: „Dem Kind am meisten dienlich ist die konfliktärmste Regelung, die von beiden Eltern mitgetragen wird."[28]

In einzelnen Fällen ist das betroffene Kind akut gefährdet. Vier mögliche Gefährdungskriterien bei hochkonflikthaften Systemen werden oft genannt:

- Einschränkung der Erziehungsfähigkeit des hauptsächlich betreuenden Elternteils oder beider Elternteile aufgrund der kognitiven Verengung auf den Elternkonflikt,
- behandlungsbedürftige Belastungssymptomatik des Kindes,
- eingeschränkte Bewältigung altersentsprechender Entwicklungsaufgaben,
- Fehlentwicklungen in der Eltern-Kind-Beziehung.[29]

In der überwiegenden Zahl der Fälle besteht in hochstrittigen Systemen eine latente, aber noch nicht akute Kindeswohlgefährdung. Dies eröffnet – vor sehr invasiven Interventionen (behördliche Abklärung; Massnahmen mit Elternrechtseinschränkungen usw.) – die Möglichkeit zu elternunterstützenden Hilfen wie beispielsweise einer angeordneten Beratung.

---

[28] Wider, Diana und Pfister-Wiederkehr, Daniel (2016), Seite 326
[29] Dietrich et al. (2010), Seite 32

FAZIT

5 % aller von Trennung betroffenen Kinder wachsen in einem hochstrittigen (Familien-)System auf.

Die Forschungsergebnisse weisen darauf hin, dass je mehr und ausgeprägtere Kennzeichen von hochstrittigen Systemen erkennbar sind, desto wahrscheinlicher sind negative Folgen für die Kinder im späteren Leben zu erwarten.

Das Erkennen der Anzeichen von hochstrittigen Systemen eröffnet Möglichkeiten, diese Systeme gezielt mit kindorientiertem Handeln bei der anstehenden Veränderung zu unterstützen.

Damit Fachleute kindorientiert handeln können, müssen diese zudem den Kontext hochstrittiger Systeme beachten. Elemente dieses Kontextes werden im kommenden Abschnitt beleuchtet.

Blick auf Kontext und Fachleute

DAS ERWARTUNGSFELD

Fachleute sind in der Arbeit mit hochstrittigen Systemen vielen Erwartungen ausgesetzt von Seiten der Eltern, der Auftraggebenden usw. Vor allem aber müssen sie die vermuteten und geäusserten Bedürfnisse der Kinder im Blick behalten. In der Regel sind viele Erwartungen divergierend. Fachpersonen erzählen, dass sie in ihrer Praxis oft mit Folgendem konfrontiert sind:

- MÜTTER ERWARTEN beispielsweise, dass die Fachleute aus ihrer Sicht schädliches Verhalten des Vaters gegenüber dem Kind stoppen und diesen dazu bringen, Erwünschtes oder gerichtlich Angeordnetes umzusetzen (z.B. gleiches Erziehungsverhalten; genaue Einhaltung der Kontaktzeiten; pünktliches Bezahlen der Alimente; Unterlassung der Beeinflussung des Kindes). Die Fachpersonen sollen dafür sorgen, dass der persönliche und schriftliche Kontakt zwischen dem „Ex" und ihnen gering bleibt oder sogar ganz unterbleibt. Daher sollen die Fachleute Informationen von einem zum anderen überbringen. Diese soll auch manchmal verhindern, dass die aktuelle neue „Familiensituation" nicht gestört wird.

- VÄTER ERWARTEN beispielsweise, dass die Fachpersonen das aus ihrer Sicht schädliche Verhalten der Mutter gegenüber dem Kind stoppen. Die Fachleute sollen die Mütter dazu bringen, Erwünschtes oder gerichtlich Angeordnetes umzusetzen (z.B. Übernahme väterlicher Erziehungsvorstellungen; Unterlassung der Beeinflussung des Kindes; mehr Kontakt zum Kind ermöglichen; vor ungerechtfertigten finanziellen Forderungen schützen). Sie erwarten Unterstützung in der Kommunikation mit der Mutter (z.B. deutlich mitzuteilen, was gilt). Die Fachleute sollen dafür sorgen, dass der Vater durch neue Partner der Mutter nicht konkurrenziert wird.

- KINDER ERHOFFEN (explizit oder implizit) vielfach, dass die Fachperson dafür sorgt, dass die Eltern aufhören zu streiten. Manche hoffen, dass dies hilft, die Eltern wieder zusammenzubringen. Sie wünschen Unterstützung dafür, dass sie sich nicht (oder zumindest nicht offen) für oder gegen einen Elternteil stellen müssen. Wichtig ist den meisten Kindern, dass sie zu beiden eine passende Beziehung pflegen und frei über die Erlebnisse mit dem anderen Elternteil reden können, aber nicht ausgefragt werden.

- ARBEITGEBER/INNEN UND ARBEITSKOLLEGINNEN/-KOLLEGEN ERWARTEN in der Regel eine effiziente, erfolgreiche Arbeit, sodass der zeitliche Aufwand andere Aufgaben (z.B. Fallübernahme) nicht beeinträchtigt. Sie sind froh, wenn sie in diese „Fälle" aufgrund ihrer eigenen Arbeitsbelastung nicht einbezogen werden oder sofern dies erforderlich ist (z.B. Ferienabwesenheit, Krankheitsausfall), alles detailliert dokumentiert ist, damit sie mit wenig Aufwand handeln können.

- AUFTRAGGEBER/INNEN ERWARTEN meistens, dass der Konflikt zwischen den Eltern reduziert wird, ihre Beschlüsse umgesetzt werden, wenig weiterer Aufwand für sie entsteht, eine pünktliche, aussagekräftige Berichterstattung erfolgt und gut fundierte Anträge eintreffen.

Auch weitere Involvierte, beispielsweise Anwältinnen/Anwälte, Therapeutinnen/Therapeuten, Ärztinnen/Ärzte, Grosseltern usw., können explizite oder implizite Erwartungen an Fachleute haben.

All diese Erwartungen sind logischerweise aufgrund der Menge – und da sie teilweise diametral gegensätzlich sind – nicht erfüllbar. Fachpersonen sind daher gezwungen, eine fachliche Positionierung vorzunehmen mit Blick auf den Nutzen des Kindes, innerhalb des Rechts und unter Beachtung der aktuellen ökonomischen Möglichkeiten.

RECHTLICHER RAHMEN UND PRAXISFOLGERUNGEN

Welche rechtlichen Vorgaben können Fachpersonen zum Wohl der Kinder nutzen?

Sofern von Gerichten oder Behörden nichts anderes festgelegt wurde, werden hochstrittige Eltern als kompetent erachtet, für ihr Kind zu sorgen. Hochstrittige Eltern verfügen daher über die gleichen Rechte und Pflichten wie andere Eltern, sofern die Elternrechte und Elternpflichten nicht eingeschränkt sind, wofür sehr hohe rechtliche Hürden bestehen.[30] Daher dürfen und müssen an hochstrittige Eltern auch dieselben Anforderungen wie an alle anderen Eltern zum Wohl der Kinder gestellt werden.

Falls die Eltern beispielsweise die „gemeinsame elterliche Sorge"[31] als Rechtsform gewählt haben, haben sie damit auch implizit anerkannt, dass sie regelmässig miteinander über das Kind reden müssen, da ansonsten die gemeinsame elterliche Sorge für das Kind nicht gelebt werden kann. Aus diesem Blickwinkel sind gemeinsame Elterngespräche als vorgegebener Rahmen zu betrachten und zumindest unter Mithilfe einer Fachperson auch bei hochstrittigen Elternbeziehungen unverhandelbar.

Den Rechten der Eltern steht die Pflicht gegenüber, anstehende kindbezogene Fragen und Probleme zu lösen und den anderen Elternteil zugunsten des Kindes zu unterstützen.[32] Auf dieser Pflichterfüllung können Fachleute beharren.

Hochstrittige Eltern bewegen sich oft im rechtlichen Denken. So werden beispielsweise Rechtsansprüche von den beteiligten Eltern in Gesprächen ins Zentrum gerückt, wie beispielsweise das Kind immer zu den angeordneten Zeiten zu sehen oder bei nicht angeordneten Zeiten es nicht zu einem Elternteil zu lassen (z.B. Teilnahme an der Geburtstagsfeier eines Elternteils an einem nicht vereinbarten Wochenende).

---

[30] Wider & Pfister-Wiederkehr (2016), Seite 328
[31] Siehe Schweizerisches Zivilgesetzbuch (ZGB), Art. 298a
[32] Gemäss Art. 274 Abs. 1 ZGB „haben der Vater und die Mutter alles zu unterlassen, was das Verhältnis des Kindes zum anderen Elternteil beeinträchtigt oder die Aufgabe der erziehenden Person erschwert".

Die Eltern verlieren schnell aus dem Blick, dass der Gesetzgeber das Wohl des Kindes über die Rechtsansprüche der Eltern setzt. Was zur Folge hat, dass Eltern dazu verpflichtet sind, ihre Rechtsansprüche zurückzustellen und dem Rechtsanspruch des Kindes zu entsprechen Auch der Rechtsanspruch des Kindes[33], zu beiden Elternteilen Kontakt zu haben, gerät immer wieder aus dem Fokus einiger Eltern. Bei diesem Rechtsanspruch ist zudem auf den Willen des Kindes Rücksicht zu nehmen.[34]

Der Konflikt zwischen den Eltern wurde von diesen ausgelöst und wird von diesen aufrechterhalten. Sie sind auch aus rechtlicher Sicht dafür verantwortlich, diesen zugunsten des Kindes aufzulösen.[35] Fachleute können elterliche Konflikte nicht lösen! Sie können allerdings die Eltern professionell unterstützen, damit diese wieder in der Lage sind, ihre Rechte und Pflichten wahrzunehmen (Empowermentorientierung).

Gerichte und Behörden sollten in der Arbeit mit hochstrittigen Eltern sorgsam darauf achten, dass ihre Entscheidungen dem betroffenen Kind nützen und keinesfalls die bestehende Konfliktdynamik unterstützen oder sogar verstärken. [36]

Eine wichtige Möglichkeit besteht darin, eine verhältnismässige, d.h. geeignete und erforderliche Massnahme zu wählen (⋯→Seite 243-250). Basierend darauf, dass in der schweizerischen Gesetzgebung vorgegeben ist, dass Fachpersonen nur subsidiär zu den elterlichen Rechten und Pflichten aktiv werden, kann folgende vereinfacht dargestellte Interventionskaskade abgeleitet werden:

Kaskadenstufe 1	Kaskadenstufe 2	Kaskadenstufe 3	Kaskadenstufe 4
z.B. freiwillige Elternberatung	z.B. angeordnete kindorientierte Elternberatung	z.B. angeordnete kindorientierte Abklärung	z.B. angeordnete Kindesschutz-Massnahme

---

[33] Wider & Pfister-Wiederkehr (2016), Seite 323
[34] Wider & Pfister-Wiederkehr (2016), Seite 331
[35] Wider & Pfister-Wiederkehr (2016), Seite 327
[36] Weber & Schilling (2012), Seite 23

1. Kaskadenstufe: Für das Wohl des Kindes sind in erster Linie die Eltern zuständig. Eltern haben das Wohl des Kindes sicherzustellen und den persönlichen Verkehr zwischen Eltern und Kindern zu regeln, allein oder indem sie professionelle Beratung nutzen = z.B. freiwillige Elternberatung.[37]

2. Kaskadenstufe: Sind die Eltern aufgrund ihres Konfliktes im Moment dazu nicht in der Lage, wird durch das Gericht oder die Behörde eine Beratung angeordnet[38] [39] = z.B. angeordnete kindorientierte Elternberatung (⋯→Seite 244-247).

3. Kaskadenstufe: Führt die kindorientierte Beratung nicht zur erforderlichen Besserung und ist eine Kindeswohlgefährdung nicht auszuschliessen, wird auf Anraten der Beraterin/des Beraters eine Abklärung durchgeführt = z.B. angeordnete kindorientierte Abklärung

4. Kaskadenstufe: Je nach Ergebnis der kindorientierten Abklärung wird entweder eine Kindesschutz-Massnahme[40] angeordnet oder das Verfahren wird abgeschlossen, weil keine geeignete Massnahme zur Abwendung der Kindeswohlgefährdung zur Verfügung steht.

Die Grundbewegung dieses Kaskadenmodells startet mit der Unterstützung der Selbststeuerung der Eltern. Bei Bedarf ist immer mehr Fremdsteuerung zugunsten des Kindes einzusetzen.

In der Praxis kann es angezeigt sein, einen oder mehrere Kaskadenstufen zu überspringen, wenn sich dies aufgrund der aktuellen Situation aufdrängt (⋯→Seite 40-43).

---

[37] Wider & Pfister-Wiederkehr (2016), Seite 336-337
[38] Wider & Pfister-Wiederkehr (2016). Seite 333/345-349
[39] „Kindorientierte Beratung" wird synonym zum Begriff „kindorientierte Mediation" verstanden.
[40] Meistens eine Beistandschaft nach Art. 308 ZGB mit einem präzis definierten Auftrag siehe z.B. Wider & Pfister-Wiederkehr (2016) Seite 342-345

ÖKONOMIE UND RESSOURCEN

Fachleute machen vielerorts die Erfahrung, dass hochstrittige Eltern oft überproportional viel Arbeitsaufwand erfordern. Schätzungen aus den USA weisen darauf hin, dass ca. 10 % der Scheidungen etwa 80 % der Gerichtskapazitäten binden.[41] Dies dürfte auch für Behörden und soziale Dienste zutreffen. Diese Zeitressourcen stehen dann für andere Menschen in Not nicht mehr zur Verfügung. Daher stellt sich die Frage, welche Kaskadenstufe kindorientiert angezeigt und voraussichtlich effektiver und effizienter ist.

---

[41] Walper et al. (2013), Seite 95

FAZIT

Fachleute sind in hochstrittigen Systemen vielfältigen Erwartungen von unterschiedlich Beteiligten ausgesetzt. Diese sind oft gegensätzlich und manchmal schlicht unerfüllbar. Fachpersonen benötigen daher in diesem konfliktären Arbeitsfeld ein klares, handlungsleitendes Rollenverständnis.

Solange Gerichte oder Behörden die Eltern als kompetent erachten, um für ihre Kinder zu sorgen, sollten Fachleute in Gesprächen genau dies als Ausgangspunkt anerkennen. Auf die elterliche Kompetenz aufbauend, können sie von den Eltern die Erfüllung ihrer elterlichen Pflichten – als Gegenstück zu deren Rechten – einfordern. Dazu gehört insbesondere, den das Kind schädigenden Konflikt zu beenden. Wollen Eltern gut für ihr gemeinsames Kind sorgen, so sind gemeinsame Elterngespräche unverhandelbar.

Aus methodischen und aus ökonomischen Gründen lohnt es sich, die Kaskadenstufe sorgfältig zu bestimmen.

Fachliche Positionierung

Es werden zwei zur Wahl stehende fachliche Positionierungen in der Arbeit mit hochstrittigen Eltern vorgestellt.

Darauf aufbauend werden Indikationen für die Wahl einer veränderungsorientierten „Beratung" oder expertenorientierten „Abklärung" präsentiert.

Besprochen wird zudem der Nutzen von angeordneter Beratung und was ein wirksames und praxistaugliches Modell von anderen unterscheidet.

Fachrollen und Indikationen

Zwei grundsätzliche Rollen stehen im Umgang mit hochstrittigen Eltern zur Auswahl. Das Rollenverständnis I ist eine „expertenorientierte Abklärungsrolle" und das Rollenverständnis II eine „veränderungsunterstützende Beratungsrolle".

Um erfolgreich hochstrittigen Eltern zu begegnen, müssen Gerichte, Behörden und Fachleute die jeweilige Rolle für sich und gegenüber den Gesprächspartnern klar definieren können. Das jeweilige Rollenverständnis führt zu anderen Sichtweisen auf das System, zu unterschiedlichen Vorgehensweisen, Fragen und Arbeitsbeziehungsangeboten. Klientinnen und Klienten gehen oft in der Regel davon aus, dass das Rollenverständnis I angewandt wird.

Um Orientierung und Klarheit in diesem komplexen Gebiet zu ermöglichen, wird im Folgenden tendenziell eine Schwarz-Weiss-Darstellung angewandt, wohl wissend, dass in der Praxis – insbesondere in der 4. Kaskadenstufe – auch Mischformen erforderlich sind (⇢Seite 30).

ROLLENVERSTÄNDNIS I UND II

	Rollenverständnis I	Rollenverständnis II
	Elternteil I Klagende/r ⇨ Elternteil II Beklagte/r **Recht** Behörden/Fachperson **Beurteilung** Im Kontext Kindeswohl	Mutter Kinderexpertin Vater Kinderexperte **Kind** Behörden/Fachperson **Prozessexperten** Im Kontext des Rechts
Fokus	Recht ist im Zentrum	Kind ist im Zentrum
Systemebene	Erwachsenen-Ebene	Kind-Eltern-Ebene
Expertentum	Fachleute Expertinnen/ Experten für Inhalt und Prozess	Eltern Expertin/Experte für Kind; Fachleute für Umgang mit Konflikten

Position	neutral	parteiisch für das Kind
Gesprächs-inhalte	Fachleute definieren Ziele, Themen und Vorgehen	Eltern entwickeln Lösungen zur Konfliktreduktion zugunsten des Kindes
Gesprächsaus-richtung	vergangenheits-, defizit-, problemorientiert	zukunfts-, kompetenz-, lösungsorientiert
Orientierung	erwachsenenorientiert	kindorientiert
Kontrolle und Entscheidungs-kompetenzen	Fachleute kontrollieren Eltern und Fachleute entscheiden	Eltern kontrollieren sich gegenseitig und vereinbaren gütliche Lösungen zugunsten des Kindes
Wahrheit	wahrheitsorientiert: herausfinden was stimmt	kindernutzenorientiert: hilfreiche Konstrukte nutzen
Tätigkeit	abklären, beurteilen, empfehlen und anordnen	kindorientierte Gesprächsführung mit Eltern
Ziel	Fachabklärung und juristisch fundierter Entscheid für nächsten Schritt	Lösung des Konflikts durch Eltern zugunsten des Kindes
Dauer	in der Regel sehr kurz	solange erforderlich und dienlich für das Kind
Indikation	akute Kindeswohlge-fährdung	latente Kindeswohlge-fährdung

ROLLENVERSTÄNDNIS I (expertenorientierte Abklärungsrolle)

Dieses Rollenverständnis kommt zur Anwendung, wenn das Wohl eines Kindes akut gefährdet ist (Indikationspunkte ⸱⸱⸱→Seite 41-42). In dieser Rolle wird das Ziel verfolgt, abzuklären, ob das betreffende Kind im Konflikt zwischen den hochstrittigen Eltern akut gefährdet ist und was der Staat zur Abwendung der Gefährdung beitragen könnte. Es sollen die erforderlichen Fakten gewonnen werden, um juristisch fundiert angemessene Schritte zur Behebung der Kindeswohlgefährdung einzuleiten oder aufgrund der Erkenntnisse den Abklärungsauftrag abzuschliessen, da keine Kindeswohlgefährdung erkannt wurde. Dies erfolgt oft mittels Gespräche mit dem Kind, den Eltern, Informationseinholung in der Schule, bei Ärztinnen/Ärzten, bei involvierten Therapeutinnen/Therapeuten usw. Dieses Vorgehen ist schwerpunktmässig fakten-, wahrheits-, vergangenheits- und defizitorientiert. Das Fachwissen der Fachpersonen bestimmt das Vorgehen und aufgrund dieses Expertenwissens erfolgen Beurteilung und Empfehlungen an die Entscheidungsinstanz.

Da der Ausgangspunkt eine mögliche akute Kindeswohlgefährdung ist, sollte die Abklärung umgehend eingeleitet und in kurzer Zeit abgeschlossen werden.

ROLLENVERSTÄNDNIS II (veränderungsunterstützende Beratungsrolle)

Dieses kommt zur Anwendung, wenn ein Kind unter der konfliktären Elternbeziehung latent leidet und die Eltern nicht in der Lage sind, den Streit ohne Unterstützung von aussen zu beenden (Indikationspunkte ⋯→Seite 40-41).

Die Aufgabe der Fachleute ist es, die Eltern zu befähigen – im Sinne des Empowerments – ihren Konflikt zugunsten ihres Kindes nachhaltig zu beenden. Dabei werden die Eltern als Expertinnen/Experten für ihr Kind angesehen. Auf ihren Konstrukten wird aufgebaut, wenn diese für das Kind nützlich und umsetzbar sind und damit „passen"[42]. Die Fachpersonen helfen mit ihrer kindorientierten Prozesssteuerung und kindorientierten Gesprächsführung den Eltern ihren Konflikt zu beenden und ihre Aufgaben als Eltern wieder kindorientiert zu erfüllen.

Dieses Rollenverständnis ist radikal kind-, zukunfts-, kompetenz- und lösungsorientiert. Rechtsansprüche der Eltern werden zugunsten des Kindeswohls auf den zweiten Platz verwiesen (⋯→Seite 28). Die Konstruk-

---

[42] Von Glaserfeld (1985, Seite 20) veranschaulicht diese Orientierung anhand eines „Schlüssels". Dieser passt, wenn das Schloss aufgeht. Damit verstehen wir das Schloss noch nicht, doch die Tür ist auf.

tionen der Eltern über negative Erlebnisse in der Vergangenheit als Frau, Mann, Paar, Eltern, Familie usw. erhalten daher in den Gesprächen keinen Raum. Die Lösungsverantwortung wird bei den Eltern belassen, bzw. diesen explizit wieder zugewiesen. Die Verantwortung für eine konfliktmindernde Prozesssteuerung liegt bei den Fachleuten.

Dieses Rollenverständnis wird so lange aufrechterhalten, wie es erforderlich und dienlich für das Kind ist.

Vollständig zur Anwendung kommt dieses Rollenverständnis beispielsweise im Modell der kindorientierten Elternberatung (ab ⇢Seite 49).

MISCHFORM ROLLENVERSTÄNDNIS I UND II

In vereinzelten Fällen kann es angezeigt sein, dass eine Fachperson – insbesondere in der 4. Kaskadenstufe (⇢Seite 30) – verschiedene Aufträge übernimmt, welche pro jeweiligen Punkt dem Rollenverständnis I oder II entsprechen.

Wenn beispielsweise die Eltern in den wichtigsten Punkten kindorientiert handeln, aber z.B. die Erstellung des Jahresbesuchs- und Ferienplanes jeweils zum Wiederaufflammen des Konfliktes führt (und eine kindorientierte Elternberatung nicht zum erwünschten Ziel führte), kann eine Fachperson beauftragt werden, dies beispielsweise am Anfang des Jahres basierend auf dem bestehenden Gerichts-/Behördenentscheid festzulegen (= Rollenverständnis I). Für die anderen Auftragspunkte, beispielsweise die Unterstützung einer kindorientierten Elternkommunikation, kommt wieder das veränderungsunterstützende Rollenverständnis II zur Anwendung.

Eine Mischform ist sowohl für die Eltern wie auch die Fachpersonen herausfordernd. Wenn dies aber für das betroffene Kind nützlich ist, stellt die Mischform eine Option dar.

WAHL DES PASSENDEN KINDORIENTIERTEN VORGEHENS

Es stellt sich nun die Frage, welche Ausgangspunkte und Kriterien zu einer veränderungsunterstützenden Beratung (Rollenverständnis II) oder zu einer expertenorientierten Abklärung (Rollenverständnis I) führen. Im Folgenden werden mögliche Indikationspunkte dargelegt.

WAHL VERÄNDERUNGSUNTERSTÜTZENDER BERATUNG

Ein veränderungsunterstützendes Vorgehen (⋯→Seite 244-247) ist angezeigt, wenn:

- zwischen den Eltern ein latenter Konflikt besteht, welcher das Kind belastet und in Zukunft das Kindeswohl gefährden könnte,

- die Eltern nicht in der Lage sind, die erforderliche elterliche Kommunikation zugunsten ihres Kindes zu führen, wie kindbezogene Informationen einander zukommen zu lassen, erforderliche Absprachen zu treffen, den vereinbarten Kontakt des Kindes zu beiden Eltern zu ermöglichen usw.,

- die Eltern nur gemeinsam den Konflikt zugunsten des Kindes beenden können,

- die elterlichen Rechte und Pflichten nicht bedeutsam eingeschränkt sind, beispielsweise das Recht auf „persönlichen Verkehr"[43] besteht oder die Eltern das gemeinsame Sorgerecht innehaben.

In der Regel werden diese Punkte sofort in den ersten schriftlichen Kommunikationen oder einem kurzen Gespräch mit den Eltern auf dem Gericht oder bei der zuständigen Behörde sichtbar und bedürfen keiner vertiefenden Abklärung.

Keine Ausschlussgründe für eine veränderungsunterstützende Beratung sind unbelegte Behauptungen:
- zu früherer Gewalt zwischen den Eltern oder gegen das Kind (Umgangsoptionen ⋯→Seite 145-152). Einige Fachleute empfehlen gerade bei latentem Gewaltpotenzial, auf Abklärungen oder Risikoeinschätzungen zu verzichten, da diese die Gefahr einer Gewalteskalation beinhalten[44],

---

[43] Wider & Pfister-Wiederkehr (2016), Seite 323
[44] Lawick & Visser (2017), Seite 57-58

- zu übermässigem Konsum von legalen oder illegalen Suchmitteln oder psychischen Beeinträchtigungen eines Elternteiles (Umgangsoptionen ⸱⸱→Seite 167-172),
- zu konfliktären Kinderübergaben, beleidigendem Mailverkehr,
- zu vermuteten „Entfremdungsabsichten" eines Elternteiles oder aktuell gezeigtem Verhalten eines „entfremdeten Kindes"[45] (Umgangsoptionen ⸱⸱→Seite 172-176).

Aber auch wenn eine Aussage belegt ist, stellt sich die Frage, ob dieser frühere Vorfall unter den neuen Gegebenheiten noch so relevant ist, um eine kindorientierte Elternberatung auszuschliessen.

Ein Ausschluss ist zudem nur angezeigt, wenn eine alternative, geeignetere Vorgehensweise vorhanden ist, welche die erforderliche Konfliktreduktion zwischen den Eltern zugunsten des Kindes ebenfalls ermöglicht.

Eine veränderungsorientierte Beratung ist nicht angezeigt, wenn die im Folgenden beschriebenen Indikationspunkte für eine expertenorientierte Abklärung gegeben sind.

WAHL EINER EXPERTENORIENTIERTEN ABKLÄRUNG

Bei hochstrittigen Eltern ist eine expertenorientierte Abklärung (Rollenverständnis I; Kaskadenstufe 3) angezeigt, wenn:

- zu Beginn belegte Fakten vorliegen, welche zeigen, dass das Kind akut gefährdet ist[46], wie beispielsweise ein akuter psychotischer Schub oder eine schwere Depression eines betreuenden Elternteiles, oder weil eine polizeiliche Meldung vorliegt, dass ein Elternteil komatös betrunken aufgefunden wurde, in der Zeit, in der dieser für das Kind verantwortlich war,
- in einer kindorientierten Elternberatung nach 3 bis 5 Sitzungen klar wird, dass ein Elternteil oder beide „einigungsunwillig" sind und die kindorientierte Elternberatung abgebrochen werden muss, da diese aktuell nicht zweckmässig ist und eine akute Kindswohlgefährdung möglich ist.

---

[45] Lawick & Visser (2017), Seite 35
[46] Gefährdungsschwelle laut Dietrich et al. (2010), Seite 32/33

- bereits ein oder mehrere kindorientierte Elternberatungen (nicht Paarmediation![47]) erfolglos durchgeführt wurden und es keine begründbaren Fakten gibt, die darauf hindeuten, dass eine erneute kindorientierte Elternberatung für das Kind zieldienlich wäre,

- eine akute Bedrohung eines Elternteiles gegenüber dem anderen Elternteil in einem Beratungsgespräch begründbar anzunehmen ist, welcher auch mit direktiver Gesprächsführung oder mit einer Onlineberatung (⋯›Seite 146) nicht erfolgreich begegnet werden kann.

Abklärungen kommen somit in der Regel zur Anwendung, wenn die aktuelle Erziehungsfähigkeit eines oder beider Elternteile grundsätzlich in Frage gestellt wird und zu überprüfen ist, ob die aktuelle Obhuts- und Sorgeregelung noch kindgerecht ist. Mit Abklärungen wird – im Gegensatz zur kindorientierten Beratung – eine fachliche, kindorientierte Einschätzung angestrebt.

Grundsätzlich Abklärungen vor kindorientierte Elternberatung zu stellen – wie es in der Praxis häufig getan wird – ist nicht zieldienlich. Abklärungen stärken hochstrittige Eltern häufig in ihren dysfunktionalen Mustern (⋯›Seite 16-20) und erschweren vielfach die erforderliche gütliche Lösungsfindung.

Eine Vermengung von Abklärungsvorgehen und Veränderungsinterventionen im Sinne von interventionsorientierter Abklärung wird von einigen Fachpersonen diskutiert und empfohlen.

In diesem Buch wird die Meinung vertreten, dass eine klare Trennung zwischen Beratung und Abklärung bzw. ein klar unterteiltes serielles Vorgehen (siehe Kaskadenmodell) mehr Vorteile für das Kind bringt:

- kürzere Abklärungszeit und damit schnellere Ergebnisse zum Wohl des Kindes, da der Aufwand für die Beziehungsgestaltung auf ein Minimum reduziert werden kann,

- gegenüber den Eltern kann eine eindeutige Haltung eingenommen werden (siehe Rollenverständnis I),

- Aufträge an Fachleute können präziser und handlungsleitend formuliert werden.

---

[47] Walper et al. (2013), Seite 161

FAZIT

Fachleute, Gerichte oder Behörden müssen zu Beginn entscheiden, welche Rolle sie gegenüber hochstrittigen Eltern einnehmen wollen, um sich entsprechend transparent, kongruent, effektiv und kindorientiert gegenüber den Eltern positionieren zu können.

Es steht eine expertenorientierte Abklärung (Rollenverständnis I) oder eine veränderungsunterstützende Beratung (Rollenverständnis II) zur Auswahl. Die dazugehörigen Indikationspunkte helfen, die passende Rolle zugunsten des betroffenen Kindes zu bestimmen.

Eine Verbindung der Rollen wird als nicht zieldienlich erlebt. Eine serielle Anwendung wird dagegen manchmal als erforderlich erachtet.

Weitere Aspekte zur Positionierung

FREIWILLIGE VERSUS ANGEORDNETE BERATUNG

Es ist sicher so, dass die Arbeit mit Menschen, die aus eigenem Antrieb eine Beratung aufsuchen, im Allgemeinen angenehmer für Fachleute ist. Erfreulicherweise holen sich einige streitende Eltern freiwillig Hilfe, beispielsweise bei einer Familienberatungsstelle (Kaskadenstufe 1).

In Fachgesprächen wird manchmal die Meinung vertreten, dass für eine erfolgreiche Beratung Freiwilligkeit eine Voraussetzung darstellt. Forschungsergebnisse zeigen aber, dass angeordnete Beratungen effektiv sind und dass unfreiwillig beratene Eltern rückblickend nicht wesentlich unzufriedener sind als freiwillig Teilnehmende.[48]

Hochstrittige Eltern können sich bekanntermassen kaum auf etwas einigen. Das betrifft in der Regel auch den Punkt, eine Beratung aufzusuchen und bis zum Ende dabei zu bleiben. Zwang zum Beratungsprozess kann daher hilfreich sein, um einen Veränderungsprozess zu starten und aufrechtzuerhalten.

Wenn Menschen nicht von sich aus eine Beratungsstelle aufsuchen, bedeutet das nicht, dass sie keinen Hilfsbedarf für sich erkennen oder dass sie keine Hilfe annehmen würden. Innere Ambivalenz und der Streitkontext hindern sie manchmal daran, diesen Schritt zu tun[49]. Dies zeigt auch die Praxisbeobachtung, dass einige Eltern, die aufgrund einer gerichtlichen oder behördlichen Weisung kommen mussten (Kaskadenstufe 2), sich von der ersten Minute an wie freiwillig kommende Menschen verhalten.

---

[48] Walper et al. (2013), Seite 19
[49] Weber & Schilling (2012), Seite 222

DAS BESTE MODELL

Gemäss dem aktuellen Stand der Forschung gibt es kein wissenschaftlich belegtes Beratungsverfahren, mit dem Kindern in hochstrittigen Kontexten sicher geholfen werden kann. Fachleute müssen sich daher auf die aktuellen Forschungsergebnisse sowie Praxisberichte zu angewendeten Verfahren abstützen und aufgrund ihrer fachlichen Einschätzung handeln.[50]

Der Konflikt zwischen den Eltern und dessen Auswirkungen auf die Psyche und Lebenswelt des Kindes ist wohl das primäre Problem. Aus diesem Blickwinkel kann gesagt werden, dass ein kindorientiertes Modell, welches die Eltern dabei unterstützt, diesen Konflikt schnellstmöglich zu beenden und wieder ein kindorientiertes Elternverhalten aufzunehmen, hilfreich für ein betroffenes Kind ist.

Ein Modell muss auch den aktuell zur Verfügung stehenden zeitlichen und finanziellen Ressourcen Rechnung tragen. Insofern ist wohl nicht das umfassendste Modell anzustreben, sondern eher eines, welches „optimal" passt und den bestehenden einschränkenden Rahmenbedingungen Rechnung trägt.

---

[50] Dietrich et al. (2010), Seite 33

45

FAZIT

Das Arbeiten mit freiwillig wie mit zwangsweise kommenden Eltern ist anscheinend ähnlich erfolgversprechend. Mit juristisch begründetem Zwang können zusätzlich Eltern erreicht werden, die bisher einer freiwilligen Beratung ausgewichen sind. Einige Eltern sind insgeheim froh über die zwangserwirkte Chance, mit einer Beratung aus dem destruktiven Konflikt herauszukommen.

Kein methodisches Vorgehen kann zurzeit für sich in Anspruch nehmen, das richtige zu sein.

Da Kinder wohl vor allem unter dem Konflikt zwischen den Eltern leiden, ist eher ein Modell zu bevorzugen, das den Eltern hilft, den Konflikt zu beenden und zur kindorientierten elterlichen Kooperation zurückzukehren.

In diesem Sinne bietet sich die im Folgenden beschriebene „kindorientierte Elternberatung" an, welche in der Praxis erprobt und finanzierbar ist.

Kindorientierte Elternberatung

In diesem Buchteil wird das Modell der kindorientierten Elternberatung vorgestellt.

Nach der Verortung des Modells folgt eine Übersichtsdarstellung der Modellphasen und wie ein zielunterstützender Beratungsrahmen gestaltet werden kann.

Anschliessend werden die 5 Schritte des kindorientierten Erstgespräches mit den Eltern vorgestellt und methodische Umgangsoptionen für dieses Gespräch und für besondere Situationen behandelt.

Danach werden inhaltliche und methodische Schwerpunkte der Folgegespräche sowie der Einbezug des Kindes beleuchtet. Zudem werden die Abschlussphase und Rückmeldungsideen an die Gerichte und Behörden dargelegt.

Zum Abschluss werden inhaltliche und methodische Spezialthemen behandelt und Umgangsmöglichkeiten besprochen.

Verortung

Das im Folgenden beschriebene Modell der „kindorientierten Beratung" wurde in den letzten 30 Jahren entwickelt, präzisiert und in der Praxis laufend angewandt. In über 50 Seminaren wurde es Mitgliedern von Behörden und Gerichten sowie Beratungs- und Therapiefachleuten vorgestellt und mit ihnen auch kritisch reflektiert.[51]

Aufgrund der Rückmeldungen der Fachpersonen kann geschlossen werden, dass das Modell von Beratungs- und Therapiefachleuten vielfach in der vorliegenden Form eingesetzt werden kann. Fachleute in Gerichten und Behörden können erfahrungsgemäss Teile davon in ihrer Arbeit nutzen.

Ein Beistand schrieb vor kurzer Zeit, dass er nach dem Seminarbesuch seine „schwierigsten und am heftigsten streitenden Eltern" zu einem gemeinsamen Gespräch eingeladen habe. Diese hätten dies zuerst zurückgewiesen mit Sätzen der Art „Mit ihm sitze ich nie wieder an einem Tisch", „Das haben vor Ihnen schon einige versucht, ist noch nie gut gekommen", „Solange sie sich an keine Abmachung hält, kann sie nur noch mit meinem Anwalt kommunizieren". Der Beistand habe mit Vehemenz auf einem Elterngespräch bestanden. Beide Eltern seien gekommen. Er habe das Gespräch von A bis Z nach dem Modell für das Erstgespräch durchgeführt. Die Eltern hätten im Gespräch begonnen, gemeinsam eine einvernehmliche „Gut-fürs-Kind-Lösung" auszuarbeiten, was bisher nie denkbar gewesen sei. Im Anschluss an das Gespräch habe der Vater dem Beistand gesagt: „Das war das erste gemeinsame Gespräch, das nicht frühzeitig abgebrochen werden musste."

Zu einem solchen Fortschritt braucht es die Bereitschaft der Eltern, aber auch eine Fachperson, die weiss was sie tut und wozu. Beides ist erforderlich.

---

[51] Ein besonderer Dank geht an diese Stelle an meine liebe Kollegin Diana Wider, Juristin, Sozialarbeiterin und Professorin an der Hochschule für Sozialarbeit in Luzern.

Auf den folgenden Seiten wird zuerst das Modell in groben Zügen präsentiert, danach werden die zentralen Verfahrensschritte im Einzelnen
besprochen. Im Anschluss werden Umgangsideen für oft auftretende
herausfordernde methodische und inhaltliche Themen und Situationen
angeboten.

Das Phasenmodell im Überblick

Alle Menschen und Situationen sind einzigartig. Aus dieser Sicht sind Modelle nie wahr oder immer passend, sondern stellen nur eine mögliche handlungsleitende Orientierung dar. Das Modell „kindorientierte Elternberatung" ist erfahrungsgemäss in der vorliegenden Form oft umsetzbar. Das Prinzip der menschlichen Einzigartigkeit macht es allerdings erforderlich, manchmal zugunsten des Kindes davon abzuweichen.

Phasen	Fokus	Schwerpunkt(e)
1. Phase	**Kontextgestaltung** (→ Seite 54-57)	Klaren kindorientierten Auftrag von Behörden/Gerichten und/oder Eltern einholen
2. Phase	**Erstes Elterngespräch** (→ Seite 58-89)	Eltern unterstützen, wieder anzufangen, kindorientiert miteinander zu reden
3. Phase	**Folgegespräche mit Eltern** (→ Seite 90-117)	Eltern mit prozessorientierter Beratung helfen, konkrete kindorientierte Lösungen für die Zukunft zu entwickeln, welche von beiden mitgetragen werden und in einer verbindlichen Vereinbarung festgehalten sind
4. Phase	**Einbezug Kind** (→ Seite 118-129)	Mit Eltern den Einbezug des Kindes vorbereiten. Information des Kindes über zukünftige Regeln und dessen Reaktion berücksichtigen
5. Phase	**Stabilisierung und Abschluss** (→ Seite 130-135)	Abschlusssitzung und wenn erforderlich 1 bis 2 weitere stabilisierende Sitzungen. Rückmeldung an Auftraggeber/in

In der Regel sind insgesamt 8 bis 10 Sitzungen innerhalb eines Jahres erforderlich.

Kontextgestaltung (1. Phase)

EINEN ZIELUNTERSTÜTZENDEN RAHMEN GESTALTEN

Um erfolgversprechend in die Arbeit mit hochstrittigen Eltern zu starten, ist es empfehlenswert, dass Gerichte und Behörden in ihrer Weisung an die Eltern zur kindorientierten Beratung folgende Punkte aufnehmen (siehe auch⋯→Seite 251-255):

- Als Auslöser für die Weisung soll das gefährdete Kindeswohl – infolge des andauernden Elternkonfliktes – bezeichnet werden (Verantwortungszuweisung gleichmässig an beide Eltern!).

- Die Eltern sollen angewiesen werden, unter Mithilfe einer Fachperson den Streit zu beenden, indem sie gemeinsam getragene Lösungen zugunsten des Kindes erarbeiten (siehe Rollenverständnis II).

- Die ersten drei Gesprächstermine werden den Eltern in der Weisung mitgeteilt, um Konflikte rund um die Terminfindung soweit als möglich zu verhindern.[52]

- Das Ende der Beratung soll (mindestens implizit) verbunden werden mit dem Erreichen des Beratungszieles der Konfliktbeendigung.

- Der Beratungsrahmen wird abgesteckt durch einen Zwischenberichtstermin, einen terminlich offenen Abschlussbericht und die Mitteilungspflicht der Fachperson, wenn eine erfolgreiche Beratung gefährdet ist.

- Bereits involvierte Fachleute auf der Elternebene sollen gebeten werden, während der kindorientierten Beratung ihr Engagement für den Moment auszusetzen oder zumindest zu koordinieren.

- Um den gütlichen Lösungsprozess nicht zu behindern, sollen die Eltern aufgefordert werden, während der Beratung parallel keine juristischen Auseinandersetzungen zu führen.

↳ Mustervorlage: „Anordnung einer kindorientierten Beratung" (⋯→Seite 264-265).

---

[52] Weber & Schilling (2012), Seite 287/288

EINLADUNG ZUM ELTERNGESPRÄCH

Elterngespräche kommen hauptsächlich auf drei Arten zustande:

a) Ein Gericht oder eine Behörde ordnet die Beratung an und teilt den Eltern die drei ersten Elterntermine mit. Ist ein Elternteil damit nicht einverstanden und nimmt dieser Kontakt mit der beratenden Fachperson auf, verweist die Fachperson an die anordnende Stelle. Fachpersonen sind gut beraten, sich bei solchen Anrufen auf „emotionelle Leidanerkennung"[53] zu beschränken und inhaltliche Besprechungen – höflich und unmissverständlich – zu blockieren (⇢Seite 252-253).

b) Ein Elternteil meldet sich von sich aus bei einer Fachperson, um diese zu einer Allianz gegen den anderen Elternteil einzuladen (z.B. Durchsetzung Kontaktstopp). In dieser Situation kommt in der Regel das Tool „Durchdenken lassen" zur Anwendung (Seite 153-160). Oft ist danach der anrufende Elternteil zum erforderlichen gemeinsamen Elterngespräch bereit.

Dieser Elternteil kann in diesem Einzelgespräch zudem gefragt werden, welches – aufgrund seiner Erfahrung – voraussichtlich die erfolgreichste Form der Einladung des anderen Elternteils zum gemeinsamen Elterngespräch sei (Einladung durch den Elternteil; Einladung durch Fachperson in schriftlicher oder telefonischer Form; zu Hause oder am Arbeitsplatz; am Morgen, Mittag oder Abend usw.). Zu wählen ist die Einladungsform, welche am erfolgversprechendsten für ein gemeinsames Gespräch ist und nicht die angenehmste für den anwesenden Elternteil.

Fachperson: *„Es freut mich sehr, dass Sie für ein gemeinsames Elterngespräch zugunsten von Max bereit sind. Was denken Sie, wie könnte der Vater am besten eingeladen werden?"*

Mutter: *„Am liebsten wäre es mir, wenn Sie das machen."*

Fachperson: *„Das kann ich gut nachvollziehen. Meine Frage ist, wer kann den Vater am besten motivieren, damit er kommt. Sind eher Sie das oder eher ich?"*

---

[53] Pfister-Wiederkehr (2019), Seite 72-74

Mutter:	*„Ich möchte den Vater eigentlich nicht anrufen, aber es ist mir klar, wenn ich es tue, dann ist er bisher immer gekommen. Also beiss ich für Max in diesen sauren Apfel."*

Wird im Gespräch klar, dass es erfolgversprechender ist, wenn die Fachperson zum Elterngespräch telefonisch oder schriftlich einlädt, so sollte diese das tun.

↳ Mustervorlage: „Einladungsbrief zum Elterngespräch" (⋯Seite 266). (Bei Telefongesprächen sind Form und Inhalte sinngemäss analog.)

Meldet sich der eingeladene Elternteil bei der Fachperson vor dem Elterngespräch, empfiehlt es sich, dass die Fachperson die in der Einladung aufgelisteten Punkte wiederholt, Fragen zu seiner Rolle beantwortet und für inhaltliche Fragen – beispielsweise zur Sorge des anderen Elternteils – auf das Gespräch verweist.

Vater:	*„Um was geht es, was ist mit meinem Kind?"*
Fachperson:	*„Die Mutter macht sich grosse Sorgen um Eva. Sie kann Ihnen dazu als Einzige wirklich Auskunft geben. Ich habe die Mutter gebeten, Ihnen als Vater ihre Sorgen im Elterngespräch mitzuteilen. Sie können dann auch sofort nachfragen. Anschliessend können Sie als Eltern auch besprechen, was zum Wohl von Eva zu tun ist."*

c) Bei etwas weniger hochstrittigen Eltern kommt es ab und zu auch vor, dass ein Elternteil sich in Absprache mit dem anderen zur Terminvereinbarung meldet. Mit diesem kann dann das Vorgehen (Datenfindung usw.) in der Regel problemlos besprochen werden.

VORGESPRÄCHE ODER SOFORT ELTERNGESPRÄCHE?

Konflikte zwischen den Eltern können nur die Eltern zugunsten der Kinder beenden. Um keine Zeit zu verlieren und die Rollenpositionierung II (⋯→Seite 36-39) nicht zu gefährden, wird daher direkt ein Elterngespräch angestrebt.[54] Langjährige Erfahrungen zeigen, dass bei einer eindeutigen Haltung der Fachpersonen die meisten Eltern einen gemeinsamen Start akzeptieren (Umgangsoptionen, wenn dies einem Elternteil schwerfällt ⋯→Seite 136-138).

Insbesondere am Anfang werden telefonische oder persönliche Einzelkontakte – wenn immer möglich – vermieden oder in Ausnahmefällen mit dem Fürsprechermodell durchgeführt (⋯→Seite 139).

Einzelkontakte bergen die Gefahr in sich, die Dynamik hochstrittiger Eltern unbeabsichtigt zu unterstützen und ins Rollenverständnis I abzudriften.

In hochstrittigen Situationen wird insbesondere der persönliche Einbezug des Kindes strikt vermieden, da die Kriterien für einen kindgerechten Einbezug nicht erfüllt sind (⋯→Seite 119-120).

---

[54] Andere Meinungen werden in der Literatur auch vertreten, beispielsweise Holt & Schönherr (2015)

Das erste Elterngespräch (2. Phase)

In diesem Buchteil werden zentrale Prozessschritte und methodische Punkte im Erstgespräch mit hochstrittigen Eltern vorgestellt. Als Beschreibungshintergrund wird ein angeordnetes Elterngespräch angenommen und dass die Überweisungsinstanz die Eltern als kompetent erachtet, mit ihrem Kind Kontakt zu haben und für dieses zu sorgen.

GESPRÄCHSZIELE

Hochstrittige Eltern haben die Erfahrung gemacht, dass gemeinsame Elterngespräche über beinahe alle Themen – insbesondere rund ums Kind – umgehend zur Konfliktzunahme führen, ohne nützliche Ergebnisse zu erzielen. In der Folge weichen viele Eltern auf andere Formen aus (Telefon, Mails, SMS, WhatsApp u.a.), bis auch diese Kommunikationsmöglichkeiten blockiert sind. Die Konfliktthemen und die Formen (laut, leise, offen oder verdeckt aggressiv usw.) unterscheiden sich je nach Eltern. Der Konflikt verunmöglicht aber bei allen die erforderlichen, kindorientierten persönlichen Elterngespräche.

Hier setzt das erste Elterngespräch an.

Es werden folgende Grobziele verfolgt:

▸ zeigen und erlebbar machen, dass Elterngespräche möglich sind,

▸ das Interesse der Eltern am Wohl ihres Kindes als Veränderungsmotor ins Zentrum rücken,

▸ zum strukturierten, kindorientierten Lösungsprozess einladen,

▸ Rechte, Pflichten und Aufgaben lösbar zuordnen.

Bei der Erstsitzung steht daher nicht das Erzielen eines inhaltlichen Resultates im Vordergrund, sondern das Installieren eines Gesprächskontextes, in dem die Eltern (wieder) beginnen können, kindorientiert und gemeinsam zukünftige Lösungen zu entwickeln.

Diese Orientierung steht dem bisherigen elterlichen Vorgehen vielfach diametral entgegen:

- Fokus auf Kindeswohl anstelle auf Recht
- elterliche Lösungsverantwortung anstelle Verantwortungsdelegation

an Anwältinnen/Anwälte, Gerichte, Vormundschaftsbehörde usw.
- Zukunftsgestaltung anstelle Vergangenheitsorientierung (Schuldzu-
  weisung usw.)

Daran müssen sich die Eltern zuerst wieder gewöhnen.

GESPRÄCHSVORBEREITUNG

Vorinformationen (Mitteilungen von Auftraggebenden, Berichte usw.)
über Menschen, die zu uns in die Beratung kommen, beeinflussen uns
unvermeidlich. Es stellt sich daher die Frage, welche Informationen an
dieser Stelle zieldienlich und welche eher hinderlich sind. In diesem Modell werden als erforderliche Vorinformation für beratende Fachleute betrachtet:

- die Namen der Eltern und des Kindes
- das Alter des Kindes
- Informationen zum aktuellen Gewaltpotenzial zwischen den Eltern
  und gegenüber Fachpersonen

Besteht eine belegte und akute Gewaltgefährdung, so wird das Erstgespräch in gleicher Form aber online durchgeführt (⋯Seite 146). Idealerweise ist das bereits im Auftrag des Gerichtes oder der Behörde festgelegt.

DIE 5 SCHRITTE IM ERSTGESPRÄCH

Das Erstgespräch gliedert sich vielfach in 5 Schritte, welche auf den
kommenden Seiten detailliert beschrieben werden:

1. Schritt: Gesprächsstrukturen einführen
2. Schritt: Fachliche Positionierung
3. Schritt: Positiver Blick auf das gemeinsame Kind
4. Schritt: In den Lösungsprozess einsteigen
5. Schritt: Auftrag an die Eltern und Abschluss

Grundlage der Begegnung ist das Rollenverständnis II.

1. SCHRITT: GESPRÄCHSSTRUKTUREN EINFÜHREN

(Dauer ca. 5 Minuten)

In diesem Schritt geht es darum, den Eltern von Anfang an zu zeigen, dass die Fachperson den Lead für die Gesprächsführung übernimmt und deeskalierende Gesprächsformen anbietet.

Dies wird mit vier Punkten angestrebt: sofortiges Abholen im Wartezimmer, Begrüssung, Sitzordnung, Wertschätzung und Gesprächsregeln.

WARTEZIMMER

Sobald der zweite Elternteil im Wartezimmer eintrifft, empfiehlt es sich, die Eltern umgehend zu begrüssen, damit diese sowenig Zeit wie möglich haben, konfliktvergrössernd verbal (z.B. verletzende Begrüssung) oder nonverbal negativ (z.B. wegschauen; Augenbrauen hochziehen) zu kommunizieren, was das bevorstehende Gespräch schon zu Beginn erschweren könnte.

BEGRÜSSUNG

Fachperson: *„Guten Tag, mein Name ist Pfister. Frau Müller?" (Nach Zustimmung und Händeschütteln[55] Blick auf den Vater.) „Guten Tag, mein Name ist Pfister. Herr Müller?" (Nach Zustimmung und Händeschütteln Blick auf den Besprechungsraum oder den Weg dorthin.)*

„Wir sind in diesem Besprechungszimmer." (Fachperson weist dorthin.) „Darf ich vorausgehen?" (Fachperson geht, ohne die Antwort abzuwarten, voraus und übernimmt so erstmals nonverbal die Führung.)

SITZORDNUNG

Eine V-Sitzordnung ist im Beratungsraum vorbereitet, wobei die Stühle etwa 2 Meter voneinander im Dreieck stehen (am besten ohne Tisch, es ist aber auch mit Tisch gut machbar).

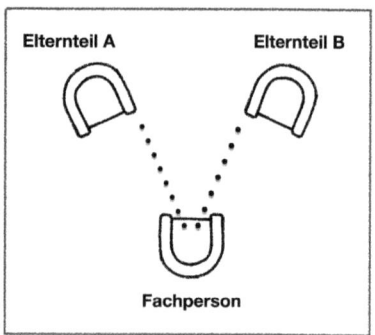

Fachperson: *(Nach dem Betreten des Besprechungsraumes zeigt die Fachperson auf einen Stuhl.)*

---

[55] Bei religiösen oder gesundheitsbedingten Vorschriften alternatives Begrüssungsritual

„Darf ich Sie, Frau Müller, bitten dort Platz zu nehmen." (Fachperson weist auf einen zweiten Stuhl.) „Darf ich Sie, Herr Müller, bitten dort Platz zu nehmen." (Fachperson zeigt implizit erneut, dass sie die Gesprächsführung innehat.)

WERTSCHÄTZUNG

Viele Eltern sind in diesem Gesprächsteil oft emotional massiv unter Druck und ihr Denken und Fühlen ist vielfach auf die Paarebene fokussiert. Die Anerkennung dieser Belastung und das Anbieten eines positiveren Fokus auf die aktuelle Situation wirken an dieser Stelle oft entspannend.

Fachperson: *(Nachdem die Eltern Platz genommen haben, spricht die Fachperson weiter.) „Ich gehe davon aus, dass es für Sie wohl sehr schwierig ist, hier zu sein. Ihr Kommen zeigt mir, dass Sie als Mutter" (Blick zur Mutter) „und Sie als Vater" (Blick zum Vater) „einen konkreten Beitrag zum Wohle von Adam leisten wollen und darum diese Situation auf sich nehmen." (Leidanerkennung und kindbezogene Wertschätzung)*

Einige Elternteile weisen diese Wertschätzung zurück und betonen den Zwang zu kommen.

Elternteil: *„Wissen Sie, ich bin nur gekommen, weil ich muss. Das Gericht hat mich dazu gezwungen!"*

Fachperson: *„Das tönt unangenehm!" (Leidanerkennung) „Dass Sie trotzdem gekommen sind, verstehe ich so, dass Sie Ihren Sohn Adam gernhaben und wollen, dass es ihm gut geht."*

GESPRÄCHSREGELN

Bisherige Gesprächsabläufe zwischen den Eltern führten in der Regel zu konfliktärer Kommunikation. Zwei Regeln für die Gesprächsführung haben sich in der Praxis bewährt und werden in diesem Modell als unabdingbar für eine erfolgreiche Gesprächsführung betrachtet:

- Sprech- und Blickrichtungsregel: Jeder Elternteil redet im Erstgespräch nur zur Fachperson und sieht auch nur in ihre Richtung, um dysfunktionale Kommunikationsmuster zu unterbrechen und das gegenseitige Zuhören zu unterstützen.

- Stoppregel: Die Fachperson erhält die Erlaubnis, jeden Elternteil beim Reden stoppen zu dürfen, wenn der Gesprächsverlauf nicht nützlich für das Kind ist.

Die Regeleinführung wird über den Nutzen für das Kind begründet.

Fachperson: *„Zum Wohl von Adam ist es wichtig, dass dieses Gespräch weiterhin zugunsten von ihm verläuft. Dazu haben sich zwei Dinge im Erstgespräch sehr bewährt:*

    a) dass Sie heute nur zu mir und mit mir sprechen und nur zu mir sehen,

    b) dass ich Sie unterbrechen darf, wenn ich befürchte, das Gespräch geht in eine Richtung, die nicht hilfreich für Adam ist.

(Fachperson schaut einen Elternteil an.) „Sind diese zwei Regeln zugunsten von Adam für Sie in Ordnung?" (Nach der Zustimmung des einen Elternteils wird die Zustimmung beim anderen Elternteil eingeholt. Die zwei Regeln können auch gut in zwei Schritten nacheinander installiert werden.)

Erfahrungsgemäss geben beide Elternteile dazu ihr Einverständnis. Einerseits wohl, weil den Eltern aufgrund ihrer Streiterfahrung diese Regeln einleuchten und andererseits auch, weil sie dazu tendieren die Fachperson als Allianzpartner/in zu gewinnen (→Seite 20), und sich darum an dieser Stelle kooperativ zeigen.

In den wenigen Fällen, in denen ein Elternteil anfänglich den Sinn dieser Regeln infrage gestellt hat, hat der andere Elternteil daraus sofort Kapital geschlagen und verbal oder nonverbal der Fachperson signalisiert: Sehen Sie, wer da das Problem ist! Diese Reaktion hat folglich ein Einlenken des zögernden Elternteils begünstigt.

Bisher ist es noch nie dazu gekommen, dass ein Elternteil sich gegen die Gesprächsregeln gestemmt hat. Sollte dieser Fall eintreten, wäre zu überlegen, ob die Fachperson das Gespräch zugunsten des Kindes überhaupt lenken kann und ob an dieser Stelle das Gespräch zu unterbrechen ist.[56]

Manchmal kann es auch angezeigt sein, explizit festzuhalten, dass von den Gesprächen ohne Einwilligung des anderen Elternteils keine Aufnahmen mit einem Handy usw. gemacht werden dürfen.

---

[56] Dietrich et al. (2010) machen dazu einige weiterführende Ausführungen auf Seite 35.

2. SCHRITT: FACHLICHE POSITIONIERUNG
(Dauer ca. 3 bis 5 Minuten)

In dieser Phase wird den Eltern mitgeteilt, wovon die Fachpersonen ausgehen, was als Problem betrachtet wird und wer dafür die Verantwortung trägt. Es wird deutlich gemacht, was zu lösen ist und welches die Aufgaben der Eltern dabei sind und was Fachleute zur Unterstützung anbieten können.

Fachperson: *„Sie kennen mich nicht, darum möchte ich Ihnen kurz sagen, wovon ich ausgehe, was ich über die Situation denke und was aus meiner Sicht Ihre Aufgabe und was meine Rolle ist. Ich denke, Sie haben darauf ein Anrecht. Wäre das für Sie in Ordnung?"*

Eltern: *(Stimmen verbal oder mit Nicken zu.)*

Fachperson: *„Ich gehe davon aus, dass Sie als Vater von Fritz diesen sehr lieben"* *(Blick zum Vater)* *„und Sie als Mutter"* *(Blick zur Mutter)* *„Fritz ebenfalls sehr lieben.*

Ich gehe auch davon aus, dass Fritz Sie als Mutter (Blick zur Mutter) und Sie als Vater (Blick zum Vater) sehr liebt.

Wenn ich mit einer kindorientierten Beratung beauftragt werde, so ist klar, dass es einen massiven Streit zwischen den Eltern gibt. Massive Konflikte zwischen den Eltern belasten ein Kind emotionell sehr, hindern dieses zudem daran, sich auf seine eigene Entwicklung zu konzentrieren." (Problembenennung und Schuldzuschreibung) „Daher ist der Konflikt zwischen Ihnen zum Wohl von Fritz zu beenden." (Definition Ziel der Beratung)

„Beenden können den Konflikt nur Sie beide. Da Sie beide Fritz lieben, haben Sie als Eltern keine andere Wahl, als diesen Konflikt schnellstmöglich zu lösen." (Aufgaben- und Verantwortungszuschreibung)

„Ich gehe davon aus, dass Sie als Eltern die dafür eventuell erforderlichen zusätzlichen Anstrengungen und Opfer erbringen.

Da Sie sich zweifelsfrei in einer schwierigen Situation befinden, hat das Gericht mich beauftragt, Sie bei der Lösung beraterisch zu unterstützen." (Rollendefinition II)

„Mir ist es wichtig, dass Sie wissen, wie ich Sie sehe, was meine Aufgabe ist und was nicht. Sie müssen meine Ansichten nicht teilen, mir ist nur wichtig, dass ich in diesen Punkten Ihnen gegenüber transparent bin. Falls Sie dazu eine Verständnisfrage haben, so versuche ich gerne darauf eine Antwort zu geben."

In der Regel nehmen die Eltern diese Positionierung an. Einige denken, andere sagen es auch, dass sie diese Punkte grundsätzlich teilen. Einige Elternteile äussern explizit ihre Bereitschaft zur Veränderung und einige sprechen diese Bereitschaft dem anderen Elternteil ab.

Elternteil: *„Das ist für mich selbstverständlich, mein(e) Ex wird das aber niemals tun …"*

Fachperson: *(Fällt dem Elternteil ins Wort) „Sehen Sie, das ist einfach meine Ausgangsposition, wir werden sehen, ob diese zutrifft oder nicht. Im Moment gehe ich davon aus, dass Sie beide alles in Ihrer Macht Stehende tun werden, um den Konflikt zugunsten Ihres gemeinsamen Kindes nachhaltig zu beenden, da Sie beide Fritz lieben."*

Obwohl die 1. und 2. Schritte kaum 10 Minuten dauern, signalisieren viele hochstrittige Eltern nun, dass sie in die Auseinandersetzung einsteigen wollen, d.h. dem anderen Elternteil Vorhaltungen machen oder an diesen Forderungen stellen wollen. Das ist für sie bekanntes Terrain und darauf haben sie sich gedanklich sehr gut vorbereitet. Um dieser kaum zieldienlichen und oft sehr destruktiven Kommunikation keinen Raum zu eröffnen, geht die Fachperson zum nächsten Schritt über.

3. SCHRITT: POSITIVER BLICK AUF DAS GEMEINSAME KIND
(Dauer ca. 10 Minuten)

Hochstrittige Eltern verbindet oft nur noch das gemeinsame Kind. Das Kind ist die Kraftquelle und der tiefere Sinn für die erforderlichen Veränderungen. Das gemeinsame Kind wird daher an dieser Stelle ins Zentrum gerückt. Damit wird zudem versucht, an das noch Verbindende zwischen den Eltern anzuknüpfen.

Fachperson: *„In dieser Beratung geht es um Manuela. Ich kenne Manuela leider nicht, daher meine Frage an Sie: Was sind die Stärken von Manuela, was schätzen Sie an ihr?*
Wer von Ihnen möchte anfangen?"

Mutter: *„Also Manuela ..."*

Fachperson: *(Unterbricht die Mutter und schaut den Vater an.) „Ist es für Sie gut, wenn die Mutter anfängt?*

Vater: *„Ja, Sie fängt ja immer an!"*

Fachperson: *(Überhört den Angriff.) „Ist es gut, wenn die Mutter jetzt anfängt und beim nächsten Thema dann Sie?"*

Vater: *„Ja, so ist es gut."*

Die Fachperson zeigt mit dieser Unterbrechung, dass sie das Gespräch führt und auch im Kleinen dafür sorgen wird, dass keiner der Elternteile das Gespräch bestimmen kann. Sie macht damit auch deutlich, dass sie beide Eltern gleichberechtigt behandelt.

Fachperson: *(Schaut zum Vater.) „Danke!" (Blick zur Mutter) „Bitte entschuldigen Sie, dass ich Sie unterbrochen habe. Also, was schätzen Sie als Mutter an Manuela?"*

Mutter: *„Also Manuela ist ein fröhliches Mädchen und hat viele Kolleginnen, wo sie auch hinkommt, sofort hat sie Kontakt zu anderen Kindern."*

Fachperson: *„Wow!" (wertschätzendes Anfeuerungswort[57]) „Ihre Tochter" (Blick von einem Elternteil zum anderen) „ist also fröhlich und kontaktfreudig!"*

Mutter: *„Ja, das ist sie und auch zuverlässig. Wenn sie verspricht die Aufgaben zu machen, dann macht sie das und ..."*

---

[57] Pfister-Wiederkehr (2019), Seite 84

Fachperson: *(Nach 2 bis 3 Minuten fasst die Fachperson das Gesagte kurz zusammen und schaut dabei immer wieder beide Eltern an) „Verstehe ich Sie recht, Sie finden es toll, dass Ihre gemeinsame Tochter fröhlich ist, viele Kolleginnen hat und zuverlässig ist und ...“ (Anschliessend Blick zum Vater) „Und was schätzen Sie als Vater an Manuela?“*

Werden dieselben Kompetenzen von beiden Eltern genannt, ist es manchmal sinnvoll, dies hervorzuheben und die ergänzenden elterlichen Beiträge zu erfragen.

Fachperson: *„Sie sind sich einig, dass Peter eine ausgesprochene Begabung zum Erlernen von Fremdsprachen hat.*

In der Regel führt dieser positive Blick auf das gemeinsame Kind zu einer deutlichen Entspannung. Das Kind kommt in den Blick.

AUFGABENSCHWERPUNKTE FÜR DIE FACHPERSONEN

Die Fachperson hebt mit ihrem Blick und ihrer Wortwahl das Positive und das Verbindende (z.B. „gemeinsamer Sohn") hervor. Erreichtes wird – wo immer passend – explizit oder implizit als Erfolg der Eltern gerahmt (z.B. Blick zu beiden Eltern, wenn Positives wiederholt wird).

Die Fachperson hilft den Eltern, bei der Beantwortung der gestellten Frage zu bleiben.

KLIPPEN UMSCHIFFEN

Wenn die Eltern Gegensätzliches andeuten oder nennen, so kann die Fachperson dies nebeneinander aufzählen und komplimentieren.

Fachperson: *„Wenn ich Sie richtig verstehe, so schätzen Sie als Vater an Fritz, dass er so sportlich ist, und Sie als Mutter haben Freude an seiner musikalischen Seite. Toll, so einen vielseitig begabten Sohn zu haben.“*

Wenn ein Elternteil das Kind seit langer Zeit nicht mehr gesehen hat, so kann die Frage auf frühere Zeiten angepasst werden.

Fachperson: *„Ah, Sie haben Karin schon eine Weile nicht mehr gesehen. Was haben Sie früher für Fähigkeiten an ihr beobachtet und geschätzt?“*

Einige Elternteile beantworten die Frage nicht, sondern versuchen an dieser Stelle ihre besondere Beziehung zum Kind oder ihre Bedeutung

für das Kind hervorzuheben oder missbrauchen die Frage als Angriffs-
möglichkeit gegen den anderen Elternteil. Sofern zieldienliches Überhören (⇢Seite 78) nicht mehr angezeigt ist, werden solche Versuche höflich
und bestimmt unterbunden, beispielsweise indem die Ausgangsfrage
wiederholt wird.

Vater: „Wissen Sie, Sebastian ist gerne im Wald, dort können wir dann stun-
denlang spielen. Er liebt es, mit mir Feuer zu machen, das darf er
sonst nie."

oder

Mutter: „Wenn wir gemeinsam basteln, Esther macht dies fürs Leben gerne
mit mir, dann ist sie glücklich!"

Fachperson: (Unterbricht den Elternteil.) „Entschuldigen Sie bitte, ich habe mich
wohl etwas unklar ausgedrückt. Was kann Ihr Kind gut?"

Erfahrungsgemäss gerät mit diesem Schritt das Kind wieder ins Zentrum. Das Verbindende wird für die Eltern eher wieder spürbar und die
Bereitschaft zur Änderung auf diese Weise in der Regel deutlich unterstützt. Fast in allen Fällen hilft dies den Eltern aus ihrem konfliktären
Muster – zumindest temporär – auszusteigen und der Wechsel zum
nächsten Schritt wird damit unterstützt.

4. SCHRITT: IN DEN LÖSUNGSPROZESS EINSTEIGEN
(Dauer ca. 30 Minuten)

Nach etwa 15 bis 20 Minuten kann in der Regel in den strukturierten Lösungsprozess eingestiegen werden. An dieser Stelle wird den Eltern eröffnet, dass die restliche Zeit für eine Auslegeordnung vorgesehen ist, als Vorarbeit für die anschliessend erforderliche elterliche Lösungsentwicklung. Mit der Rahmung „Auslegeordnung" wird die Absicht verfolgt, realistische Erwartungen der Eltern an die Erstsitzung zu ermöglichen.

Methodisch steht im Erstgespräch im Vordergrund, die Eltern darin zu unterstützen, einander wieder mehr zuzuhören und voneinander zu hören, was zurzeit die Lösungsidee des jeweilig anderen Elternteils ist, dies ist in den meisten Fällen den Eltern schon seit langer Zeit nicht mehr gelungen.

Die Eltern werden als Mutter und Vater angesprochen, als Expertin/Experte und Verantwortliche für ihr Kind, und eingeladen, sich auf die durch sie gestaltbare Zukunft zu orientieren.

Inhaltlich wird als Entscheidungskriterium der „Nutzen für das Kind" installiert. Dieses Entscheidungskriterium soll bisherige Kriterien, wie die Bedürfnisse eines Elternteils, vermeintliche Rechtsansprüche usw. ersetzen.

Fachperson: *„Besten Dank für Ihre anschaulichen Beschreibungen von Peter, um den es hier ja geht."*
(Fachperson schaut auf die Uhr.) „Wir haben noch gut 30 Minuten Zeit.
In der Erstsitzung hat es sich bewährt, eine Auslegeordnung zu machen, d.h., Sie beide sollen voneinander hören, welche Lösungsideen Sie als Mutter und Sie als Vater für Peter haben.
Damit diese Auslegeordnung nützlich für Ihren Sohn verläuft, kann jeweils ein Elternteil eine Verbesserungsidee für die Zukunft vorbringen. Ich stelle anschliessend Präzisierungsfragen, damit die Idee für alle klar ist. Danach werde ich Sie bitten, genau zu erklären, welchen Nutzen die jeweilige Idee für Peter aus Ihrer Sicht hätte. Sie werden sehen, da werde ich sehr genau nachfragen. Es geht ja um den Nutzen für Peter, der Ihnen als Eltern wichtig ist. Wie gesagt, heute machen wir die erforderliche Auslegeordnung, darüber sprechen werden wir erst in der nächsten Sitzung. Darum werde ich nach jedem Vorschlag einfach den anderen Elternteil bitten, eine weitere Verbesse-

rungsidee aus seiner Sicht zugunsten von Peter zu äussern.
Vorher haben Sie angefangen mit der Schilderung der Stärken von
Peter." (Blick zu diesem Elternteil) „Ist es nun in Ordnung, dass die
Mutter/der Vater" (der andere Elternteil) „anfängt?"

Die übrige Zeit innerhalb dieses Schrittes wird genutzt, um nun abwechselnd jeden Elternteil einzuladen, seine aktuellen Ideen vorzubringen. Die Fachperson unterstützt jeden Elternteil dabei, dass dieser:

- seine Idee klar und unmissverständlich vorstellt
- die Vorteile für das Kind aus seiner Sicht detailliert beschreibt

(= Teil I der methodischen Grundbewegung ⤳Seite 97-102)

Eine typische Gesprächssequenz verläuft etwa so:

Fachperson:	*„Was ist aus Ihrer Sicht als Vater in Zukunft für Peter wichtig?"*
Vater:	*„Peter soll wieder zu mir kommen. Ich habe ihn schon seit drei Monaten ..."*
Fachperson:	*(Unterbricht den Richtungswechsel auf eine negative Vergangenheit sofort.) „Was genau meinen Sie damit, wenn Sie sagen, Peter soll wieder zu mir kommen?"*
Vater:	*„Peter soll wieder, wie vom Gericht bestimmt, zu mir kommen!"*
Fachperson:	*„Wie oft und wann soll Peter aus Ihrer Sicht in Zukunft zu Ihnen kommen?" (Fachperson konzentriert sich auf den Antwortteil und ‚überhört' den Teil mit dem impliziten Vorwurf.)*
Vater:	*„Einfach jedes Wochenende, wie es vereinbart ist. Die Mutter soll ..."*
Fachperson:	*(Unterbricht den Vater ruhig, da sich ein Angriff auf die Mutter abzeichnet.) „Von wann bis wann?"*
Vater:	*„Ich hole ihn am Freitag von der Schule ab und ich bringe ihn dann der Mutter am Sonntag 20.00 Uhr zurück."*
Fachperson:	*„Verstehe ich Sie recht, aus Ihrer Sicht soll Peter jedes Wochenende vom Freitag nach der Schule bis Sonntag 20.00 Uhr bei Ihnen sein?"*
Vater:	*„Ja, genau!" (Idee ist inhaltlich genügend klar, nun wird der Nutzen für das Kind fokussiert!)*
Fachperson:	*„Was wäre aus Ihrer Sicht dabei für Peter der Vorteil?"*
Vater:	*„Ich habe wieder Kontakt mit ihm!"*
Fachperson:	*„Ja, das verstehe ich, dass Sie sich das wünschen und dass dies Vorteile für Sie hätte. Meine Frage ist, welche Vorteile hätte Peter davon?"*
Vater:	*„Ein Sohn braucht einen Vater!"*

Fachperson: *„Können Sie das näher ausführen, wozu braucht aus Ihrer Sicht Ihr Sohn Sie als Vater?" (Fachperson insistiert höflich und unmissverständlich weiter auf der Beschreibung des Nutzens für das Kind.)*

Vater: *„Das ist doch eine blöde Frage, das ist doch klar!"*

Fachperson: *„Stimmt. Für Sie ist das klar. Ich bin leider nicht der Vater und weiss nicht genau, worin der Nutzen für Peter besteht. Entschuldigen Sie bitte, ich habe ja gesagt, ich werde jeweils bei Ihnen und der Mutter hartnäckig fragen, was der Vorteil ist." (Fachperson insistiert höflich und unmissverständlich weiter auf der Beschreibung des Nutzens für das Kind. Das aufrichtige Interesse der Fachperson ist nonverbal und paraverbal zu sehen und zu hören.)*

Vater: *„Ein Sohn braucht neben der Mutter auch ein männliches Vorbild und auch männliche Aktivitäten. Er spielt gerne Fussball im Hof oder er liebt es, Feuer im Wald zu machen. Das kann ich ihm alles gut zeigen. Die Mutter macht da andere Dinge mit ihm."*

Hochstrittige Elternteile sind anfangs wenig bereit, Wünsche oder Forderungen des anderen zu akzeptieren. Wenn sie aber Vorteile in der Idee des anderen Elternteils für Ihr Kind sehen, nimmt ihre Bereitschaft zur Kooperation meist zu. In solchen Gesprächssequenzen geht es daher darum, dass der andere Elternteil im Verlauf des Gesprächs einen Nutzen für das gemeinsame Kind erkennen kann.

In diesem Schritt werden vielfach neben Vorstellungen zum persönlichen Kontakt mit dem Kind (Wochenenden, Ferien usw.) auch Ideen zur gegenseitigen Information (Schule, Gesundheit usw.), gegenseitigem Respekt (Reden über den anderen Elternteil vor dem Kind), Umgang mit Medien (Internet- und Handyzeiten usw.) vorgebracht. Alle Ideen werden nach dem obigen Muster abgearbeitet.

Zur weiteren Veranschaulichung dieses Musters noch eine Gesprächssequenz mit einer Mutter.

Fachperson: *„Was ist aus Ihrer Sicht als Mutter in Zukunft für Peter wichtig?"*

Mutter: *„Mein Ex soll aufhören, vor Peter negativ über mich zu reden."*

Fachperson: *„Ihr Ex, wen meinen Sie damit?"*

Mutter: *„Äh, den Vater meine ich damit."*

Fachperson: *„Ah, den Vater haben Sie damit gemeint. Bitte entschuldigen Sie die Unterbrechung, ich finde es gut, wenn Sie hier aus der Perspektive als Mutter und Vater sprechen."*

Mutter:	*„Also, der Vater soll aufhören mit Peter negativ über mich zu reden. Peter braucht nach einem Wochenende eine ganze Woche, um sich zu beruhigen."*
Fachperson:	*„Und was ist nun Ihre Idee, was soll in Zukunft zugunsten von Peter anders gemacht werden?"*
Mutter:	*„Der Vater soll einfach aufhören, so über mich zu reden."*
Fachperson:	*„Das ist das, was Sie nicht mehr wollen, was soll anstelle von dem in Zukunft sein?"*
Mutter:	*„Äh, wie meinen Sie das?"*
Fachperson:	*„Was ist Ihre Idee, wie Sie als Eltern vor Peter übereinander in Zukunft sprechen sollten, damit es für diesen gut ist?"* (Fachperson fordert anstelle eines berechtigten oder unberechtigten Vorwurfs einen hilfreichen, zukunftsorientierten Vorschlag ein.[58])
Mutter:	*„Einfach nicht mehr mit Peter über mich reden oder respektvoll."*
Fachperson:	*„Verstehe ich Sie recht, Ihre Idee wäre, dass Sie beide in Zukunft mit Peter entweder respektvoll übereinander reden oder gar nicht?"* (Fachperson formuliert Idee für den anderen Elternteil zu einer Regel für beide um)
Mutter:	*„Wie meinen Sie das? Ich mache es bereits so. Klar gilt das auch für mich."*
Fachperson:	*„Bestens. Was heisst für Sie respektvoll über den anderen reden?"*
Mutter:	*„Beispielsweise, wenn Peter erzählt, dass er mit dem Vater im Wald Würste gebraten hat, entweder nichts dazu zu sagen oder zu zeigen, dass ich das auch schön finde."*
Fachperson:	*„Verstehe ich Sie also recht, Sie haben im Moment die Idee, dass Sie als Eltern über den anderen Elternteil nur positiv reden und ansonsten Ihre Meinung für sich behalten und diese auch nicht zeigen?"*
Mutter:	*„Ja, genau so."*
Fachperson:	*„Wozu wäre das für Peter aus Ihrer Sicht als Mutter hilfreich?"*
Mutter:	*„Es ginge Peter dann besser!"*
Fachperson:	*„Was wäre dann für Peter besser?"*
Mutter:	*„Er hat uns beide gerne. Er könnte sich dann über das Angenehme mit dem Vater und mit mir freuen und die Gehässigkeiten zwischen uns würden ihn nicht mehr belasten."*

---

[58] Lösungssprache anstelle Problemsprache. Pfister-Wiederkehr (2019), Seite 44–47

71

Solche Gespräche sind in der Regel für Eltern unerwartet, anstrengend und ermüdend. Daher ist es oft angezeigt, nach ca. 60 Minuten in den Abschlussschritt zu wechseln.

5. SCHRITT: AUFTRAG AN DIE ELTERN UND ABSCHLUSS

(Dauer ca. 5 Minuten)

Beim Abschluss stehen vier Punkte im Zentrum:

a) Elternebene aktivieren mit Auftrag
b) konfliktreduzierenden Kontext und zieldienliche Kommunikation mit Netzwerkteilnehmer/innen fördern
c) Kontaktaufnahme von Eltern, Behörden zwischen den Sitzungen
d) würdigenden und konfliktarmen Abschluss finden

ELTERNEBENE AKTIVIEREN MIT AUFTRAG

Bei der Auslegeordnung im Erstgespräch erzählen die Eltern einander ihre Sichtweise als Mutter oder Vater. Dadurch wird gefördert, dass die Eltern voneinander ihre aktuellen gegenseitigen Ansichten hören, was ansonsten kaum geschieht. Insofern ist das Zuhören bereits eine bedeutsame Veränderung der Kommunikation.

Damit aus den individuellen Sichtweisen eine gemeinsame Elternsicht entsteht, ist es nun erforderlich, dass die Eltern – mit Blick auf das Kindeswohl! – zu gemeinsam getragenen Regeln und Haltungen kommen. Dazu werden die Eltern am Ende des Erstgesprächs aufgefordert. Sie werden gebeten, basierend auf dem Gehörten im Erstgespräch, zur nächsten Sitzung Regelungsvorschläge mitzubringen, welche

▷ eine Verbesserung für das gemeinsame Kind zur Folge hätte und
▷ von ihnen beiden als Eltern mitgetragen werden könnten.

(= Teil II der methodischen Grundbewegung ⋯→Seite 97-102)

Fachperson: (Die Eltern bestätigen, dass nun alles Wesentliche vorgebracht ist, und zeigen vielleicht auch eine gewisse Ermüdung.) „Danke, dass Sie so offen gesagt haben, was aus Ihrer Sicht als Mutter und aus Ihrer Sicht als Vater für Frida in Zukunft verbessert werden müsste.

Dadurch wurde ersichtlich, wo Sie übereinstimmen und wo noch Besprechungsbedarf besteht. Damit der Konflikt zwischen Ihnen zugunsten von Frida beendet werden kann, ist es erforderlich, dass Sie zu gemeinsamen Elternregeln kommen, welche in Zukunft von Ihnen beiden mitgetragen werden. Daher bitte ich Sie zur nächsten Sitzung Vorschläge für die Zukunft mitzubringen, welche:

a) eine Verbesserung für Frida zur Folge haben und

Vater: *b) vom anderen Elternteil mitgetragen werden können."*

Vater: *"Ja, das ist seit langer Zeit erforderlich. Aber sehen Sie, es wird nicht gelingen, dass wir uns je einigen."*

Fachperson: *"Ich nehme Sie als Eltern beim Wort. Sie haben beide gesagt, dass Sie Frida lieben und dass Ihre Tochter für Sie beide das Wichtigste ist. Frida leidet massiv unter Ihrem Streit. Daher haben Sie keine andere Wahl, als sich zugunsten von Frida zu einigen."*

Vater: *"Aber das wird ewig dauern!"*

Fachperson: *"Frida leidet jetzt. Sie haben keine Zeit, noch zu warten. Sie müssen schnell zugunsten von Frida zu einer Lösung kommen! Damit Sie möglichst schnell die erforderlichen Verbesserungen für Ihr Kind erzielen, schlage ich vor, dass Sie zur nächsten Sitzung Ihre konkreten Ideen schriftlich mitbringen."*

KONFLIKTREDUZIERENDEN KONTEXT UND ZIELDIENLICHE KOMMUNIKATION MIT NETZWERKTEILNEHMER/INNEN FÖRDERN

Hochstrittige Eltern holen sich oft Verstärkung durch Anwältinnen/Anwälte oder andere Fachleute. Es besteht daher die Gefahr, dass zwischen den Sitzungen Briefwechsel stattfinden, welche die erreichte Entspannung oder ersten Lösungsansätze gefährden. Es ist daher manchmal angezeigt, die Eltern darauf aufmerksam zu machen und sie einzuladen, darauf zu verzichten.

Fachperson: *"Während der Dauer einer kindorientierten Elternberatung bitte ich die Eltern dafür zu sorgen, dass Ihre Anwälte oder andere bisher involvierte Fachpersonen oder Familienangehörige sich zurückhalten und beispielsweise kein Schreiben an den anderen Elternteil senden und falls juristische Verfahren noch laufen, diese zu sistieren. Die Erfahrung zeigt, dass ansonsten die angestrebte Verbesserung für das gemeinsame Kind länger dauert und erschwert wird, was – so habe ich Sie heute beide verstanden – überhaupt nicht in Ihrem Interesse liegt."*

Zu Beginn war das Sistieren aller juristischen Verfahren eine Vorbedingung für die Aufnahme einer kindorientierten Elternberatung, wie es heute teilweise bei anderen Beratungsmodellen noch der Fall ist.[59]

---

[59] Lawick & Visser (2017), Seite 64

Da diese Vorbedingung einige Eltern hinderte, sich auf die Beratung einzulassen, liessen wir sie fallen. Heute schlagen wir dies den Eltern noch vor und machen sie auf die zu erwartenden negativen Aspekte aufmerksam, wenn diese Kontextberuhigung nicht vorgenommen wird. Einige Gerichte und Behörden haben angefangen, diesen Punkt in ihre Weisung aufzunehmen (⤳Seite 264), was wir zurzeit als bestes Vorgehen erachten.

Je nach Alter des Kindes und der Lebensnetzwerke der Elternteil (Partner/innen; Eltern, Fachleute usw.) ist es manchmal sinnvoll, die Eltern einzuladen, ihre Kommunikation über das Erstgespräch abzusprechen.

Fachperson: *„Noch eine Frage hätte ich. Was von der heutigen Sitzung soll – mit Blick auf das Wohl von Moritz – diesem, den Freunden, der Herkunftsfamilie, den Anwälten usw. erzählt werden?"*

Vater: *„Ich finde es wichtig, dass im Moment Moritz aussen vor gelassen wird. Daher wäre mein Vorschlag, dass wir im Moment nur mit unseren Partnerinnen und Partnern sprechen."*

Mutter: *„Das sehe ich auch so! Was soll ich aber sagen, wenn mich Moritz fragt?"*

Fachperson: *„Was denken Sie als Mutter, wäre für Moritz am besten?"*

Mutter: *„Am besten wäre es wohl, wenn ich einfach sage, dass sein Vater und ich zusammen reden, damit es ihm besser geht. Ich könnte noch sagen, dass wir später mit ihm reden werden."*

Vater: *„Das finde ich auch gut!"*

Fachperson: *„Schön, dass Sie sich darüber einig sind."*

KONTAKTAUFNAHME VON ELTERN, BEHÖRDEN ZWISCHEN DEN SITZUNGEN

Die Eltern werden gebeten, ihre Anliegen jeweils zum nächsten Gespräch mitzubringen und vorher auf Anrufe und schriftliche Mitteilungen an Fachperson zu verzichten. Im Sinne einer „Sollbruchstelle" empfiehlt es sich, dass ein Elternteil sich im Notfall an die Fachperson wenden kann. Über Kontaktaufnahmen wird der andere Elternteil im nächsten Gespräch informiert. Nehmen ein Gericht oder eine Behörde oder andere Fachleute zwischen den Sitzungen Kontakt mit der beratenden Fachperson auf, so wird den Eltern zugesichert, sie darüber zu informieren.

Fachperson: „Transparenz und Offenheit sind aus meiner Sicht zentral. Darum bitte ich Sie, Ihre Anliegen, neuen Ideen usw. jeweils in den Sitzungen vorzubringen. In Notfällen bin ich für Sie telefonisch erreichbar. Ich werde dann in der nächsten Elternsitzung darüber berichten. Falls eine Mailmitteilung absolut unumgänglich ist, bitte ich Sie auch eine Kopie an den anderen Elternteil zu senden. Setzt sich die Behörde mit mir in Verbindung, informiere ich Sie spätestens in der kommenden Elternsitzung darüber. Wenden sich andere Fachleute an mich, so darf ich diesen nur zuhören. Ich enthalte mich jeglicher Stellungnahme. Über die Mitteilungen werde ich Sie spätestens in der kommenden Sitzung informieren."

WÜRDIGUNG UND KONFLIKTARMER ABSCHLUSS

Am Schluss des Erstgesprächs sind vielfach noch drei Dinge zu tun:

- Wertschätzung
- weiteres Vorgehen festhalten
- ein getrenntes Verlassen des Beratungsraumes und der Beratungsstelle ermöglichen

Zuerst werden oft die Beiträge und das Engagement der Eltern zugunsten ihres gemeinsamen Kindes passend und ehrlich gewürdigt.[60]

Fachperson: „Ich bin beeindruckt, wie es Ihnen möglich war, in diesem nicht einfachen Gespräch immer wieder zugunsten Ihres Kindes zu denken, offenzubleiben, einander zuzuhören und unterschiedliche Sichtweisen stehen zu lassen. Dies zeigt mir, dass es Ihnen um Ihr Kind geht und Sie bereit sind, für eine Verbesserung viel zu leisten! Ihr Kind darf stolz auf Sie sein!"

Echtheit ist zentral. Was gesagt wird, muss für die Fachperson im Moment stimmen. Daher gilt eher keine Würdigung als „Schönreden", da das Gegenüber Inkongruenzen sofort bemerkt und dies die zukünftige Vertrauensbasis schädigt.

Als Nächstes wird das weitere Vorgehen festgehalten. Wenn die Behörde in ihrer Weisung die ersten drei Beratungstermine bereits festgelegt hat (⋯→Seite 54), wird dieser Punkt nur kurz aufgegriffen.

---

[60] Dietrich et al. (2010), Seite 39

Fachperson: „Die nächsten zwei Termine wurden Ihnen in der Weisung schon mit-geteilt, daher kann ich bereits zum letzten Punkt von heute kommen."

Wenn die Eltern freiwillig gekommen sind (Kaskadenstufe 1 ⤳Seite 29), wird diesen eine kindorientierte Elternberatung angeboten.

Fachperson: „Ich schlage vor, dass Sie nun nach Hause gehen und in Ruhe über-legen, ob Sie bereit sind, zugunsten von Franz gemeinsam neue zu-künftige Abmachungen in Elterngesprächen zu entwickeln. Bitte ge-ben Sie mir bis … Ihren Entscheid bekannt."

Zum Abschluss wird den Eltern ein getrenntes Verlassen des Ge-sprächsraumes nahegelegt, um zu verhindern, dass ausserhalb des moderierten Raumes ein Konfliktgespräch ausbricht und auch um mög-liche Bedrohungsängste eines Elternteiles zu verhindern.

Fachperson: „Für Ihr Kind ist es wichtig, dass ausserhalb der Sitzung nun kein Streit entsteht. Ich kenne Sie nicht, daher schlage ich Ihnen nun das übliche Vorgehen vor, welches in Ihrem Fall vielleicht gar nicht nötig ist. Wäre es Ihnen" (Blick zur Mutter) „recht, dass Sie heute zuerst gehen und Sie" (Blick zum Vater) „noch eine Minute hier warten? Selbstverständlich rede ich nicht mehr weiter mit Ihnen ohne die Mut-ter." (Fachperson wartet, bis das Einverständnis von beiden Eltern kommt, steht dann auf und verabschiedet sich von der Mutter. Wäh-rend der Wartezeit ist es ideal, wenn die Fachperson kurz den Raum verlassen kann, dann zurückkommt und den Vater mit Dank für sein Warten verabschiedet.)

Die Eltern sind zu diesem Schritt in der Regel bereit. Gerade wenn es in der Paarbeziehung zu Gewaltvorfällen kam, kann dieses Vorgehen zur Entspannung beitragen. Da dieser Vorschlag stereotyp gemacht wird, passt er manchmal besser und manchmal weniger gut.

Einmal hat ein Vater nach einem hitzigen Gespräch auf meinen Vor-schlag mit einem Schmunzeln im Gesicht geantwortet: *„Das können wir gerne machen, aber wissen Sie, wir sind im gleichen Auto zu Ihnen ge-kommen und wir fahren auch gemeinsam zurück."* Die Mutter, der Vater und ich haben danach herzhaft gelacht und so hat das erste Elternge-spräch einen sehr entspannten Abschluss gefunden.

WAS SICH IN DER GESPRÄCHSFÜHRUNG OFT BEWÄHRT

Allgemeine Gesprächsführungstechniken wie „Beachtung Rapport", „Wertschätzung (mit Bezug Kindswohl!)", „Schlüsselwörter nutzen"[61] usw. sind auch in solchen Gesprächen wichtig.

In der 2. Phase des Erstgesprächs sind zudem die nachstehenden Punkte zusätzlich hilfreich: häufige Zusammenfassung, Verbindendes hervorheben, kindorientierte „Überprüfungsfrage", Un-Wissensstand deklarieren, „Missverständnisdefinition" zieldienlich einsetzen.

- Häufige Zusammenfassungen erleichtern den Eltern das Zuhören. Bei Zusammenfassungen wird alles aufgegriffen, was möglicherweise dem betroffenen Kind nützt und alles „Unnütze" in der Regel „überhört".

    Mutter: *„Wissen Sie, das ist einfach schlecht für Nicole, dass der Vater sie unpünktlich abholt. Sie sitzt dann traurig da und sagt, nie ist Verlass auf ihn ..."*

    Fachperson: *(Fachperson unterbricht.) „Verstehe ich Sie recht, Sie wünschen sich, dass zwischen dem Vater und Nicole eine vertrauensvolle Beziehung besteht, bei der Nicole darauf vertrauen kann, dass der Vater sie zur vereinbarten Zeit abholt?"*

- Verbindendes in den Äusserungen hervorheben.

    Fachperson: „Verstehe ich Sie richtig, Sie beide finden die Situation belastend für Ihren Sohn." Oder:
    „Sie als Mutter und Sie als Vater sind sich darüber einig, dass ..."

- Anstelle von kritischen Kommentaren und Hinterfragungen können die Fachpersonen die kindorientierte „Überprüfungsfrage" stellen: Inwiefern ist dies für das Kind gut?

    Fachperson: „Aus Ihrer Sicht, inwiefern ist Ihre Idee für Max nützlich? Was könnte der Vorteil für ihn sein?"

- Manchmal ist es nützlich, den Eltern den eigenen Wissensstand (oder bewusst gewählten „Un-Wissensstand") transparent mitzuteilen.

    Elternteil: *„Wieso fragen Sie das, haben Sie die Akten nicht gelesen?"*

---

[61] Pfister-Wiederkehr (2019), Seiten 68-73 / 84-85 / 102-105

> Fachperson: *„Vor der Erstsitzung lese ich nicht, was über Sie früher von anderen Fachleuten geschrieben wurde. Sie können mir alles, was erforderlich ist aus erster Hand erzählen. Falls es etwas gibt, von dem Sie beide finden, dass ich es lesen soll, dann können Sie mir das sagen und ich lese das gerne bis zum nächsten Mal."*

- Klappt etwas nicht, so ist es oft zieldienlich, dies als Missverständnis zu etikettieren und den Fehler auf sich zu nehmen.

> Fachperson: *„Oh, Entschuldigung, ich habe mich wohl immer noch nicht klar ausgedrückt. Es geht nun nicht darum, was das Kind aus Ihrer Sicht an Ihnen schätzt, sondern was Sie als Elternteil an Ihrem Kind schätzen, was aus Ihrer Sicht seine Stärken sind!"*

WAS TUN, WENN ...

Selbstverständlich sind im Erstgespräch oft einige Klippen zu umschiffen. Hier ein paar bewährte methodische und inhaltliche Umgangsideen für häufig auftretende kritische Situationen.

⇨ EIN ELTERNTEIL AUF FRAGEN NICHT EINGEHT

Hochstrittige Eltern sind sehr geübt darin, auf ihre bevorzugten, zentralen Themen zu schwenken, gleichgültig, welche Fragen ihnen gestellt werden. Bewegen sich Eltern in den ihnen vertrauten Gefilden, wird oft der für das Kind belastende Konflikt aktiviert.

Damit Fachleute ihren kindorientierten Lösungsweg beibehalten können, müssen diese in der Regel umgehend reagieren, wenn ihre Frage nicht beantwortet wird.

Fachperson: *„Was ist Ihr Vorschlag?"*

Vater: *„Wissen Sie, ich habe schon so viele Vorschläge gemacht. Auf Männer wird in unserer Gesellschaft doch nicht gehört."*

Fachperson: *(Unterbricht den Vater.) „Hier werden Väter und Mütter gehört. Darum meine Frage: Was ist Ihr Vorschlag als Vater?"*

Oder eine Gesprächssequenz mit einer Mutter:

Fachperson: *„Was muss sich aus Ihrer Sicht ändern, damit es Manuel in Zukunft besser geht?"*

Mutter: *„Da gäbe es vieles! Meine Anwältin hat gesagt, dass ich aufpassen muss, dass ich zu nichts ja sage, was ich nicht will."*

Fachperson: *„Jetzt geht es genau darum, von Ihnen zu hören, was Sie zugunsten von Manuel wichtig finden. Darum nochmal meine Frage: Was ist Ihr Vorschlag als Mutter?"*

Die Fachpersonen führen durch das Gespräch (Prozessverantwortlichkeit). Daher ist es wichtig, darauf zu beharren, dass eine gestellte Frage beantwortet wird. Das Gegenüber bestimmt dagegen den Inhalt frei, solange dieser Bezug zur Frage hat.

⇨ DIE BLICK- UND SPRECHREGEL NICHT EINGEHALTEN WIRD

In Gesprächen ist es üblich, dass wir beim Reden das Gegenüber anschauen. Dies hilft dem Empfänger der Botschaft einzuschätzen, wie der Sender seine Kommunikation wohl gemeint haben könnte. In einer Konfliktsituation schauen viele Menschen ihr Gegenüber oft „kritisch" an, kehren diesem ihre Körpervorderseite zu und verkleinern vielfach „bedrohend" den Abstand. Paare verfügen meist über ein Repertoire an mimischem und paraverbalem Verhalten, welches zu einem konflikthaften Gesprächsverlauf beitragen kann (Augenbrauen oder Mundwinkel hochziehen; bestimmte Satzbetonungen usw.).

Mit der Blickrichtungs- und Sprechregel und dem Stuhlabstand von zwei Metern (⋯Seite 61-62) ist daher beabsichtigt, die Situation prophylaktisch auf der visuellen und auditiven Ebene zu deeskalieren.

Macht ein Elternteil Handbewegungen zum anderen Elternteil oder schaut diesen beim Reden sogar an, ist es sinnvoll, umgehend zu reagieren. Dies kann mit Zeichen geschehen (Handzeichen zur Fachperson zu sprechen) oder auch verbal erfolgen.

Fachperson: *„Herr Müller, können Sie bitte zu mir sehen und zu mir sprechen. Dies ist hilfreich, damit das Gespräch hier zugunsten von Martina verläuft."*

Manchmal ist es auch hilfreich, einen Elternteil zu bitten, seinen Stuhl stärker vom anderen Elternteil abzuwenden. Fällt die Einhaltung dieser Regel den Eltern sehr schwer, hat es sich auch schon bewährt, dass die Eltern ihren Stuhl so weit drehen, bis der Stuhlrücken zum anderen Stuhlrücken steht.

⇨ EIN ELTERNTEIL DEM ANDEREN INS WORT FÄLLT

Bei hochstrittigen Eltern ist es oft nur eine Frage der Zeit, bis ein Elternteil dem anderen ins Wort fällt oder diesen verbal angreift, oft verbunden mit einer Verletzung der Blickrichtungs- und Sprechregel (⋯Seite 61-62).

Solche dysfunktionalen Kommunikationen müssen – zugunsten eines kindorientierten Gespräches – von den Fachleuten umgehend unterbrochen werden. Basierend auf dem Einverständnis der Eltern (⋯Seite 62) haben die Fachpersonen die Erlaubnis, diese Kommunikation zu stoppen.

Fachperson: *(Schaut zur Mutter) „Was muss sich zugunsten von Mia in Zukunft noch ändern?"*

Mutter: *„Der Vater bringt Mia immer zu spät zurück und Mia ist darüber unglücklich und weint ..." (Die Fachperson, will gerade intervenieren, da*

	die Mutter die Frage nicht beantwortet, sondern einen Angriff auf den Vater startet, doch der Vater ist schneller.)
Vater:	*(Schaut und spricht zur Mutter.) „Das stimmt nicht, du erzählst wieder ..."*

Der Fachperson steht an dieser Stelle mehrere, immer direktivere, Stoppkommunikationen zur Verfügung:
- Belassen des Blickes weiterhin beim Gesprächsgegenüber und Heben des dem Einsprechenden zugewandten Armes mit Stopphand
- zusätzlich still die Einsprechenden anschauen
- zusätzlich die Einsprechenden ansprechen

Fachperson:	*„Darf ich Sie bitten, aufzuhören zu sprechen, wie wir vereinbart haben, wenn ich das Stoppzeichen mache!"*
Vater:	*„Ja, entschuldigen Sie, aber ..."*
Fachperson:	*(Fällt dem Vater ins Wort.) „Es ist wichtig, dass hier ein Gespräch stattfindet, welches für Mia nützlich ist, dazu ist es wichtig, dass hier ein ruhiges Gespräch stattfinden kann und die vereinbarten Regeln eingehalten werden. Ist Ihnen das möglich?"*
Vater:	*(Nickt.)*
Fachperson:	*(Schaut und spricht wieder zur Mutter.) „Heute geht es um eine Auslegeordnung. Darf ich Sie bitten, nur Ihre Ideen, und wozu diese aus Ihrer Sicht gut für Mia sind, mitzuteilen und auf Erklärungen und Beschreibungen aus der Vergangenheit – über die Sie wohl eher unterschiedliche Ansichten haben – zu verzichten, damit wir hier für Mia weiterkommen."*

Fachpersonen stehen weitere Steigerungen zur Verfügung:
- eine Hand zwischen die Augenkontakte der Eltern halten
- sich zwischen die Eltern stellen, damit diese sich nicht mehr sehen, und den einsprechenden Elternteil anreden

Fachperson:	*(Spricht ruhig von oben herab zum Vater.) „Darf ich Sie bitten ruhig zu sein." (Sobald der Vater ruhig ist, kann beispielsweise mit dem obigen Monolog zum Vater und der Mutter weitergefahren werden)*

Die Erfahrung zeigt, dass die Eltern diese direktive Gesprächsführung akzeptieren, wenn die Stoppregel vorgängig vereinbart wurde und das Einverständnis von beiden Elternteilen eingeholt wurde.

⇨ EIN ELTERNTEIL DEN ANDEREN VERBAL ANGREIFT

Hochstrittige Eltern sind darin geübt, kleine und grössere verbale „Spitzen" gegen den anderen abzuschiessen. Einige Elternteile machen dies für Fachleute deutlich erkennbar, andere agieren mit sehr feiner sprachlicher Klinge.

Fachpersonen stehen in solchen Situationen vor der heiklen Entscheidung dies zu „überhören" oder die angreifende Person höflich in die Schranken zu weisen.

- Bei „kleinen Angriffen" ist es in der Regel zieldienlicher, diese zu „überhören", wenn der Elternteil sofort vom Angriffsmodus wieder in eine konstruktivere Kommunikation wechselt und der angegriffene Elternteil kaum nonverbal reagiert.

- Bei „grösseren Angriffen" oder einer „Serie von kleinen Angriffen" ist es angezeigt, entweder nonverbal (Blick) oder explizit verbal darauf zu reagieren, um eine Eskalation zu verhindern. Die Entscheidung beruht dabei auf einer individuellen, gefühlsmässigen Einschätzung der Fachperson.

Mutter: *„Das hat meine Tochter nie gesagt. Er lügt wie gedruckt, wenn er sagt, dass ..."*

Fachperson: *(Unterbricht die Mutter) „Ich höre, es ist schwer für Sie bei der Frage zu bleiben. Darf ich Sie bitten auf Angriffe gegen den anderen Elternteil zu verzichten, da dies nicht nützlich für Iris ist!"*

Oder etwas stärker:

Mutter: *„Das hat meine Tochter nie gesagt. Mein Ex lügt wie gedruckt ..."*

Fachperson: *(Unterbricht die Mutter.) „In diesem Gespräch ist es wichtig, dass alle Ihre Ansichten offen sagen können. Ich bitte Sie daher den anderen Elternteil nicht zu unterbrechen und auf Unterstellungen und Behauptungen zu verzichten!"*

Mutter: *„Das ist keine Unterstellung, das hat meine Tochter nie gesagt!"*

Fachperson: *„Waren Sie dabei?"*

Mutter: *„Nein, aber ..."*

Fachperson: *(Fällt der Mutter in ihre Rede und spricht eindringlich.) „Also, damit dies ein gutes Gespräch für Iris bleibt, bitte ich Sie als Eltern im Weiteren auf Angriffe und Unterstellungen zu verzichten."*

Der methodische Umgang mit Verdachtsäusserungen, die selbstverständlich zum Wohl des Kindes ernst genommen werden müssen, wie Gewaltvorwürfe, Verdacht auf Suchtmittelabusus, sexuelle Übergriffe usw., wird später behandelt (⇢Seite 145-152 / 203-240).

⇨ ELTERN IMMER WIEDER ZU STREITEN BEGINNEN

Hochstrittige Eltern verfallen immer wieder in ihr bekanntes Streitmuster. Wenn die obigen Stoppvarianten nicht funktionieren oder nur kurz wirken, ist es wahrscheinlich angezeigt, das Kind wieder mehr in den Blick der Eltern zu bringen. Hier eine Möglichkeit:

Fachperson: *(Die Eltern beginnen zum wiederholten Mal zu streiten. Die Fachperson verzichtet bewusst 1 bis 2 Minuten auf eine Intervention. Dann bringt die Fachperson die Eltern mittels der Stoppvarianten zum Schweigen.)* „Angenommen Bernhard hätte Sie die letzten Minuten auf diesem Stuhl" *(Zeigt auf einen leeren Stuhl.)* „beobachtet und gehört, was Sie alles gesagt haben. Wie ginge es ihm jetzt, was denken Sie als Mutter?"

Mutter: „Äh, ich rede vor Bernhard nicht so! Der bekommt das kaum mit."

Fachperson: *(Schaut die ausweichende Mutter ruhig an und wiederholt die Frage.)* „Wie ginge es ihm?"

Mutter: „Sicher nicht gut, es wäre ihm sehr unwohl."

Fachperson: „Was meinen Sie mit ‚nicht gut, es wäre ihm sehr unwohl'?" *(Schlüsselworte betonend in Frageform wiederholen.[62])*

Mutter: „Er hatte es nicht gern, wenn wir gestritten haben. Er hat dann oft angefangen zu weinen und ist in sein Zimmer geflüchtet."

Fachperson: *(Schaut den Vater an und wiederholt die Ausgangsfrage.)* „Aus Ihrer Sicht als Vater. Wie ginge es ihm jetzt?"

Vater: „Was für eine blöde Frage!"

Fachperson: *(Nachdem der Vater nicht weiterredet, fährt die Fachperson weiter fort.)* „Was meinen Sie damit? Wollen Sie sagen, es sei eine blöde Frage, wie es Bernhard geht?"

Vater: „Nein, natürlich nicht. Es ist doch klar, das ist nicht gut für ihn."

Fachperson: „Was meinen Sie mit ‚das ist nicht gut für ihn'?"

---

[62] Pfister-Wiederkehr (2019), Seite 102–105

Vater: *„Ja, dann leidet er und ist unglücklich. Das ist doch nicht gut für ein Kind!"*

Fachperson: *(Nach einer kurzen Sprechpause) „Sie sind sich also beide einig, dass, wenn Sie streiten, das für Bernhard nicht gut ist und Sie ihm das nicht zumuten wollen. Wunderbar, dann sehen wir das alle gleich. Was muss sich also zukünftig ändern, damit es Bernhard gut geht?"*

In Streitsequenzen sind die Frau und der Mann oft mit ihren Gefühlen, Verletzungen usw. aus der Vergangenheit verbunden. Vielfach sind sie dabei auf ihre frühere Paarbeziehung bezogen. Mit der obigen Gesprächsführung werden die Eltern zu einem Seitenwechsel in die Lebenswelt des Kindes eingeladen. In der Regel kommt damit das gemeinsame Kind wieder in den Blick und die Veränderungsbereitschaft nimmt zu.

⇨ EIN ELTERNTEIL BEGINNT, ÜBER EIGENES LEIDEN ZU REDEN

Hinter dem hochstrittigen Muster steht selbstredend eine vielfach sehr leidvolle, enttäuschende und manchmal auch gewaltdurchtränkte (Paar-)Zeit. Sobald die Eltern zum Gespräch kommen, können daher individuelle negative Erinnerungen aktualisiert werden. Aus dieser Sicht sind beispielsweise folgende Verhaltensweisen und Aussagen in Elterngesprächen nachvollziehbar.

Vater: *„Wissen Sie, ich habe Mirjam nun schon ein Jahr nicht mehr gesehen. Das macht mich sehr traurig und manchmal auch wütend."*

Oder

Mutter: *(Beginnt zu weinen und dann zu sprechen.) „Mirjam hat er in Ruhe gelassen, aber mich hat er immer wieder geschlagen, einmal musste ich deswegen ins Spital."*

Beide Elternteile beginnen in den Beispielen über ihr persönliches Leid zu sprechen. Die natürliche Reaktion wäre, darauf empathisch, beispielsweise mit Nachfragen, zu reagieren. Die Gefahr dabei ist, dass der andere Elternteil dies als Parteilichkeit auffassen könnte. Zudem würde sich damit der Fokus vom Kind hin zum Leid der Erwachsenen verschieben. Ein Eingehen auf die Erwachsenenebene läuft daher dem Rollenverständnis II entgegen. Es empfiehlt sich daher in solchen Situationen:

a) eine kurze emotionelle (nicht inhaltliche!) Leidanerkennung,

b) eine Triagebewegung einzuleiten und anschliessend
c) wieder zum Kind zurückzukehren.

Fachperson: *„Ich sehe, das ist für Sie schwierig." (Emotionelle Leidanerkennung*
             ohne Zustimmung der Wirklichkeitsbeschreibung) „Mit wem können
             Sie das besprechen?"
Elternteil: *(Häufige Antworten: mit meiner Freundin; meinem Therapeuten usw.)*
             Hier eine Reaktionsmöglichkeit auf die Antwort „mit niemand":
Fachperson: *„Wäre es hilfreich, wenn ich Ihnen ein paar Adressen von Fachleuten*
             zukommen lasse, mit denen Sie Ihre persönliche Situation bespre-
             chen könnten?"
Elternteil: *„Gerne."*
Fachperson: *„Gut. Kommen wir wieder zur Auslegeordnung und der Sammlung*
             von zukünftigen Verbesserungsideen für Mirjam zurück."

Dieser Beratungsansatz ist „radikal kindorientiert", was bedeutet, dass die Bedürfnisse der anwesenden Erwachsenen nicht berücksichtigt werden. Von den Erwachsenen wird implizit und explizit gefordert, in ihre Elternrolle zu gehen, darin zu bleiben und persönliche – auch sehr ernst zu nehmende Bedürfnisse – andernorts zu befriedigen. Das Kind im Blick zu behalten, bedeutet daher, von den Erwachsenen bei Bedarf „Opfer" einzufordern, was empathischen Fachpersonen manchmal sehr viel abverlangt.

⇨ UNREALISTISCHE IDEEN GEÄUSSERT ODER NACHTEILE NICHT BEACHTET WERDEN

Da die Eltern im Rollenverständnis II (⋯→Seite 36-39) als Expertinnen/Experten für inhaltliche Fragen erachtet werden, enthält sich die Fachperson (zumindest im Erstgespräch) einer inhaltsbezogenen Meinung und behandelt jede elterliche Idee gleichwertig, d.h. stellt Fragen im Rahmen der methodischen Grundbewegung (⋯→Seite 97-102). Beispielsweise wenn ein Elternteil als Idee einen Obhutswechsel vorschlägt, obwohl aufgrund der bisher stabilen Situation und da das Kind schon explizit gesagt hat, dass es nicht den Wohnort wechseln will, diese Idee wohl ins Reich der Fantasien gehört. Fachleute können sich an dieser Stelle in Erinnerung rufen, dass es sich um eine Auslegeordnung handelt und nicht um einen Entscheidungsschritt.

⇨ EIN KIND NICHT (MEHR) ZU EINEM ELTERNTEIL WILL

Immer wieder kommt ein Elternteil in die Erstsitzung mit der Mitteilung, dass das Kind gesagt habe, es wolle nicht mehr zum anderen Elternteil. Der Elternteil, welcher die Information überbringt, unterstreicht seine Mitteilung oft noch mit der Aussage, dass dieser keinesfalls gegen den Willen des Kindes handeln werde.

In kindorientierten Beratungen werden Aussagen von Kindern und von Elternteilen grundsätzlich ernst genommen und als wahr betrachtet (zumindest bis Fakten das Gegenteil belegen!).

Bei derartigen Aussagen muss daher davon ausgegangen werden, dass ein massives Problem besteht. Nur ist unklar welches! Ist etwas passiert, das das Kind zu dieser Aussage bewegt? Fühlt es sich im Spannungsfeld genötigt, sich auf eine Seite der Konfliktparteien zu stellen? Instrumentalisiert ein Elternteil das Kind?

Kann ein 9-, 11- oder auch 15-jähriges Kind aufgrund seiner bisherigen Lebenserfahrung wirklich abschätzen, was sein Wunsch mittel- und langfristig für Folgen für es selber hat? Kann ein Kind im Kontext von hochstrittigen Eltern überhaupt zu einer sinnvollen eigenen Meinung kommen? Sollen Fachleute zulassen, dass die Verantwortung für derartig folgenschwere Entscheidungen dem Kind für die Zukunft aufgebürdet wird? Was für Folgen hat es für das Kind, wenn es später merkt, dass ihm ein Elternteil gefehlt hat, und es sich später erkundigt, warum dies so passiert ist, und dann mit der Aussage „Du hast das doch so gewollt!" schachmatt gesetzt wird?

Aus dieser Optik wird in einer kindorientierten Beratung die Aussage des Kindes als Problemhinweis ernst genommen und die Eltern werden sofort aufgefordert, dieses Problem zu lösen und für den Lösungsweg gemeinsam die Verantwortung zu übernehmen. Im weiteren Verlauf der Beratung bekommt das Kind dann die Gelegenheit, sich zu den Lösungsideen der Eltern zu äussern (→Seite 119-125).

Zur Lösungsfindung ist hier der Vergleich mit ähnlichen Situationen hilfreich. Wenn ein Kind beispielsweise sagt, dass es nicht in die Schule will, ist den Eltern klar, dass dies ihr Kind und auch sie nicht bestimmen können (Schulpflicht). Es ist den Eltern aber auch klar, dass das Kind etwas plagt. Eltern haben nun die Aufgabe, eine Lösung für das (und eventuell mit dem) Kind zu finden, welches dann von diesem auch akzeptiert wird.

Basierend auf diesen Überlegungen ist die Aufgabe von Fachleuten, auf derartige Aussagen von Elternteilen umgehend den unverhandelbaren Rahmen deutlich zu machen.

Mutter: *„Friedrich sagt schon seit langer Zeit, dass er nicht mehr zum Vater gehen wolle. Er ist schon 11 und darum muss auf ihn gehört werden."*

Vater: *„Das sagt er nur, weil du das ihm vorsagst! Bei mir hat er immer wieder gesagt, er möchte noch mehr zu mir kommen!"*

Fachperson: *„Ich höre, dass Friedrich bei Ihnen" (Blick zur Mutter) „sagt, dass er nicht mehr zum Vater gehen will. Bei Ihnen" (Blick zum Vater) „äussert er, dass er mehr zu Ihnen kommen wolle.*

Es gibt also ein Problem, das Sie als Eltern lösen müssen. Klar ist, Friedrich ist juristisch gesehen nicht handlungsfähig und kann daher nicht entscheiden, ob er zu einem Elternteil geht oder bei einem Elternteil bleibt. Er kann aufgrund seiner geringen Lebenserfahrung die Folgen eines solchen Entscheides nicht einschätzen. Sie als Eltern haben die Aufgabe – basierend auf Ihrer Lebenserfahrung –, hier eine gemeinsam getragene Lösung zu finden, die gut ist für Friedrich."

Dieses Vorgehen bewährt sich angepasst auch für andere absolut vorgetragenen Ideen eines Elternteiles, die über den geäusserten Willen des Kindes begründet werden, wie beispielsweise: „Er will nicht mehr zu den Grosseltern" oder „Er will, dass deine Partnerin an den Wochenenden nicht mehr dabei ist" usw.

Folgegespräche (3. Phase)

An das Erstgespräch schliessen in der Regel 2 bis 4 Elterngespräche an, in denen die Eltern die zukünftige elterliche Zusammenarbeit besprechen und ihre Übereinkunft in einer schriftlichen Vereinbarung festhalten.

Nachstehend werden nun zentrale Aspekte der Folgegespräche besprochen:

- Gesprächsziele
- Gesprächsrahmen und die Gesprächsregeln
- Start ins Gespräch
- Besprechungsthema
- methodische Grundbewegung
- Vereinbarung zwischen den Eltern.

Anschliessend wird noch beschrieben, was sich in den Folgegesprächen grundsätzlich bewährt hat, und es werden einige besondere Herausforderungen für Fachleute besprochen.

GESPRÄCHSZIELE

Während im Erstgespräch der Schwerpunkt darauf liegt, ein Gespräch zwischen den Eltern wieder zu ermöglichen und diese zu unterstützen, einander zuzuhören sowie das Kind wieder in den Blick zu nehmen, steht in den Folgegesprächen im Vordergrund:

▶ die Eltern unterstützen, wieder kindfokussiert zu denken (Haltung),

▶ den Eltern helfen, kindorientierte Absprachen auszuhandeln, welche von beiden Elternteilen mitgetragen werden (Vereinbarung),

▶ den Eltern ein Lösungswerkzeug zu vermitteln, welches jetzt und in der Zukunft bei anstehenden elterlichen Fragen hilft (Lösungstool).

Folgegespräche können auch als strukturiertes Elterntraining im kindfokussierten Denken beschrieben werden, in welchem die Eltern wieder lernen, zugunsten des Kindes zu kooperieren und sich ein Lösungsmuster aneignen, mit welchem sie die aktuellen und die kommenden Fragen rund um ihr gemeinsames Kind lösen können.

GESPRÄCHSRAHMEN UND GESPRÄCHSREGELN

Ein Folgegespräch dauert in der Regel 60 bis 75 Minuten.

Bis die Eltern ruhig miteinander sprechen können, was oft so ab der dritten Sitzung möglich wird, ist es angezeigt, die Blickrichtungs- und Sprechregel beizubehalten. Wann die Zeit zum Beenden gegeben ist, wird im Gesprächsraum spür- und sichtbar. Die V-Sitzordnung und die Stoppregel werden bis zum Beratungsabschluss beibehalten.

Wenn die Eltern zur kindorientierten Elternberatung geschickt wurden, rahmen die behördlichen Weisungspunkte (⋯→Seite 54) die Gespräche weiterhin.

Bei freiwillig kommenden Eltern wird in der Literatur auf die Möglichkeit von Beratungsverträgen verwiesen.[63] Beim Modell „kindorientierte Elternberatung" werden freiwillig kommende Eltern – wie bei anderen Beratungen – als Menschen betrachtet, welche bestimmen, ob und wie lange sie kommen wollen und wann sie die Beratung abschliessen.

Dieses Selbstbestimmungsrecht wird nur durch akute Kindeswohlgefährdung eingeschränkt. Das heisst, dass dann die Fachleute kindeswohlgefährdende Themen von sich aus in die Beratung einbringen und notfalls eine Gefährdungsmeldung an die Behörden erfolgt.

---

[63] Holt & Schönherr (2015), Seite 33–37; Ballón (2018), Seite 11

START IN DAS GESPRÄCH

In das zweite und weitere Folgegespräche mit hochstrittigen Eltern kann in der Regel wie in anderen Beratungen eingestiegen werden mit dem Dreischritt: Joining, Gesprächsrahmen aktualisieren und Blick auf Positives. [64]

JOINING

Ein mögliches Joining kann beispielsweise so aussehen:

Fachperson: *„Schön, dass Sie gekommen sind. Sind Sie mit dem Auto oder der Bahn gekommen?"*

Vater: *„Mit dem Auto. Ich habe aber nur mit Mühe einen Parkplatz gefunden."*

Fachperson: *„Ja, das habe ich schon von anderen Eltern gehört, dass es um diese Zeit recht schwierig ist …"*

Wenn die Fachperson zudem kongruent und echt Wertschätzung äussern kann, ist dies vielfach sehr entspannend für die Gesprächsatmosphäre, beispielsweise in der Form:

Fachperson: *„Dass Sie heute gekommen sind, zeigt mir, dass Ihnen Ihr Kind sehr wichtig ist und Sie dafür bereit sind, auch anspruchsvolle und belastende Gespräche zu führen."*

GESPRÄCHSRAHMEN AKTUALISIEREN

Danach wird oft der Gesprächsrahmen in Form einer Frage aktualisiert.

Fachperson: *„Ist es für Sie in Ordnung, wenn Sie auch heute zu mir schauen und reden und dass ich Sie unterbrechen darf, wenn ich befürchte, dass das Gespräch für Ihr Kind Christine nicht nützlich verläuft?"*

Eltern: *(Erteilen das Mandat dazu verbal oder nonverbal mit Nicken.)*

Fachperson: *„Erfahrungsgemäss dauert das Gespräch etwa 60 bis 75 Minuten. Ist das für Sie auch in Ordnung?"*

Eltern: *(Erteilen das Mandat dazu wiederum verbal oder nonverbal mit Nicken.)*

---

[64] Pfister-Wiederkehr (2019), Seite 64-67

POSITIVER FOKUS

Wirkungsforschungsergebnisse[65] verweisen darauf, dass ein veränderungswirksamer Kontext mit einem positiven Fokus zu Beginn des Gespräches gefördert wird. Sobald die Arbeitsbeziehung dies also zulässt, können Fragen der Art gestellt werden:

- „Was gibt es Erfreuliches von Ihrem Kind zu berichten?"
- „Was hat sich aus Ihrer Sicht seit dem letzten Gespräch – zumindest ein klein wenig – in positiver Richtung verändert?"

Jede Antwort darauf kann die Fachperson mit Fragen vertiefen und so die positive Wirkung erweitern.

Mutter:	*„Christine hat eine sehr gute Deutschnote erzielt."*
Fachperson:	*„Wow! Wie hat sie das geschafft?"*
Mutter:	*„Sie hat viel gelernt."*
Fachperson:	*„Toll! Christine ist also ein Kind, das erfolgreich lernen kann? Sie haben eine tolle Tochter!" (Blick zu beiden Eltern)*
Mutter:	*„Ja, das ist eine ihrer vielen Stärken in der Schule!"*
Fachperson:	*„Ah! Sie hat noch mehr Stärken! An welche denken Sie noch?"*

Sehr hilfreich im Gesprächseinstieg ist ein positiver Blick auf das Kind. Natürlich auch sehr gut ist, wenn etwas Positives über die elterliche Zusammenarbeit berichtet wird.

Vater:	*„Die letzte Übergabe verlief sehr gesittet und ruhig."*
Fachperson:	*„Wie meinen Sie das?"*
Vater:	*„Ja, es kam zu keinem Streit!"*
Fachperson:	*„Super! Was war denn anstelle des Streites?"*
Vater:	*„Wie meinen Sie das?"*
Fachperson:	*„Anstelle des bisherigen Streites, was haben Sie als Eltern gemacht?"*
Vater:	*„Äh, wir haben einander angeschaut und gegrüsst. Das haben wir schon lange nicht mehr gemacht! Also nicht die Hände geschüttelt, sondern nur ‚Hallo' gesagt."*
Fachperson:	*„Gut! Wie haben Sie beide das denn geschafft?"*

---

[65] Zum Beispiel Klaus Grave und Miller, Duncan & Hubble. In Pfister-Wiederkehr (2019), Seite 32-35

Die Fachperson erkundet positive Erlebnisse – beispielsweise entlang des H-O-E-R-Modells[66] – in der Regel aus zwei Gründen sehr detailliert. Erstens wird Nachfragen über Erfolge vom Gegenüber oft als Wertschätzung erlebt und zweitens bestärkt es die Menschen, das Gezeigte beizubehalten. Sobald ein genannter Punkt genügend erkundet und gewürdigt wurde, kann die Fachperson nach weiterem Positiven fragen.

Fachperson: *„Schön, dass Sie die Erfahrung gemacht haben, dass ‚Hallo' sagen hilfreich war. Was haben Sie beide noch gemacht, was dazu beigetragen hat, dass die Übergabe erfreulich für Ihr Kind und Sie verlief?"*

Das vertiefte Reden über Positives beim Kind hilft, den Fokus auf das Kind beizubehalten. Positive Veränderungen auf der Elternebene unterstützen die Hoffnung, dass es besser wird. Die Veränderungsbeschreibungen geben den Eltern auch Hinweise, was für weitere anstehende Veränderungen nützlich sein könnten, und stellen daher aus methodischer Sicht eine „Ausnahme"[67] dar, mit allen darin enthaltenen Optionen.

Wenn in dieser Einstiegsphase eine ausreichend tragfähige Arbeitsbeziehung entstanden ist, kann zum offiziellen Hauptthema des Folgegespräches gewechselt werden, dem Entwickeln von Lösungen.

---

[66] De Jong, Peter & Berg, Insoo (2008), Seite 223-232; Pfister-Wiederkehr (2019), Seite 128-133
[67] De Jong, Peter & Berg, Insoo (2008), Seite 165-180; Pfister-Wiederkehr (2019), Seite 98-101

BESPRECHUNGSTHEMA

Während bei anderen Beratungen das Gegenüber relativ frei die zu be-arbeitenden Themen (Probleme, Dilemmata usw.) bestimmt, ist dies bei der kindorientierten Elternberatung vorgegeben. Hier steht die Reduktion der Elternkonflikte zugunsten des Kindes mittels kindorientierter Vereinbarungen im Zentrum, die von beiden Eltern mitgetragen werden müssen. Damit wird konsequent verfolgt, was den Eltern bereits im Erstgespräch bei der fachlichen Positionierung (⋯→Seite 63) eröffnet wurde und in den Gesprächszielen (⋯→Seite 90) beschrieben ist.

Die Bearbeitung von Problemen aus der zurückliegenden Paargeschichte, persönliche Verletzungen der Frau oder des Mannes usw., wird triagiert (⋯→Seite 85), sofern diese nicht unmittelbare Verbesserungen für das gemeinsame Kind zur Folge hat. In diesem Sinne erfolgt die Themenbestimmung radikal kindorientiert.

Erfahrungsgemäss beschreiben die Eltern schnell, welche Punkte zu verbessern sind, sobald sie dazu befragt werden (siehe methodische Grundbewegung im nächsten Abschnitt). Eine Zusammenstellung von öfter besprochenen Themen befindet sich im Anhang (⋯→Seite 270-275). Bei einigen Eltern ist es manchmal hilfreich, einige Fragen aus dieser Themenliste zur individuellen Vorbereitung zur Verfügung zu stellen.

Nach der Einstiegsphase werden die Eltern eingeladen, ihre seit dem letzten Gespräch weiterentwickelten Verbesserungsideen einzubringen.

Fachperson: *„Am Ende des letzten Gespräches habe ich Sie gebeten, zur heutigen Sitzung Vorschläge mitzubringen, die für Mina eine Verbesserung zur Folge hätten und von Ihnen beiden mitgetragen werden könnten. Im heutigen Gespräch geht es darum, diese auszutauschen und zu sehen, worüber Sie schon einig sind und was noch weiterzuentwickeln ist. Wem darf ich das Wort übergeben?"*

Mutter: *„Wirklich wichtig wäre ..."*

Bei hochstrittigen Eltern muss erwartet werden, dass sie in der zweiten und vielleicht auch dritten Sitzung kaum in der Lage sind, bereits kindorientierte Veränderungsideen vorzuschlagen, welche von beiden Elternteilen mitgetragen werden. Oft gelingt dies den Eltern im dritten oder vierten Gespräch. Dann sind sie vielfach in der Lage, ihre Veränderungsideen „in einem Guss" für eine Vereinbarung (⋯→Seite 103-105) zu formulieren.

Fachleute benötigen während dieser „Durststrecke" oft viel Durchhaltewillen und Hartnäckigkeit, bis die Eltern den „Abzweiger" zu ihrer neuen elterlichen Kooperation nehmen. In der Gesprächsführung bewährt sich dabei insbesondere die im Folgenden beschriebene methodische Grundbewegung.

METHODISCHE GRUNDBEWEGUNG

Um eine elterliche Einigung auf kindorientierte Regeln zu erreichen, wird jeweils ein Elternteil eingeladen:

1. einen Veränderungsvorschlag vorzubringen, der von beiden Elternteilen mitgetragen werden kann,
2. diesen zu präzisieren und
3. zu begründen, inwiefern dieser für das Kind gut sein könnte.

Stimmt der andere Elternteil dem Vorschlag zu, kann dieser festgehalten werden. Ansonsten geht es mit dem Schritt 1 weiter.

Die Eltern werden mittels Gesprächsführung dabei unterstützt:

- Vorschläge zukunftsorientiert zu begründen (Begründungen mit Bezug zu negativen Vergangenheitserlebnissen werden gestoppt),
- zusätzliche Ideen zu äussern, anstatt Vorschläge des anderen Elternteiles zu kritisieren,
- erst in direkte, gemeinsame Gespräche einzusteigen, wenn der Konflikt in den Hintergrund getreten ist und die Eltern kindorientiert denken können,
- zu bedenken, dass am Schluss ihr Kind, wenn das Alter es zulässt, um seine Meinung zu den gemeinsamen elterlichen Ideen gebeten wird (→Seite 118-128).

Weitere methodische Hinweise folgen unten (→Seite 106-109).

Diese Grundbewegung wird in den nachstehenden zwei Gesprächssequenzen illustriert. Zuerst am Beispiel des Themas „Pünktlichkeit".

Fachperson: *„Was wäre aus Ihrer Sicht in Zukunft zugunsten von Mina zu verändern?"*

Mutter: *„Wirklich wichtig wäre, dass der Vater verlässlich ist. Nie kommt er pünktlich …"*

Fachperson: *(Unterbricht den Angriff auf den Vater und führt die Mutter zum Punkt 1 zurück.) „Was ist Ihr Vorschlag zur Verbesserung?"*

Mutter: *„Dass er pünktlich ist!"*

Fachperson: *„Was meinen Sie damit? Wo wäre es für Mina wichtig, dass der Vater aus Ihrer Sicht pünktlich ist?" (Punkt 2)*

Mutter: *„Beim Abholen wäre es wichtig. Wenn er sagt, er komme Mina 13.30 Uhr holen, dann muss …"*

Fachperson: (Unterbricht möglichen Angriff.) „Verstehe ich Sie recht, aus Ihrer Sicht als Mutter wäre es für Mina wichtig, dass die vereinbarte Abholzeit eingehalten wird?"

Mutter: „Ja, genau!"

Fachperson: „Wozu wäre das für Mina wichtig?" (Punkt 3)

Mutter: „Sie wäre dann ruhiger vor den Tagen mit dem Vater. Auch weiss sie dann, auf den Vater ist Verlass."

Fachperson: „Wozu wäre das für Mina aus Ihrer Sicht wichtig?"

Mutter: „Es würde ihr Sicherheit geben und ihr Vertrauen in den Vater stärken."

Fachperson: „Verstehe ich recht, Sie wünschen sich für Mina, dass die vereinbarten Abholzeiten in Zukunft eingehalten werden, da dies Mina beruhigt und ihr Vertrauen in den Vater stärkt?"

Mutter: „Äh, ja."

Grundbewegung dargestellt am Thema „Wechsel des Kindes von einem Elternteil zum anderen".

Fachperson: „Was wäre aus Ihrer Sicht zugunsten von Mina in Zukunft zu verändern?"

Vater: „Wissen Sie, die letzte Übergabe war eine totale Katastrophe."

Fachperson: (Unterbricht den sich anbahnenden vergangenheitsbezogenen Angriff auf die Mutter.) „Was ist Ihr Vorschlag für die Zukunft?" (Punkt 1)

Vater: „Das darf einfach nicht mehr passieren, dass wir vor Mina streiten!"

Fachperson: „Wie soll aus Ihrer Sicht die Übergabe gestaltet werden, damit diese für Mina besser ist?" (Punkt 1)

Vater: „Die Übergabe soll einfach ruhig verlaufen!"

Fachperson: „Was meinen Sie damit genau? Was tut dann wer und wann genau, damit die Übergabe zugunsten von Mina ruhig verläuft?" (Punkt 2)

Vater: „Ja, dann komme ich am Samstag 9.00 Uhr und läute an der Wohnungstür. Meine Ex, äh … die Mutter kommt an die Tür. Wir sagen einander guten Tag. Sie gibt mir die Tasche mit den Kleidern und ruft dann Mia zu kommen. Mia verabschiedet sich dann von der Mutter und Mia und ich gehen ruhig zum Auto. Wenn ich Aufgaben mit Mia machen muss, so schreibt mir die Mutter dies vorher, und wir reden nicht vor Mia darüber. Sie unterlässt es auch zu sagen …"

Fachperson: „Inwiefern wäre das für Mia gut?" (Fokus auf Punkt 3)

Vater: „Sie müsste dann nicht mehr weinen und wäre nicht mehr so unglücklich und würde …"

Fachperson: (Unterbricht den negativen vergangenheitsorientierten Blick.) „Was wäre dann anstelle des Bisherigen für Mia besser?"

Vater: „Mia könnte ruhig von der Mutter zu mir gehen und auch zurück und wäre sicher zufriedener und glücklicher. Vielleicht wäre sie auch etwas stolz auf uns, dass wir es als Eltern nun besser machen."

Fachperson: „Verstehe ich recht, aus Ihrer Sicht als Vater wäre es für Mina gut, wenn Sie zur vereinbarten Zeit kommen, läuten, sich als Eltern kurz mit einem Satz begrüssen. Die Mutter Ihnen die Kleidertasche übergibt, Mia zur Tür ruft und Sie und Mia nach der Verabschiedung ruhig zum Auto gehen. Fragen und Wünsche beispielsweise zu Kleidern und Aufgaben haben Sie vorher ohne Mia per Mail geklärt. Sie denken, Mia wäre zufriedener und vielleicht auch etwas stolz auf Sie als Eltern."

Vater: „Ja das wäre super für Mia."

Am Anfang ist damit zu rechnen, dass der andere Elternteil mit einem dicken „Aber" auf Ideen des anderen Elternteils reagiert. Eine negative Kommentierung wird sofort gestoppt und der kritisierende Elternteil wird umgehend eingeladen, einen alternativen Vorschlag zu äussern, welcher dann wieder mit der Grundbewegung bearbeitet wird.

Fachperson: (Hat die Idee eines Elternteils zusammengefasst.)

Mutter: „Aber, das geht so nicht, das ging so auch nie!"

Fachperson: „Das ist die aktuelle Idee des Vaters. Ich bitte Sie, die Ideen voneinander einfach unkommentiert stehen zu lassen. Was ist Ihre aktuelle Idee als Mutter?"

Mutter: „Darf ich nun sagen, weshalb das so nicht geht?"

Fachperson: „Bitte sagen Sie, was Ihre momentane Idee ist, um eine Verbesserung für Mia zu erreichen."

Mit der methodischen Grundbewegung werden in der Regel alle anstehenden Themen mit den Eltern bearbeitet, auch wenn diese nur einem Elternteil Sorge bereiten. Nach einigen Durchgängen ist das Prozedere den Eltern klar, was die Bearbeitungsgeschwindigkeit und -intensität deutlich steigert.

Hier noch ein Gesprächsausschnitt mit der methodischen Grundbewegung, wenn ein Elternteil das Kind mehr sehen will.

Vater:	*„Wissen Sie, so geht das nicht weiter, ich will Martin endlich mehr sehen!"*
Fachperson:	*„Was meinen Sie damit genau?" (Punkt 1)*
Vater:	*„Martin soll die Hälfte der Zeit bei mir leben!"*
Fachperson:	*„Können Sie bitte genauer ausführen, was Sie damit im Moment meinen? Beispielsweise von wann bis wann." (Punkt 2)*
Vater:	*„Jede zweite Woche ist er bei mir. Am Freitag nach der Schule hole ich ihn ab und am Freitagmorgen nach 7 Tagen geht er von mir dann zur Schule. Nachher ist er dann für eine Woche bei der Mutter."*
Fachperson:	*„Können Sie ausführen, wie Sie sich vorstellen, wie er bei Ihnen betreut wird?"*
Vater:	*„Also am Wochenende bin ich zuständig. Während der Zeit, in der ich arbeite, kümmern sich meine Eltern um ihn. Sie sind ja pensioniert und immer zu Hause."*
Fachperson:	*(Stellt weitere Fragen, bis die aktuelle Idee des Vaters unmissverständlich beschrieben ist, und fasst diese ohne Bewertung zusammen.) „Sie könnten sich zurzeit vorstellen, dass Martin jede zweite Woche von Freitag nach der Schule bis Freitag am Morgen bei Ihnen ist. Die Betreuung am Wochenende und jeweils am Montagabend und Mittwochabend ab 19.00 Uhr würden Sie übernehmen. Die restliche Zeit würden Ihre Eltern die Betreuung übernehmen."*
Vater:	*„Ja, so etwa!"*
Fachperson:	*„Was meinen Sie mit ‚so etwa'?"*
Vater:	*„Ja es gibt sicher auch Ausnahmen, die müssten die Mutter und ich dann noch regeln."*
Fachperson:	*„An was für Ausnahmen denken Sie da?"*
Vater:	*„Wenn ich beispielsweise beruflich ins Ausland muss oder das Skiwochenende des Turnvereins stattfindet. Da könnten die Mutter und ich ja die Betreuungszeiten austauschen."*
Fachperson:	*„Ah, dafür wären noch Abmachungen erforderlich."*
Vater:	*„Ja, das wäre noch zu regeln."*
Fachperson:	*„Damit ist klar, was im Moment eine Idee von Ihnen wäre. Nun, was wäre aus Ihrer Sicht der Vorteil davon für Martin?"*
Vater:	*„Ich könnte ihn mehr sehen und die Halb-halb-Lösung wäre fair."*
Fachperson:	*„Ich kann verstehen, dass diese Idee für Sie Vorteile hätte. Meine Frage ist aber, welche Vorteile hätte diese Lösung für Martin?"*
Vater:	*„Er wäre mehr mit mir zusammen, das ist wichtig für ihn!"*
Fachperson:	*„Wozu wäre das aus Ihrer Sicht als Vater wichtig für Martin?"*

Die Fachperson insistiert auf einer kindeswohlbegründeten Antwort und gibt dem Vater die Möglichkeit, alle ihm einfallenden Begründungen vorzubringen. Dies soll dem anderen Elternteil auch ermöglichen, Übereinstimmungen zu erkennen.

Vorteile und Nachteile erkunden

Wenn bereits eine erkennbare tragfähige Beziehung besteht und die Eltern erlebt haben, dass die Fachperson sich nie parteiisch für einen Elternteil einsetzt, kann das Nachfragen nach Vorteilen bei Bedarf ergänzt werden mit dem Fragen nach möglichen Nachteilen.

Fachperson: *„Das wären mögliche Vorteile für Martin aus Ihrer Sicht als Vater. Alles auf der Welt hat zwei oder mehr Seiten. Was wären mögliche Nachteile für Ihren Sohn?"*

Vater: *„Nachteile sehe ich keine."*

Fachperson: *„Ja, das ist eine schwierige Frage. Nehmen Sie sich doch ruhig etwas Zeit. Jede Idee hat Vorteile und auch Nachteile, was wären mögliche Nachteile für Martin?"*

Vater: *„Sein Schulweg wäre etwas länger."*

Fachperson: *„Ah ja. Was noch?"*

Vater: *„Sein Freund wohnt im selben Block wie die Mutter. Mit diesem könnte er dann nur alle zwei Wochen zusammen sein."*

Fachperson: *„Was wäre daran der Nachteil für Martin?"*

Vater: *„..."*

Fachperson: *„Was noch?"*

Vater: *„..."*

Fachperson: *„Danke. Jetzt ist klar, was Ihre Idee im Moment ist und welche Vor- und möglichen Nachteile diese für Martin haben könnte."*

Sobald eine Idee erkundet ist, wird die Besprechung für den Moment abgeschlossen. Verständnisfragen des anderen Elternteiles sind selbstverständlich erlaubt, Diskussionen darüber werden blockiert, bis die Eltern kindorientiert denken und reden können.

Anschliessend werden die Eltern einfach wieder aufgefordert, eine neue Idee zu nennen (Punkt 1).

In Einzelfällen genügt diese auf den ersten Blick einfache Grundbewegung nicht, dann kann diese mit dem Tool „Durchdenken lassen" (⟶Seite 153-160) oder Teilen daraus ergänzt werden.

Wenn für alle wichtigen Themen der Eltern eine kindorientierte Lösung von diesen entwickelt wurde, sind in der Regel die drei Hauptziele (→Seite 90) erreicht:

▷ Es liegen inhaltliche Lösungen vor (Ziel 1: Vereinbarungsgrundlage).

▷ Die Eltern sind wieder in der Lage, kindorientiert zu denken, ansonsten hätten sie keine gemeinsame Lösung gefunden (Ziel 2: Haltung).

▷ Infolge des „Intensivtrainings" mit der Grundbewegung haben die Eltern ein Instrument kennengelernt, mit dem sie künftig entstehende Probleme bewältigen könnten (Ziel 3).

Zu diesem Zeitpunkt ist dann in der Regel auch eine spürbare Konfliktreduktion erkennbar.

An diesem Punkt haben die Eltern alle für ihr Kind und sie wichtigen Veränderungspunkte herausgearbeitet, welche nun in einer verbindlichen Vereinbarung festgehalten werden.

DIE VEREINBARUNG

In der Vereinbarung werden die kindorientierten Absprachen zwischen den Eltern festgehalten. Das präzise Niederschreiben hilft, Missverständnisse in der Zukunft zu minimieren und erhöht oft die Verbindlichkeit des bisher Besprochenen. Das Einhalten der Vereinbarung unterstützt später vielfach den Wiederaufbau der Vertrauensbasis.

Erfahrungsgemäss kann ab der dritten Folgesitzung angefangen werden, die Absprachepunkte, welche die Eltern teilen, festzuhalten. Am Anfang bewährt es sich, wenn die Fachperson diese niederschreibt, den Eltern in der Sitzung vorliest und von diesen bestätigen lässt. Die Formulierungsvorschläge sollen möglichst nahe an den Formulierungen und dem Sprachschatz der Eltern sein, damit diese sich mit dem Text identifizieren können.

Entspannend und kompromissfördernd ist vielfach, dass beim Festhalten deutlich gemacht wird, dass die Absprachen erst gelten, wenn alle Punkte bekannt sind und die Vereinbarung von beiden Eltern unterschrieben wurde.

Es bewährt sich auch, die Vereinbarung den Eltern zwischen den Gesprächen zur Überprüfung und Ergänzung mitzugeben oder per Mail zuzustellen.

Eine Vereinbarung besteht in der Regel aus vier Teilen:
A) Kontextdefinition der Vereinbarung
B) Vereinbarungspunkte
C) Konfliktregel
D) Unterschrift der Eltern

A) KONTEXTBESCHREIBUNG

Die Absicht und Verortung der Vereinbarung können im ersten Teil vorgenommen werden, beispielsweise so:

VEREINBARUNG ZUGUNSTEN VON FRITZ
Als Eltern von Fritz vereinbaren wir zu dessen Wohl die nachstehenden Regeln. Sie gelten, wenn nicht ausdrücklich ausgeschlossen, jeweils für beide Elternteile und deren Umfeld.

Eltern müssen für zukünftige Abmachungen eventuell bisher Vertretenes aufgeben. Daher wird in der Einleitung klargestellt, dass mit der Zustimmung zu den zukünftigen Regeln nicht das bisherige Tun eines Elternteils be- oder sogar verurteilt wird.

Ausdrücklich halten wir fest, dass mit diesen Regeln keine Aussage über frühere nicht kindorientierte Verhaltensweisen des einen oder anderen Elternteils impliziert sind.

Wir verpflichten uns, diese Vereinbarungspunkte zukünftig einzuhalten. Erforderliche Anpassungen der Regeln und neue Regeln werden wir gemeinsam besprechen. Die Regeln können nur im gegenseitigen Einverständnis verändert werden.

B) VEREINBARUNGSPUNKTE

Die abgesprochenen Punkte werden möglichst präzis aufgelistet. Beispielsweise in folgender Form:

- *Wir vereinbaren die Besuchswochenenden und Ferien mit Blick auf die Bedürfnisse von Fritz gemeinsam jeweils in der ersten Woche des Monats Januar, April, Juli, Oktober für das übernächste Jahresquartal, also beispielsweise im Januar für die Monate April, Mai, Juni.*
- *Können wir uns nicht einigen, so gilt bis zur Einigung Folgendes: Fritz ist an jedem zweiten Wochenende beim Vater. Die Mutter bringt Fritz am Freitag nach der Schule zum Vater und der Vater bringt Fritz am Sonntag 18.00 Uhr zur Mutter.*

Weitere Beispiele sind im Anhang zusammengestellt (⋯Seite 272-275).

C) KONFLIKTREGEL

Hier geht es darum, den Umgang der Eltern bei erneuten Konflikten in eine konstruktive Richtung zu kanalisieren.

- *Wenn ein Elternteil eine Besprechung mit dem anderen Elternteil bei der Fachstelle XY wünscht, erklärt sich der andere kommentarlos einverstanden, daran zeitnah teilzunehmen.*

D) UNTERSCHRIFT DER ELTERN

Da es sich um eine Elternvereinbarung handelt, unterschreiben nur die Eltern. Die Vereinbarung wird in der Regel auf einem leeren Papier ohne Signet eines Elternteiles oder einer Fachstelle geschrieben.

Ist die Vereinbarung fertig und von beiden Eltern unterschrieben, was meistens spätestens am Ende der 5 Sitzung erreicht ist, kann in die vierte Modellphase mit dem Einbezug des Kindes gewechselt werden.

Zuerst werfen wir noch einen Blick darauf, was sich in Folgegesprächen in der Gesprächsführung oft bewährt, und anschliessend werden noch ein paar Spezialthemen erörtert.

WAS SICH IN DER GESPRÄCHSFÜHRUNG OFT BEWÄHRT

Allgemeine Gesprächsführungstechniken wie „Beachtung Rapport", „emotionelle Leidanerkennung", „Wertschätzung", „Schlüsselwörter" und „Zusammenfassungen" (⋯Seite 78-79) sind auch bei den Folgegesprächen wichtig.

In der 3. Phase sind oft zusätzlich die nachstehend aufgelisteten und anschliessend etwas detaillierter behandelten Punkte hilfreich:

- Kind visuell in den Raum hereinholen
- Einfügen öffnender Worte
- Forderungen/Anschuldigungen in Anliegen umformulieren lassen
- Eltern Zusammenfassungen machen lassen
- Seitenwechsel einführen

- Das Kind wird sprachlich dauernd in den Raum hereingeholt. Dieser indirekte Einbezug des Kindes kann zudem visuell unterstrichen werden, indem ein Stuhl zwischen die Eltern gestellt wird und dieser als Kinderstuhl bezeichnet wird. Darauf kann auch der Name des Kindes platziert werden. Die Eltern können auch gebeten werden, je ein Foto, das nur das Kind zeigt, mitzubringen, welche dann auf den für das Kind bezeichneten Stuhl gelegt werden. Findet das Gespräch an einem Tisch statt, können die Fotos in die Mitte gelegt werden. Eine sehr geschätzte Kollegin hat auch einfach einen roten Punkt auf den Tisch gelegt und berichtet, dieser hätte den Eltern und auch ihr geholfen, das Kind im Blick zu behalten, gleichgültig wie emotional das Gespräch verlaufen sei.

- Bei Zusammenfassungen von Ideen und Aussagen Wörter einfügen wie *„zurzeit"*, *„im Moment"*, *„bisher"*, *„in der Vergangenheit"*, *„eine Idee"*, *„aus Ihrer Sicht"*, *„angenommen"*, um Verfestigungen entgegenzuwirken.

Vater: (In forderndem Ton) *„Martin soll jeden Mittwoch nach der Schule zu mir kommen und um 18.00 Uhr zur Mutter gehen."*

Fachperson: *„Ihre Idee ist im Moment, dass Martin am Mittwoch nach der Schule bis 18.00 Uhr zu Ihnen kommt. Mal angenommen, das wäre so. Welche Vorteile hätte dies für Martin aus Ihrer Sicht als Vater?"*

106

Auch bei anderen absolut formulierten Äusserungen kann das Einfügen solcher Wörter helfen, das Gesagte zu entschärfen und Offenheit für Veränderungen zu unterstützen.

Mutter: *(Mit schneidendem Tonfall) „Das hat nie geklappt!"*

Fachperson: *„Verstehe ich Sie recht, bisher hat dies aus Ihrer Sicht nie geklappt ..."*

Mit diesen Worteinfügungen wird zudem den inhärenten, störenden Beziehungsbotschaften (siehe 2. Kommunikationsaxiom[68]) entgegengewirkt.

- Forderungen und Anschuldigungen in Wünsche oder Ideen umformulieren. In der Regel so, dass diese für beide Elternteile gelten.

(Fortsetzung obiger Gesprächssequenz)

Mutter: *„Ja, bisher war er nie pünktlich."*

Fachperson: *„Verstehe ich Sie recht, Ihre Idee ist, dass Sie beide die Zeiten einhalten, welche Sie in Zukunft abmachen?"*

Mutter: *„Ja natürlich! Er soll sich daran halten!"*

Fachperson: *„Ihre Idee ist, dass nur der Vater pünktlich sein sollte oder Sie beide?"*

Mutter: *„Natürlich wir beide."*

Fachperson: *„Ihr Anliegen ist also zurzeit, dass beide sich an die vereinbarten Zeiten halten." (Nachdem der Begriff ‚pünktlich' von der Mutter auf Nachfrage definiert wurde, geht die Fachperson zu Punkt 3 der methodischen Grundbewegung.) „Wozu wäre das für Martin wichtig?"*

- Fällt es den Eltern schwer, einander zuzuhören, oder soll ein Hilfstool für spätere Gespräche ohne die Fachperson trainiert werden, bietet sich eine Spezialtechnik an. Anstelle der Zusammenfassung durch die Fachperson werden die Eltern aufgefordert, das Verstandene zu wiederholen, bevor sie mit ihren Ideen fortfahren.

Fachperson: *„Es ist wichtig, wenn Sie Ihre Idee beschrieben haben, Sie die Gewissheit haben, dass der andere diese Idee gehört hat. Vielleicht ist der andere Elternteil nicht einverstanden, aber jeder sollte sicher sein, dass er gehört wurde. Ansonsten besteht die Gefahr,*

---

[68] Watzlawick et al. (1969), Seite 53-56

dass Sie sich im Kreis drehen und nichts für Milena erreichen. Ich schlage daher vor, dass Sie für heute jeweils Ihre Idee sagen, dann wiederholt der andere Elternteil, was er/sie gehört hat. Wenn der andere sich verstanden fühlt, geht es weiter. Ansonsten wird die Idee nochmals beschrieben und zusammengefasst, bis es gut ist. Wäre das für Sie in Ordnung?"

Eltern:	*(Geben Einverständnis mit Nicken.)*
Fachperson:	*„Danke! Welche Idee" (Blick zur Mutter) „haben Sie noch?"*
Mutter:	*„Ich fände es gut, wenn du mit deiner Partnerin vor Milena nicht negativ über mich sprichst. Ich meine, wir sollten vor Milena mit unseren Partnern, Geschwistern sowie den Grosseltern nicht oder nur positiv über den anderen Elternteil sprechen.*
Vater:	*„Du schlägst vor, dass wir mit unseren neuen Partnern, den Geschwistern und den Grosseltern nicht mehr über den anderen Elternteil sprechen."*
Fachperson:	*(Hilft am Anfang des Trainings noch mit Fragen.) „Fühlen Sie" (Blick zur Mutter) „sich verstanden?"*
Mutter:	*„Nein, er hört einfach nicht richtig …"*
Fachperson:	*(Unterbricht.) „Können Sie bitte Ihre Idee einfach nochmals sagen."*
Mutter:	*„Ich meine, wir sollten vor Milena nur positiv oder gar nicht übereinander sprechen. Ohne Milena dürfen wir selbstverständlich offen reden."*
Fachperson:	*(Einladender Blick zum Vater)*
Vater:	*„Sie schlägt vor, dass wir in Zukunft vor Milena nur positiv oder gar nicht über den anderen Elternteil sprechen."*
Mutter:	*„Ja, genau. Das fände ich für Milena wichtig."*

Die Fachperson kann nun die Mutter zur Präzisierung auffordern (siehe Punkt 3 der methodischen Grundbewegung), da diese das noch nicht gemacht hat. Anschliessend fasst der Vater das Gehörte zusammen. Sobald die Mutter bestätigt, dass sie sich gehört fühlt, kann der Vater eine seiner Ideen vorbringen, welche anschliessend von den Eltern nach dem obigen Vorgehen bearbeitet wird.

- Eltern, die sich kaum auf die Sichtweise des anderen Elternteiles ein-
lassen können oder wollen, kann auch ein „Seitenwechsel" vorgeschlagen werden.

Fachperson:	*„Ich würde Sie gerne zu einem kleinen Experiment einladen. Wä-ren Sie dazu bereit?"*
Vater:	*„Denken Sie, das bringt uns weiter?"*
Fachperson:	*„Ich könnte mir vorstellen, dass es nützlich wäre. Bisher hat es Eltern oft geholfen. Ich schlage vor, es einfach zu machen, dann können Sie schnell beurteilen, ob es hilfreich ist."*
Eltern:	*(Geben verbal oder nonverbal ihre Zustimmung.)*
Fachperson:	*„Darf ich Sie bitten aufzustehen …" (Fachperson wartet, bis beide stehen und fährt dann fort.) „Bitte nehmen Sie nun Platz auf dem Stuhl des anderen. Sobald Sie sitzen, argumentieren und reden Sie genau so, wie der andere Elternteil es vorher gemacht hat. Bitte genau so und nicht übertreibend. Bitte nehmen Sie nun Platz." (Fachperson sieht zum Vater.) „Was ist Ihre Idee als Mut-ter?"*

Oft ist es sinnvoll, ein paar Sequenzen von vorher mit getauschten
Rollen wiederholen zu lassen.

Fachperson:	*„Danke. Darf ich Sie bitten wieder auf Ihrem früheren Stuhl Platz zu nehmen, und sobald Sie sitzen, sind Sie wieder Sie selbst."*

Je nach Verlauf des Seitenwechsels kann die Fachperson kommentarlos mit der Grundbewegung fortfahren oder die Eltern zu ihrem
Erleben befragen, wenn eine Metakommunikation erfolgversprechend erscheint.

WAS TUN, WENN ...

Wie im Erstgespräch gibt es auch in den Folgegesprächen manchmal Klippen zu umsegeln. Hier ein paar bewährte methodische und inhaltliche Umgangsideen für häufig auftretende kritische Situationen.

⇨ DAS KIND BEI JEDEM ELTERNTEIL GEGENSÄTZLICHES SAGT

Eltern berichten immer wieder von jeweils gegensätzlichen Äusserungen ihres Kindes. Beispielsweise erzählt ein Elternteil, dass das Kind mehrfach gesagt habe, dass es nur noch am Samstag zum anderen Elternteil gehen will und nicht mehr bis Sonntagabend. Im völligen Gegensatz dazu berichtet der andere Elternteil, dass das Kind kaum zu bewegen sei, am Sonntagabend zurückzukehren. Es sage immer wieder, dass es noch länger und mehr bei ihm sein wolle. Für die Eltern unerträglich wird es vollends, wenn das Kind vor und während der Übergabe weint. Aus der Sicht des abgebenden Elternteils unterstreicht das Weinen das Gesagte massiv. Der übernehmende Elternteil sieht darin die Bestätigung, dass das Kind beim anderen Elternteil unglücklich war, was auch daran erkennbar ist, dass das Kind sofort mit Weinen aufhört, sobald es mit ihm allein ist.

Selbstverständlich kann es sein, dass ein Elternteil die Unwahrheit sagt oder zumindest eine Kinderaussage aus strategischen Gründen aufbauscht. Es kann aber auch zutreffen, dass das Kind versucht, mit seinen Aussagen seine belastende Triangulation zu entschärfen, indem es sich temporär auf jeweils eine Elternseite begibt. Aus diesem Blickwinkel wären seine Aussagen weniger inhaltlich zu verstehen, sondern mehr beziehungsbezogen: „Ich habe dich gerne, darum sage ich, dass ich noch mehr bei dir sein will."

Aus der Sicht der kindorientierten Fachperson steht in solchen Situationen die Frage im Vordergrund, was zu tun ist, damit es dem Kind besser geht. Das Kind hat bei jeder der beschriebenen Situationen ein Problem. Aus dem Rollenverständnis II (⋯Seite 36-39) heraus wird die Frage nach der Wahrheit übersprungen und die Eltern werden umgehend aufgefordert, eine Lösung zu entwickeln.

Vater: *„Mia sagt jeden Sonntag, dass sie noch länger bleiben und dass sie überhaupt mehr zu mir kommen will."*

Mutter:	*„Das kann nicht stimmen, sie weint oft, bevor sie zu dir gehen muss. Sie hat schon mehrfach gesagt, dass sie nur noch am Samstag zu dir gehen will."*
Eltern:	*(Beide holen Luft und setzen zu Erwiderungen an, doch die Fachperson beginnt schneller mit dem Reden.)*
Fachperson:	*„Einen Moment bitte! Ich gehe immer davon aus, dass jeder Elternteil hier die Wahrheit sagt, bis das Gegenteil belegt ist. Wenn wir also davon ausgehen, dass sie beide die Wahrheit sagen, mit welcher Absicht macht Ihre Tochter das? Was wären aus Ihrer Sicht Ihre guten Gründe, bei Ihnen X zu sagen und bei Ihnen Y? Vor allem, was könnten Sie als Eltern nun tun, damit Ihre Tochter nicht mehr denkt, dass sie das tun muss?"*

Diese Beschreibung unterbindet die vergangenheitsorientierte Wahrheitssuche, unterstellt den Eltern Integrität und adelt das Verhalten des Kindes durch „gute Gründe". Den Eltern wird die Aufgabe übertragen, ihr Kind aus dieser belastenden Situation zu befreien. Mit den elterlichen Vorschlägen kann dann wieder wie bisher – insbesondere mit der methodischen Grundbewegung (⋯→Seite 97) – verfahren werden.

⇨ DIE ELTERN EINIG SIND UND DIE FACHPERSON ZWEIFEL HAT

Manchmal kommen die Eltern zu einer Übereinkunft, weil diese ihnen einleuchtet oder weil sie endlich zu einer Lösung kommen wollen. Wenn die Fachperson zweifelt, ob diese sich wirklich kindorientiert auswirkt, ist es deren Aufgabe, diese Zweifel zugunsten des betroffenen Kindes einzubringen. Da die Mutter und der Vater als Expertin bzw. Experte für ihr Kind und ihre Lebenssituationen erachtet werden, bringt die Fachperson ihre Bedenken in Form von Fragen in das Gespräch ein.

Beispielsweise kommen die Eltern zur Übereinkunft, dass ihr Kind anstelle samstagmittags schon am Freitagabend zum anderen Elternteil gehen sollte. Dafür nennen sie auch nachvollziehbare kindorientierte Begründungen. Aufgrund von bisherigen Äußerungen zweifelt die Fachperson daran, dass ein Elternteil beruflich dazu in der Lage ist. Daher könnte beispielsweise gefragt werden:

Fachperson:	*„Aha, im Moment könnten Sie es sich beide so vorstellen. Ich habe gehört, dass Sie" (Blick zum betreffenden Elternteil) „beruflich sehr eingespannt sind. Wie wird es Ihnen gelingen, für Ihr Kind bereits ab*

> *Freitagabend da zu sein, trotz Ihren hohen beruflichen Anforderungen?"*

Wenn die Fachperson weiss, dass durch diese Idee das Mitspielen im für das Kind wichtigen Jugendorchester gefährdet ist, könnte sie fragen:

Fachperson: *„Aha, im Moment könnten Sie es sich beide so vorstellen. Ich habe noch eine Frage. Was wird Max dazu voraussichtlich sagen? Ich habe vorher gehört, dass er am Samstag im Jugendorchester spielt und da mit Leib und Seele dabei ist."*

Solche Fragen sollen die Eltern dabei unterstützen, dass sie bei der Lösungsentwicklung das Kind im Blick behalten und sie die Absprachen bei Bedarf weiterentwickeln können. Es kann selbstverständlich auch sein, dass die Fachperson unberechtigte Zweifel hatte, die werden damit ebenfalls aus dem Weg geräumt.

Elternteil: *„Ah, wissen Sie, Max wird das sicher auch gut finden. Es ist vollkommen klar, wenn er bei mir ist, dann fahre ich ihn selbstverständlich jeweils zur Jugendorchesterprobe. Während dieser Zeit mache ich dann die Einkäufe!"*

Es kann auch sein, dass die Eltern etwas vereinbaren wollen, das nicht in ihrer Macht liegt. Beispielsweise ihr Kind am Montagmorgen erst verspätet in die Schule zu bringen, damit dieses trotz der längeren Anreise zu genügend Schlaf kommt.

Eltern: *„Es ist sicher besser, wenn Max am Montagmorgen ausschlafen kann. Er verpasst in den ersten beiden Schulstunden kaum was."*

Fachperson: *„Was denken Sie, was wird die Schule"* (Blick auf einen freien Raumpunkt für die Schule) *„dazu sagen und was wird sie unternehmen?"* *(Aufbauen und nutzen eines Akteur/in-Dreiecks[69])*

Fach- und Kontextwissen (z.B. zu Schulen und Behörden) werden in der kindorientierten Beratung eher in Form von Fragen eingebracht und nicht mit Aussagen oder Anweisungen, solange keine belegbare, akute Kindeswohlgefährdung vorliegt.

---

[69] Pfister-Wiederkehr (2019), Seite 158-161

⇨ EINE FACHMEINUNG EINGEFORDERT WIRD

In kindorientierten Beratungen bringen Fachleute von sich aus hilfreiche Fragen in das Gespräch ein. Sie verzichten darauf, unaufgefordert ihre Ideen einzubringen, da sie den Veränderungsprozess primär auf dem elterlichen inhaltlichen Expertentum aufbauen. Was ist angezeigt, wenn die Eltern explizit um ein Expertenwissen bitten? Die Reaktion der Fachperson ist abhängig von der Interpretation über die Absicht hinter der Frage. Drei Varianten treten in der Praxis häufig auf.

Variante I: Die Eltern haben sich geeinigt und wünschen zur Sicherheit noch eine fachliche Bestätigung. Die Fachperson überzeugt die Idee der Eltern und sie bestärkt die Eltern darin (ansonsten siehe vorheriger Abschnitt).

Elternteil: *„Ich finde, das ist eine gute Idee von dir." (Schaut den anderen Elternteil an.) „Da kann ich auch dahinterstehen. Was denken Sie als Fachperson dazu?"*

Fachperson: *„Ihr gemeinsames gründliches Überlegen beeindruckt mich. Ich denke im Moment auch, dass Sie alles Wichtige berücksichtigt haben. Eine gewisse Unsicherheit bleibt manchmal. Erfahrungsgemäss ist es sinnvoll, eine überzeugende Idee einfach mal anzuwenden und dann nochmals genau hinzuschauen, ob es auch wirklich gut für das Kind herauskommt."*

Variante II: Manchmal fragen Eltern die Fachperson, weil ihnen auch nach ernsthaftem, längerem Überlegen keine Idee einfällt. In solchen Situationen ist es oft nützlich, den Eltern mehrere fachlich gestützte Ideen anzubieten, soweit das für die Fachperson möglich ist.

Elternteil: *„Sie sehen uns beide etwas ratlos. Haben Sie eine gute Idee aufgrund Ihrer langjährigen Erfahrung?"*

Fachperson: *„Ich kenne Ihr Kind ja nicht persönlich, daher bin ich auch nicht sicher, was wirklich das Beste wäre. In ähnlichen Situationen haben mir Eltern erzählt, dass sie X gemacht haben. Andere Eltern haben mit Y gute Erfahrungen gemacht und ich erinnere mich auch an Eltern, die Z ausprobiert haben."*

Die Fachperson bleibt im Rollenverständnis II und bietet den Eltern eine Ideenauswahl an. Mit der Nennung von mindestens drei Möglichkeiten wird einerseits dem Wunsch der Eltern entsprochen und andererseits werden diese gezwungen zu wählen. Oft entwickeln Eltern danach eine eigene Idee, welche zu ihrem Kind und ihrer individuellen Situation passt.

Variante III: Können die Eltern sich bei einem Punkt nicht einigen und will kein Elternteil von seiner aktuellen Meinung abrücken, entsteht manchmal eine Pattsituation. Einige Eltern fragen nun gemeinsam die Fachperson um ihre Meinung, da beide Elternteile insgeheim hoffen, dass sich ihre Ansicht, gestützt durch eine ihre Sichtweise bestätigende Aussage der Fachperson, durchsetzt. Die Fachperson wird also insgeheim zur Allianz eingeladen. Hier kann das Tool „Expertokratie" zugunsten des Kindes angewandt werden.

Elternteil:	*„Sie sehen, wir kommen nicht weiter, und es muss endlich weitergehen. Die Situation ist Lilli nicht länger zuzumuten. Sie sind doch die Fachperson, was empfehlen Sie?"*
Fachperson:	*„Sie beide wollen meine Fachmeinung hören?"*
Eltern:	*(Bestätigen verbal oder nonverbal.)*
Fachperson:	*„Gut, ich stimme Ihnen zu, dass es wichtig ist, schnell eine gute Lösung für Lilli zu haben. Ich sehe, dass Sie sich im Moment nicht einigen können. Ich hätte eine Idee, welche aus meiner Sicht eine Verbesserung für Lilli bringen könnte. Ich fände es gut, wenn Sie diese drei Wochen anwenden und danach entscheiden, ob Sie diese Idee weiterführen oder sich auf eine andere einigen wollen. Gerne sage ich Ihnen auch meine Idee. Voraussetzung ist, dass Sie jetzt versprechen, dass Sie diese kommentarlos umsetzen und mit allem, was Ihnen möglich ist, unterstützen. Wollen Sie mit dieser Vorbedingung meinen Vorschlag hören?"*
Vater:	*„Wenn ich Ihren Vorschlag gut finde, setze ich diesen gerne um."*
Fachperson:	*„Ja sehen Sie, das ist der Punkt, weshalb ich meinen Vorschlag nur sage, wenn Sie beide zusichern, diesen ohne Wenn und Aber umzusetzen. Ansonsten befürchte ich, dass mindestens eine Person die Idee ablehnt, und dann sind Sie keinen Schritt weiter, und nichts hat sich für Lilli verbessert. Wollen Sie unter dieser Bedingung meinen Vorschlag hören?"*

Etwa bei 50 % der Eltern war bisher zumindest ein Elternteil nicht bereit, diese Vorbedingung zu akzeptieren. Diese Eltern haben nach der Ablehnung erneut angefangen, miteinander nach Lösungen zu suchen, bis sie selbstständig zu einer Einigung kamen.

Die andere Hälfte wollte den Vorschlag hören und die Umsetzung hat sich zumeist bewährt. Diese Eltern waren sichtlich froh, aus der äusserst unangenehmen Sackgasse herauszukommen und sich wieder auf das Wohl ihres Kindes ausrichten zu können.

⇨ EINWÄNDE KURZ VOR EINER EINIGUNG VORGEBRACHT WERDEN

Wenn spür- und sichtbar ist, dass die Eltern auf einem guten Weg sind, eine kindorientierte Vereinbarung abzuschliessen, passiert es manchmal, dass – wie aus heiterem Himmel – Eltern sich gegen die Vereinbarung oder Teile daraus stellen. Zuerst lohnt es sich, diese Einwände mit der Grundbewegung zu bearbeiten. Führt dies zu keinem Erfolg, so hilft oft die aus dem Neurolinguistischen Programmieren stammende „Ökologiefrage".[70] Die Einwände werden dabei als Hinweis erachtet, dass etwas – voraussichtlich auf einer anderen Ebene als bisher bearbeitet – nicht beachtet wurde und einer Einigung im Wege steht.

Elternteil: „Für mich stimmt das so noch nicht. Ich weiss, dass ich immer wieder damit komme, ich kann aber nicht anders."

Fachperson: „Danke, dass Sie so offen sprechen. Es ist wichtig, dass Sie alle Ihre bedeutsamen Einwände hier vorbringen. Es nützt nichts, diese zu verschweigen, da Sie ansonsten bei der Umsetzung ein Gelingen verhindern. Bevor wir hier weiterreden, würde ich Ihnen gerne eine vielleicht etwas überraschende Frage stellen, wenn Sie einverstanden sind?"

Eltern: (Geben mit verbaler Zustimmung oder Nicken ihr Einverständnis.)

Fachperson: „Angenommen, Sie kämen zu einer für Mike sehr guten Vereinbarung. Ich gehe davon aus, dass Sie darüber sehr zufrieden und erleichtert wären. Nun ist es so, dass alles auf dieser Welt zwei und mehr Seiten hat. Eine Idee hat viele Vorteile, aber auch Nachteile auf irgendeiner Ebene, sei es für Mike, für Sie als Frau oder Mann oder für Ihre aktuelle Lebenssituation usw. Welche Nachteile fallen Ihnen da spontan ein?"

Eltern: (Beide schauen etwas überrascht drein.)

---

[70] Pfister-Wiederkehr (2019), Seite 88

Fachperson: *„Ich kann mir denken, das ist eine überraschende und anspruchsvolle Frage. Nehmen Sie sich einfach etwas Zeit, darüber nachzudenken."*

Mutter: *„Ja, das ist schwierig. Vielleicht käme dann die Frage hoch, weshalb wir dies nicht früher geschafft haben, und ich wäre darüber wohl etwas traurig."*

Vater: *„Ich könnte mir vorstellen, dass meine Lebenspartnerin sich fragen könnte, ob die Mutter und ich uns damit auch als Paar wieder näherkommen."*

Fachperson: *(Fragt nach weiteren möglichen Nachteilen und erkundet diese bei Bedarf. Wenn alles gesagt ist, stellt er erneut eine Frage.) „Das sind viele ernstzunehmende Gedanken. Wie können Sie diese möglichen Einwände aus dem Weg räumen, damit eine Vereinbarung erreicht wird?"*

Vater: *„Meine Partnerin weiss, dass es mir wichtig ist, mit der Mutter besser auszukommen. Wir" (Blick zur Mutter) „wissen auch, dass wir nie mehr zusammenkommen werden und nun versuchen sollten, wenigstens als Eltern erfolgreich zu sein."*

Mutter: *„Unsere Streitereien sind wahrlich kein Ruhmesblatt. Wenn es uns nun gelingt zu einer besseren Zusammenarbeit zu kommen, dann denke ich, dass wir beide darüber zufrieden sein können."*

Falls die Eltern auch mit genügend Zeit keine Einwände nennen, bedeutet dies, dass sie sich dieser Frage und deren Konsequenzen nicht aussetzen wollen, da es immer Einwände zu Lösungsansätzen gibt. Als möglichen methodischen Kunstgriff, kann die Fachperson folgende Aussage machen, um die Eltern zum Überspringen der Hürde einzuladen:

Fachperson: *„Gut, dann formuliere ich meine Frage anders. Bitte erfinden Sie nun drei Einwände auf irgendeiner Ebene für Sie als Mensch, Mann oder Frau, Mutter oder Vater, Lebenspartnerin oder Lebenspartner ... jetzt!" (Auffordernder Blick auf einen Elternteil)*

Es ist damit zu rechnen, dass der erste „erfundene" Einwand etwas weit hergeholt ist oder auch etwas provozierend formuliert wird. Fachleute sollten darauf gelassen reagieren und gespannt auf den zweiten und dritten Einwand warten. Erfahrungsgemäss sind diese dann bedeutsam. Derartige Einwände können vielfältig und sehr komplex sein und mit der eigenen Lebensgeschichte, dem eigenen Selbstbild, der aktuellen Lebensgemeinschaft, der Herkunftsfamilie, involvierten weiteren Fachpersonen usw. zusammenhängen.

Vielfach genügen glücklicherweise das Aussprechen der Einwände und die unausgesprochenen Überlegungen und Lösungsgedanken den Eltern, um weiterzukommen. Manchmal müssen noch Zusatzschritte in der kindorientierten Beratung oder ausserhalb (z.B. laufende Einzeltherapie oder Gespräche mit wichtigen Bezugspersonen) eingebaut werden. Sind die bedeutsamen Einwände berücksichtigt, kommt es in der Regel bald zu einer gemeinsam getragenen Übereinkunft.

⇨ EIN ELTERNTEIL DIE FACHPERSON VERBAL ANGREIFT

In kindorientierten Beratungen ist zu erwarten, dass die Fachperson auch einmal verdeckt oder offen angegriffen wird. Beispielsweise wird von einem Elternteil moniert, dass die Fachperson das Kind nicht kennt, oder die Kinderlosigkeit der Fachperson wird ins Spiel gebracht usw.

Bei derartigen Angriffen empfiehlt sich die „Judotechnik". Dabei wird die Energie mit leichten Mitbewegungen in die gewünschte Richtung gelenkt.

Elternteil: „Sie kennen meine Kinder gar nicht, was wollen Sie dann hier schon sagen."

Fachperson: „Sie haben recht, Sie als Eltern sind für mich die Experten für Ihr Kind und daher auch am besten geeignet, eine gute Lösung für Ihr Kind zu erarbeiten, schliesslich tragen Sie dafür auch die Verantwortung!"

Und noch ein Klassiker!

Elternteil: „Haben Sie auch eigene Kinder?"

Fachperson: „Nein, daher ist es auch wichtig, dass Sie als Eltern …"

Elternteil: (Elternteil fällt der Fachperson ins Wort.) „Wieso müssen wir dann mit Ihnen reden?"

Fachperson: „Sie sind für mich diejenigen, die Mirjam am besten kennen und auch die Einzigen, welche den für Mirjam belastenden Streit beenden können. Die Behörde hat mich beauftragt, Sie dabei zu unterstützen. Sie sind für mich Expertin und Experte für Ihr Kind. Ich habe Erfahrung darin, streitende Eltern zu unterstützen wieder kindorientiert und angemessen miteinander zusammenzuarbeiten. Daher meine Frage, wie soll …"

Mit der Betonung der unterschiedlichen Aufgaben und Rollen können die meisten Angriffe für das Kind nutzbringend umgelenkt werden.

Einbezug des Kindes (4. Phase)

ALLGEMEINES

In einer kindorientierten Beratung steht das aktuelle und zukünftige Wohl des Kindes im Mittelpunkt. Dazu gehört auch eine dem Alter, den Fähigkeiten des Kindes und der Ausgangssituation angemessene Partizipation. Langzeitstudien weisen darauf hin, dass Jugendliche sehr darunter leiden, wenn sie sich von elterlichen Entscheidungen übergangen fühlen.[71] Demgegenüber stehen die möglichen schwerwiegenden Belastungen für ein Kind durch einen unpassenden Einbezug in einen hochkonfliktären Kontext (→Seite 17-24).

In hochkonfliktären Kontexten ist der indirekte Einbezug zumeist ohne grosse Belastung für das Kind möglich und kommt daher in der Gesprächsführung bei einer kindorientierten Beratung als Minimalvariante immer zur Anwendung wie vorgängig dargelegt.

Sobald die nachstehend beschriebenen Kriterien für den Einbezug des Kindes erfüllt sind, wird ein Kind alters- und kontextabgestimmt direkter in den Prozess einbezogen. In der Regel ist dies gegeben, nachdem die Eltern eine kindorientierte Vereinbarung abgeschlossen haben und der Konfliktpegel und dadurch der Loyalitätsfkonflikt für das Kind sich auf ein erträgliches Mass reduziert haben.

Zusätzliche Einbezugszeitpunkte und -formen werden später besprochen (→Seite 161-166).

---

[71] Wallerstein et al. in Weber & Schilling (2012), Seite 100

FORMEN UND KRITERIEN EINES SINNVOLLEN EINBEZUGS DES KINDES

Bei hochstrittigen Eltern soll der Einbezug des Kindes Letzterem kurz- und mittelfristig dienen, wobei der Nutzen mögliche Nachteile deutlich überwiegen muss. Der Zeitpunkt und die Form des Einbezugs orientieren sich an zwei Grobzielen:

▶ grösstmöglicher, nachhaltiger Nutzen für das Kind

▶ bei geringstmöglicher Belastung des Kindes

Zur Einschätzung helfen in der Regel die Antworten auf die folgenden fünf Fragen:

1) Ist der kurz- und mittelfristige Nutzen des Einbezuges für das Kind definiert, erreichbar und deutlich gewichtiger als mögliche Nachteile?

2) Kann das Kind mittels Einbezug einen bedeutsamen Beitrag leisten und ist es dazu bereit oder kann es dazu gewonnen werden?

3) Kann das Kind angemessen frei denken, fühlen und reden?

4) Welche Einbezugsform ist für das Kind am zieldienlichsten (indirekt oder direkt; Einzelgespräch oder mit Eltern oder mit Eltern und Geschwistern usw.) und weshalb?

5) Sind die Eltern bereit, die Äusserungen des Kindes angemessen zu berücksichtigen?

Eine ausführliche Checkliste befindet sich im Anhang (⋯▸Seite 276).

In der Regel ist der direkte Einbezug eines Kindes ab etwa dem 5. Altersjahr möglich. Die Altersgrenze bestimmen die Eltern gemeinsam.

Der Einbezug des Kindes nach der Erstellung der Vereinbarung ist im Allgemeinen angezeigt.
Bedeutsame Nachteile eines Einbezuges des Kindes zu diesem Zeitpunkt sind in der Praxis selten erkennbar (siehe Punkt 1).
Zudem kann die erforderliche Zustimmung oder Ablehnung der elterlichen Vereinbarung nur durch das Kind erfolgen (siehe Punkt 2).

119

Infolge des reduzierten Streitpegels und der reduzierten Triangulation des Kindes kann das Kind wieder mehr sich selbst wahrnehmen (anstelle auf das Wohl der Eltern zu schauen). Wenn es sich nun äussert, stimmt es den beiden Eltern zu oder lehnt deren gemeinsame Ideen ab. Die Anforderung an das Kind, sich zu äussern, entspricht nun vergleichbaren Situationen in allen Familien (siehe Punkt 3).

Ein Gespräch zwischen Eltern und Kind ist oft das angezeigte Setting. Haben die Eltern mehrere Kinder, so haben sie in der Beratung Regeln für alle Kinder entwickelt. Infolgedessen ist dann ein Gespräch mit den Eltern und allen Kindern angesagt (siehe Punkt 4).

Ein Einbezug des Kindes oder der Kinder ist selbstredend nur sinnvoll, wenn die Eltern an der Meinung des Kindes oder der Kinder interessiert und bereit sind deren Einwände zu berücksichtigen sowie bei Bedarf ihre bereits verfasste Vereinbarung anzupassen. Das wird im Vorgespräch geklärt und dazu sind die Eltern zumeist bereit (siehe Punkt 5).

VORBESPRECHUNG FAMILIENGESPRÄCH MIT DEN ELTERN

Damit das gemeinsame Gespräch zwischen Eltern und Kind nützlich für das Kind verläuft, ist ein Vorbereitungsgespräch erforderlich. Dabei werden auch Fragen und Sorgen der Eltern zum geplanten, gemeinsamen Gespräch besprochen.

Vorbesprechungsthemen sind vielfach:

- Was ist aus der Sicht der Eltern beim kommenden Gespräch zu beachten, damit dieses ein Gewinn für das Kind ist.
- Die Eltern werden eingeladen, sich Gedanken zu einer passenden Sitzordnung zu machen.
- Die Fachperson informiert über den Sitzungsablauf (Einleitung Fachperson, Regelmitteilung durch die Eltern, ruhiger Abschluss) und bespricht diesen im Detail mit den Eltern.
- Die Eltern legen fest, welcher Vereinbarungspunkt dem Kind von welchem Elternteil mitgeteilt wird. Dabei gilt das Kriterium, dass derjenige Elternteil den jeweiligen Vereinbarungspunkt vorstellt, welcher aus der Sicht des Kindes damit beschnitten wird. Die Eltern bestimmen auch, welche Punkte für das Kind nicht relevant sind und daher nicht mit dem Kind erörtert werden.
- Es wird besprochen, was passieren soll, wenn das Kind Einwände gegen einen Vereinbarungspunkt vorbringt. Es bewährt sich, dass die Eltern die Einwände entgegennehmen und dem Kind zusichern, sie zu diskutieren.
- Die Fachperson holt sich die Erlaubnis ein, die Eltern und das Kind durch das Gespräch zu führen (mandatierte Gesprächsführung).
- Zudem holt sie sich die Erlaubnis ein, das Gespräch beenden zu dürfen, wenn aus ihrer Sicht das Gespräch nicht zugunsten des Kindes verläuft. Mit den Eltern wird besprochen, wie auch in einem solchen Fall ein kindgerechter Gesprächsabschluss erreicht werden kann. Ein Termin zur Nachbesprechung wird sicherheitshalber vereinbart.
- Das Gesprächsende und die Verabschiedung (wer geht wie und wann) werden detailliert abgesprochen.

121

- Die Eltern vereinbaren, was dem Kind vor dem Gespräch mitgeteilt wird und wer dies tun soll.

In den allermeisten Fällen erzeugt die Klärung dieser Punkte ein tragfähiges Fundament für das anstehende Familiengespräch.

FAMILIENGESPRÄCH

Familiengespräche bestehen oft aus den gleichen 3 Abschnitten:
1. Abschnitt: Einstieg ins Gespräch
2. Abschnitt: Eltern teilen dem Kind das Vereinbarte mit
3. Abschnitt: Abschluss der Sitzung

Die Form der Kommunikation und die Inhalte sind dagegen unterschiedlich, da diese an die aktuellen Lebensumstände, das Alter der Kinder usw. anzupassen sind. Es versteht sich von selber, dass das von der Fachperson Gesagte, wie beispielsweise Komplimente, echt sein muss.

Zur Illustration dieser drei Abschnitte ein paar typische Gesprächssequenzen.

1. Abschnitt: EINSTIEG INS GESPRÄCH

Die Eltern haben vereinbart, dass der Vater bereits im Beratungsraum mit der Fachperson wartet und die Mutter mit der sechsjährigen Tochter Anna dazukommt. Anna zögert kurz an der Tür und geht dann schnell zum Vater und umarmt diesen. Die Eltern setzen sich wie besprochen so, dass jeweils zwischen und neben ihnen ein Stuhl frei bleibt, damit Anna einen für sie stimmigen Platz auswählen kann. Anna setzt sich aber auf den Schoss ihres Vaters und kuschelt sich an ihn.

Fachperson: *(Blickt zur Mutter.) „Oh, Sie scheinen etwas ausser Atem zu sein. Mussten Sie sich beeilen?" (Fachperson nimmt mit der Mutter im Sinne eines Joinings[72] Kontakt auf. Mit dem Vater konnte er bereits vorher in Kontakt treten.)*

Mutter: *„Ja, alle Parkplätze waren schon besetzt und wir mussten in einer Querstrasse parken und nachher etwas schnell gehen, damit wir pünktlich sind."*

Fachperson: *„Danke, das ist sehr rücksichtsvoll von Ihnen." (Blick auch auf Anna)*

Fachperson: *(Nach einigen weiteren Joiningsätzen zur Mutter wendet die Fachperson sich dem Kind zu.) „Und du bist Anna. Schön, dich kennenzulernen. Deine Eltern haben schon viele tolle Dinge von dir erzählt. Stimmt es, du gehst ins Ballett?" (Fachperson wartet, bis Anna nickt oder etwas sagt.)*

Fachperson: *(Bringt weitere von Eltern genannte Fähigkeiten ins Gespräch ein.)*

---

[72] Pfister-Wiederkehr (2019), Seite 64

Die Fachperson nutzt das Reden über Kompetenzen, Haustiere und vom Kind spontan eingebrachte Themen, um mit diesem ins Gespräch zu kommen. Mit dem Reden über Stärken will die Fachperson dem Kind auch signalisieren, dass dieses als kompetent erachtet wird.

Sobald eine Entspannung beim Kind eingetreten ist, lenkt die Fachperson auf das Gesprächsziel.

Fachperson: (Blick auf das Kind) „Toll, was du so alles machst. Nun eine etwas andere Frage. Was weißt du schon, was heute deine Eltern mit dir besprechen wollen?"

Kind: „Keine Ahnung."

Fachperson: (Greift die Aussage des Kindes auf und schaut die Eltern an.) „Könnten Sie Anna kurz erklären, was wir hier tun werden?"

Eltern: (Der Vater informiert das Kind, wie in der Vorbereitungssitzung vorbesprochen.) „Mama und ich hatten in der letzten Zeit immer wieder Streit miteinander. Darum haben wir uns hier getroffen und überlegt, wie wir das ändern können, damit es dir und uns in Zukunft besser geht. Wir haben einiges abgemacht und werden dir nun sagen, wie wir es zukünftig machen wollen. Wenn du etwas nicht gut findest, dann kannst du das heute sagen. Mama und ich werden dann später überlegen, was zu tun ist."

2. Abschnitt: ELTERN TEILEN DEM KIND DAS VEREINBARTE MIT

Fachperson: (Schaut Anna an.) „Ich habe mich mehrmals mit deinen Eltern getroffen. Eines ist sonnenklar, deine Eltern haben dich ganz toll lieb! Sie haben gesehen, dass ihre Streitereien dich belasten. Darum haben sie beschlossen, dass sich das ändern muss und wie sie es ändern wollen, sagen sie dir nun. Falls du etwas nicht gut für dich findest, so kannst du das heute sagen. Wenn du dich heute nicht getraust, kannst du das deinen Eltern auch noch später sagen.
Du hast wirklich tolle Eltern, die dir zuliebe so viel ändern wollen."
(Schaut beide Eltern an.) „Kompliment! Gut, wer fängt an?"

Vater: (Schaut zur Mutter.) „Soll ich also mit dem ersten Punkt anfangen?"

Mutter: „Ja, gerne."

Vater: „Deine Mutter und ich haben beschlossen ..." (Beginnt mit dem ersten Punkt der Vereinbarung.)

Fachperson: (Schaut Anna nach dem ersten Punkt an.) „Hast du eine Frage dazu oder ist schon alles klar?"

Fachperson: *„Super!" (Schaut zu den Eltern.) „Wollen Sie mit dem nächsten Punkt weiter fortfahren?"*

Nach diesem Schema bringen die Eltern dem Kind alle Vereinbarungspunkte näher.

3. Abschnitt: ABSCHLUSS DER SITZUNG

Nach der Mitteilungsrunde wertschätzt die Fachperson in der Regel die Familie, lenkt auf leichte Themen über und unterstützt die Eltern den vorbesprochenen Abschluss durchzuführen.

Fachperson: *„Sie haben das alle super gemacht. Ich bin sehr beeindruckt! (Blick zum Kind) Toll, dass Du nachgefragt hast, sobald du etwas nicht verstanden hast und so aufmerksam zugehört hast. (Blick zu den Eltern) Kompliment, was Sie zugunsten von Anna erreicht haben, das ist äusserst wertvoll! (Blick zu allen) Sie alle haben dies heute einfach klasse hinbekommen!*

(Blick zu den Eltern) Der nächste Termin ist ja bereits abgesprochen. Darf ich Anna noch eine Frage stellen? (Sobald beide Eltern zustimmen, fährt die Fachperson fort) Sag mal, auf was freust Du Dich in den nächsten Tagen?"

Kind: *„Ich darf mit meiner Tante am Wochenende auf den Ponyhof."*

Fachperson: *„Wow! Du hast Ponys gerne?" (Fachperson startet unbeschwerten Gesprächsausgang mit dem Kind.)*

Fachperson: *(Schaut Eltern an) „Ist das ein guter Moment, um aufzuhören? (Nachdem dies die Eltern bestätigen, spielt die Fachperson den Eltern den Ball zu.) Was steht nun auf der Tagesordnung?"*

Mutter: *„Anna muss jetzt noch in den Musikunterricht. Ich bringe sie mit dem Auto, damit es reicht."*

Vater: *„Viel Vergnügen und bis …"*

Falls die Eltern im Anschluss keinen Termin haben, müssen sie einen Plan haben, für Fragen des Kindes der Art: *„Können wir nicht noch zusammen ein Eis essen gehen?"*

WAS SICH IN DER GESPRÄCHSFÜHRUNG OFT BEWÄHRT

Die Rolle der Fachperson ist in der Regel nur moderierend. Die Gesprächsführung entspricht im Grossen und Ganzen derjenigen anderer Gespräche. In dieser Modellphase ist insbesondere die direktive Gesprächsführung kaum mehr vonnöten.

Manchmal muss die Fachperson dafür besorgt sein, dem Kind genügend Frage-, Denk- und Sprechzeit zu ermöglichen und die Eltern ermuntern, nicht für das Kind zu sprechen.

WAS TUN, WENN ...

Beim Einbezug des Kindes entstehen erfahrungsgemäss deutlich weniger kritische Momente, da die Eltern wieder kooperativer miteinander unterwegs sind. Für drei Situationen ist es dennoch gut, einen Plan zu haben, auch wenn ein Rückgriff darauf in der Praxis kaum erforderlich ist.

⇨ DAS KIND EINE ELTERNIDEE NICHT VERSTEHT

Äussert das Kind, es habe die Elternidee nicht verstanden oder schliesst die Fachperson dies aus dem Verhalten des Kindes, sollte darauf sofort eingegangen werden.

Kind: *(Zeigt Unverständnis und die Eltern bemerken dies nicht.)*
Fachperson: *(Blick zum Kind) „Sag mal, soll der Papa das nochmals erklären?"*
Kind: *„Ja!"*

Dem Kind wird ein Handlungsangebot vorgeschlagen, bei welchem es keine negative Bewertung von sich oder über den Elternteil machen muss.

Bei einem vorsichtigen, eher schweigsamen Kind wäre eine Klärung auch über die Eltern möglich.

Fachperson: *(Blick zu den Eltern) „Ich bin etwas unsicher. Haben Sie als Eltern die Idee, dass Manuel alles verstanden hat, oder wäre es hilfreich, die Idee mit anderen Worten zu wiederholen?"*

Wichtig ist, dass die Erklärung von den Eltern geliefert wird und nicht von der Fachperson, da dies einen Elternteil entwerten könnte.

⇨ DAS KIND EINE ELTERNIDEE ABLEHNT

In Ausnahmefällen passiert es, dass ein Kind oder Jugendlicher Einwände gegen Elternideen vorbringt. Dann ist es angezeigt, diese Einwände genau zu erkunden. Beruht der Einwand nicht auf einem Missverständnis, bewährt es sich, wenn dieser Einwand von den Eltern ruhig entgegengenommen wird, wie im Vorbereitungsgespräch vereinbart. Sie können dem Kind zusichern, seinen Einwand ernsthaft zu besprechen, und eine Antwort in Aussicht stellen.

⇨ EIN ELTERNTEIL SICH NICHT AN DAS VEREINBARTE VOR-GEHEN HÄLT

Hält sich ein Elternteil im Familiengespräch nicht an die abgesproche-nen Punkte und kann die Fachperson den Elternteil im Gespräch nicht dazu bewegen, ist ein Gesprächsabbruch angezeigt. Diesen kann die Fachperson mit Bezug zur in der Vorbesprechung erteilten Zustimmung der Eltern durchsetzen.

Der mit den Eltern in der Vorbereitungssitzung vereinbarte kindgerechte Gesprächsabschluss wird danach umgehend umgesetzt.

In der Nachbesprechung wird ein erneutes Familiengespräch vorberei-tet, welches den gemachten Erfahrungen Rechnung trägt.

Abschluss und Bericht (5. Phase)

ALLGEMEINES

Nach einem erfolgreichen Familiengespräch wäre aus fachlicher Sicht oft ein Abschluss möglich. Viele Eltern wünschen aber zur Sicherheit ein oder zwei „Kontrollgespräche", da sie noch etwas unsicher sind, ob die eingetretenen positiven Veränderungen stabil sind.

STABILISIERUNGSPHASE UND ABSCHLUSS

Die letzten Gespräche stehen im Zeichen der Stabilisierung des Erreichten.

Besonders hilfreich ist, in diesen Gesprächen den Blick auf Erfolgreiches und Nützliches zu werfen und den konkreten Beitrag der Eltern dazu herauszuarbeiten. Gesprächsmethodisch sind dafür „Ausnahmefragen" kombiniert mit dem H-O-E-R-Tool[73] besonders geeignet.

Mit Ausnahmefragen werden die Eltern eingeladen Positives zu erkennen. Mit dem Erkunden nach dem H-O-E-R-Vorgehen erhalten sie die Möglichkeit, ihren Beitrag zum Gelingen wahrzunehmen und dies in Zukunft bewusst zu praktizieren (Empowerment). Dies kann beispielsweise so erfolgen:

Fachperson: *„Wenn Sie auf die vergangene Zeit zurückschauen, was ist Ihnen da als Eltern, Mutter, Vater zugunsten von Alex gut gelungen?"*

Elternteil: *„Die Übergaben verliefen ruhig. Das ist ein echter Gewinn für Alex und uns alle."*

Fachperson: *„Toll!"* (Direkte Wertschätzung) *„Wenn eine solche Übergabe auf Video aufgenommen worden wäre, was würde ich dann auf der Aufnahme sehen?"* (Erkunden der Ausnahme)

Die Eltern oder ein Elternteil beschreiben, was genau geschehen ist. Die Fachperson hilft bei Bedarf mit Nachfragen. Nachdem die Ausnahme genau erkundet wurde, fährt die Fachperson im Sinne des H-O-E-R-Vorgehens fort und fokussiert den Beitrag der Eltern zum Gelingen.

---

[73] Pfister-Wiederkehr (2019), Ausnahmefragen Seite 98-105; H-O-E-R-Tool Seite 128-133

Fachperson: „Kompliment! Das ist super! Welchen Beitrag zum Gelingen haben Sie beigesteuert?"

Elternteil: „Ja, äh ... ich habe mich an das Abgesprochene gehalten. Vor dem Treffen habe ich mir jeweils die Vereinbarung in Erinnerung gerufen. Das hat mir geholfen, mich auf Alex zu konzentrieren und darauf zu achten, dass es ihm gut geht. Das war besonders herausfordernd, als die Grosseltern im Hintergrund einmal zuschauten. Da ist es mir dennoch gut gelungen, mich drauf zu konzentrieren, Alex ruhig in Empfang zu nehmen."

Fachperson: „Wow. Sie haben also herausgefunden, dass es half, sich die Abmachung vor der Übergabe in Erinnerung zu rufen, sodass die Übergabe ruhig über die Bühne ging. Wie ist es Ihnen gelungen, sich in der Vorbereitung und bei der Übergabe daran zu erinnern?"

Elternteil: „Ich habe vor den Übergaben im Handy eine Erinnerung eingetragen, die Vereinbarung nochmals durchzulesen. Da ich manchmal viel um die Ohren habe, war das sehr hilfreich. Wissen Sie, als ich Alex gesehen habe, wie er lächelt, wenn wir ruhig miteinander sprechen, da war mir klar, dass ich alles tun werde, damit er oft so lächelt. Bei den Übergaben stelle ich mir oft dieses Lächeln vor und dann werde ich ganz ruhig und gelassen. Das hilft extrem."

Fachperson: „Toll, was Sie alles für Ihren Sohn tun. Spannend, dass Sie herausgefunden haben, dass eine Notiz im Handy und das Bild Ihres lächelnden Sohnes zu einer ruhigen Übergabe beitragen. Welchen Vorteil hat diese ruhige Übergabe aus Ihrer Sicht für Alex?"

Elternteil: „Ich bin überzeugt davon, so wie wir es im Moment machen, das ist einfach gut für Alex ..."

Solche Gesprächssequenzen verlaufen vielfach in 4 Schritten:
1. Die Fachperson stellt eine Frage, welche den Eltern die Möglichkeit gibt, eine positive Situation zu nennen.
2. Anschliessend lädt die Fachperson die Eltern (oder einen Elternteil) ein, die Situation genauer zu beschreiben.
3. Danach werden die Eltern eingeladen, ihren Teil zum Gelingen zu beschreiben.
4. Abgerundet wird die Gesprächssequenz jeweils mit dem Blick auf den Nutzen für das Kind.

Sobald die Eltern das Gefühl haben, dass keine weiteren Gespräche erforderlich sind, kann die angeordnete kindorientierte Beratung abgeschlossen werden. Spätestens im letzten Gespräch werden die nächsten Schritte besprochen, insbesondere die Rückmeldung an die Auftraggeber/innen. Es wird besprochen, ob und in welcher Form die Fachperson bei weiteren Fragen zur Verfügung steht, und selbstverständlich werden die Eltern für das Erreichte für ihr Kind ausführlich und präzise wertgeschätzt.

RÜCKMELDUNG AN AUFTRAGGEBER/IN

Die Rückmeldung an die Behörde erfolgt wie abgemacht, d.h. oft gemäss Auftrag. In der Regel ist ein Zwischen- und Abschlussbericht vereinbart. Für eine kindorientierte Beratung ist eine sehr offene Vorgabe hilfreich, in der Art: „Nach Abschluss informiert die Fachperson das Gericht/die Behörde über das Erreichte." (⋯→Seite 54 / 242)

Eine Abschlussrückmeldung enthält neben den üblichen Berichtsformalien vielfach die nachstehenden Elemente:

- Start und Ende der kindorientierten Beratung plus Anzahl der Sitzungen und Angaben zu den jeweiligen Settings (Elterngespräch; Familiengespräch usw.)
- Vereinbarungen der Eltern
- Würdigung der Eltern und fachliche, pauschale Unterstützung der Elternabsprachen

↳ Mustervorlage Zwischen- und Abschlussrückmeldung im Anhang (⋯→Seite 268 - 269)

Da es sich um keine Abklärung handelte und die Fachperson einen beraterischen Auftrag hatte, erfolgt die fachliche Stellungnahme kurz, pauschal und positiv. Rückmeldungen bei Beratungsabbruch oder fehlender Einigung werden später noch erörtert (⋯→Seite 195-198).

In Ausnahmefällen können auch kindeswohlorientierte Ideen, welche in der Beratung aufgetaucht sind, aufgenommen und damit verstärkt werden. Beispielsweise in folgender Form:

„Der Vater hat in den Gesprächen erwogen, zu seiner Unterstützung eine Beratungsstelle aufzusuchen. Dies ist auch aus fachlicher Sicht unterstützenswert. Es beeindruckt, dass der Vater zugunsten seiner Tochter Manuela bereit ist, dies zu tun."

WAS SICH IN DER GESPRÄCHSFÜHRUNG OFT BEWÄHRT

In der Abschlussphase ist in der Regel eine übliche lösungs- und kompetenzorientierte Gesprächsführung angezeigt.

Besonders nützlich ist es, das bereits Gelingende im Sinne des Empowermentgedankens mithilfe von Ausnahmefragen, dem H-O-E-R-Tool, erfolgsfokussierenden Zusammenfassungen und echter Wertschätzung in den Vordergrund zu bringen.

Einige Fachpersonen runden die letzte Sitzung mit Mottosätzen u. Ä. ab.[74]

---

[74] Holdt & Schönherr (2015), Seite 178-180

WAS TUN, WENN ...

⇨ ABSPRACHEN GEÄNDERT WERDEN

Mit viel Mühe und detailliertem Ausdiskutieren entsteht oft eine von beiden Eltern mitgetragene Vereinbarung im Verlauf der kindorientierten Elternberatung.

Vielfach kann in der Abschlussphase beobachtet werden, dass diese von den Eltern in direkten Gesprächen ohne Fachperson verändert oder angepasst wird.

Auch beginnt manchmal ein Kind, gegen eine Abmachung zu opponieren, worauf die Eltern mit Anpassungen reagieren.

Diese Prozesse werden als positiv erachtet, wenn sie gütlich zwischen den Eltern erfolgen und die Eltern ihre Entscheide über das Wohlbefinden des Kindes begründen können. Sie sind äusserliche Zeichen, dass der Konflikt in den Hintergrund getreten ist und die Eltern im Rahmen ihrer Möglichkeiten wieder kindorientiert kooperieren. Daher können und sollen diese Prozesse von den Fachleuten komplimentiert werden.

Inhaltliche und methodische Spezialthemen

EIN ELTERNTEIL WILL NICHT ZUM ELTERNGESPRÄCH KOMMEN

Obwohl gegen die angeordnete kindorientierte Beratung rechtlich kein Einspruch erhoben wurde, kommt es manchmal vor, dass ein Elternteil vor dem angeordneten Termin telefonisch mitteilt, dass er nicht kommen will.

Vielfach steckt eine nachvollziehbare Furcht vor erneuten unerfreulichen und verletzenden oder unergiebigen Gesprächen dahinter.

Zwei Informationen helfen dem Elternteil, zu einem Elterngespräch zu kommen.

Erstens die Information über das Gesprächsziel und die Gesprächsthemen.

Mutter: *„Wissen Sie, ein gemeinsames Gespräch bringt nichts. Er hört nicht zu, macht immer Unterstellungen und beschimpft sofort meinen neuen Partner."*

Fachperson: *„Ich höre, die Gespräche zwischen dem Vater und Ihnen verliefen bisher für Sie unerfreulich und nicht sinnvoll für Ihren Sohn."* (Leidanerkennung) *„Das war wohl für das Gericht auch einer der Auslöser, Ihnen als Eltern die Weisung zu einer kindorientierten Beratung zu erteilen."* (Rahmen hervorheben) *„Darf ich Ihnen kurz sagen, über was bei uns gesprochen wird und über was nicht und wie dies erfahrungsgemäss Kindern nützt?"*

Mutter: *„Äh, ja … gerne."*

Fachperson: *„In einer kindorientierten Beratung geht es darum, gute Lösungen für Ihr gemeinsames Kind zu entwickeln, für alle anstehenden Probleme, welche dieses zurzeit belasten. Es geht ausschliesslich um das Wohl Ihres Kindes."*

Die zweite Information ist, dass die Fachpersonen deutlich machen, dass sie das Gespräch so leiten, dass es erträglich für beide Eltern ist und nützlich für das gemeinsame Kind.

Vater: *„Sie glaubt, nur was Sie denkt, ist richtig. Meine Ansicht zählt nicht. Kaum sage ich was, so redet Sie einfach rein!"*

Fachperson: *„Das ist sehr schade, dass die bisherigen Elterngespräche nicht erfreulich verliefen."* (Leidanerkennung) *„Damit die Gespräche bei uns zugunsten der Kinder verlaufen, vereinbaren wir im Erstgespräch Regeln. Jeder soll seine Ideen zum Wohl des Kindes klar und ruhig sagen können. Es ist meine Aufgabe, dafür zu sorgen."*

Vater: *„Da bin ich aber gespannt, wie Sie das bei meiner Ex erreichen wollen!"*

Fachperson: (Schmunzelt.) *„Na ja, ich kenne Sie und die Mutter ja noch nicht, bisher ist es aber immer gut gelungen. Ich bin also auch bei Ihnen zuversichtlich, dass ein zivilisiertes Elterngespräch möglich wird."*

Vater: *„Sie kennen meine Ex nicht, die schreit einfach los!"*

Fachperson: *„Ich höre, Sie befürchten, dass die Mutter auch hier schreien würde."* (Schmunzelt.) *„Sehen Sie, in meinen Räumen schreit – wenn überhaupt! – nur einer. Raten Sie mal wer?"*

Manchmal fürchtet sich ein Elternteil vor einem unerfreulichen Aufeinandertreffen vor dem Gespräch. In diesem Fall kann dem Elternteil auch angeboten werden, etwas früher zu kommen und im geschützten Wartezimmer zu warten.

Kündigt ein Elternteil sein Nichterscheinen schriftlich an, bewährt es sich manchmal, diesen anzurufen, insbesondere wenn diese Option von dem Elternteil angeboten wird. Eine weitere Möglichkeit ist kurz schriftlich zu antworten.

↳ Musterbriefvorlage im Anhang (⋯▸Seite 267)

Äussert der Elternteil seine Ablehnung in einem persönlichen Gespräch, hilft oft das Tool „Durchdenken lassen" (⋯▸Seite 153-160).

Kann der Elternteil trotz aller Bemühungen nicht eingeladen werden zum Erstgespräch zu kommen, ist es angezeigt, mit den beauftragenden Gerichten oder Behörden das weitere Vorgehen abzusprechen. Dabei ist von den Fachpersonen darauf zu achten, dass sie im Rollenverständnis II bleiben, um eine zukünftige kindorientierte Elternberatung nicht zu gefährden. Eventuell erforderlicher Druck sollte von den Gerichten oder Behörden als bedeutsame Dritte[75] ausgehen, was für die El-

---

[75] Pfister-Wiederkehr (2019), Seite 158-161

tern auch klar ersichtlich sein muss.

Bei kindorientierten Beratungen sind Elterngespräche zwingend erforderlich. Ist ein Elternteil dazu nicht in der Lage oder willens, stellt sich die Erziehungsfähigkeitsfrage und die anordnenden Gerichte und Behörden müssen darüber nochmals entscheiden oder eine Abklärung dazu in Auftrag geben.

STARTEN MIT DEM FÜRSPRECHERMODELL IN AUSNAHME-FÄLLEN

Das Fürsprechermodell[76] kommt erst zum Einsatz, wenn ein gemeinsames Gespräch trotz direktiver Gesprächsführung oder per Onlineberatung (⤳Seite 146) nicht durchführbar ist. Das Ziel dieses Zusatzschrittes ist, möglichst schnell dennoch zu gemeinsamen Elterngesprächen im gleichen Raum zu kommen.

Beim Fürsprechermodell spricht eine Fachperson ca. 10 bis 15 Minuten mit der Mutter, die zweite Fachperson gleichzeitig mit dem Vater. Vorgegebenes Thema ist: Was braucht das Gegenüber, um an den erforderlichen Elterngesprächen teilnehmen zu können?

Die Fachperson, welche mit der Mutter gesprochen hat, informiert anschliessend den Vater in Anwesenheit der anderen Fachperson, was die Mutter für ein gemeinsames Gespräch benötigen würde. Anschliessend erfolgt das gleiche Gespräch mit der Mutter. Dieses Prozedere wird durchgeführt, bis ein gemeinsames Gespräch möglich ist.

Der Vorteil dieses Fürsprechermodells ist, dass das Erforderliche respektvoll und verständlich durch die „Fürsprecher/innen" kommuniziert werden kann und damit gewohnte Konfliktmuster unterbunden werden. Zudem sind beide Eltern bereits gleichzeitig im gleichen Gebäude am kindorientierten Denken, was als erster Schritt in die richtige Richtung angesehen werden kann.

---

[76] Ballón, Silvia (2018), Seite 23

KURZFRISTIGE TERMINABSAGEN ODER EIN ELTERNTEIL KOMMT NICHT

In kindorientierten Elternberatungsprozessen muss damit gerechnet werden, dass ein Elternteil einen Termin „vergisst" oder kurzfristig mit einer fragwürdigen Begründung absagt, beispielsweise mit Arbeitsüberlastung, das Kind sei soeben krank geworden, das Auto springe nicht an. Fachpersonen geraten in solchen Situationen etwas unter Handlungsdruck, insbesondere wenn der andere Elternteil schon vor Ort ist oder ein Veränderungsbedarf für das Kind gegeben ist.

Damit Fachpersonen kindorientiert bleiben und um die laufende Beratung nicht zu gefährden, müssen sie in solchen Situationen dafür sorgen, sich gegenüber den Eltern weiterhin so weit als möglich neutral zu verhalten und insbesondere das Verhalten des nicht erscheinenden Elternteils nicht als persönliche Botschaft zu interpretieren.

Hilfreich hierbei ist für einige Fachpersonen, sich in Erinnerung zu rufen, dass aus konstruktivistischer Sicht die Menschen „gute Gründe aus ihrer individuellen Welt" für ihr Verhalten haben, beide Eltern nur das Beste für das Kind anstreben, eine Verbesserung die Anwesenheit beider Eltern erfordert usw.

Methodisch bewähren sich insbesondere zwei Vorgehensvarianten:

- Unabgemeldetes Nichterscheinen als „Missverständnis" zu rahmen und den nächsten Termin schriftlich oder mündlich in Erinnerung zu rufen, beispielsweise mittels einer Mail an beide Eltern:

  Liebe Eltern von Timo

  Leider ist wohl aufgrund eines Missverständnisses die Mutter am letzten Freitag nicht zum vereinbarten Termin erschienen. Darf ich Sie an den nächsten Termin am … erinnern?
  Ich freue mich, dann mit Ihnen zugunsten Ihres Sohnes Timo …

- Auch fragliche Begründungen als „wahr" anzunehmen und sofort auf den nächsten Lösungsschritt zu fokussieren. Eventuell möglichen Wiederholungen vorzubeugen versuchen. Wenn beispielsweise der Vater am vereinbarten Termin anruft, statt zu erscheinen, könnte folgendes Telefongespräch nützlich sein:

> Vater: „Ich schaffe es nicht rechtzeitig zum Termin zu kommen. Das Gerüst muss noch heute hochgezogen werden. Wenn ich nun gehe, verliere ich die Arbeit, das kann ich nicht riskieren."
>
> Fachperson: „Das ist natürlich blöd, dass der heutige Termin nicht stattfinden kann, da die Mutter schon hier ist und einige Themen betreffend Timo zu besprechen sind."
>
> Vater: „Ja, das ist blöd, aber ich kann da nichts machen. Damit ich die Unterhaltsbeiträge zahlen kann, brauche ich diese Arbeit."
>
> Fachperson: „Gut, dann sehen wir uns am nächsten, bereits vereinbarten Termin in zwei Wochen um 16.00 Uhr. Wie wollen Sie es machen, dass dieser dann funktioniert?"
>
> Vater: „Ich spreche noch heute mit dem Chef. Dann kann er mich so einteilen, dass ich rechtzeitig zum Termin kommen kann."
>
> Fachperson: „Super, das ist eine gute Idee!"

Erfahrungsgemäss kann mit diesen zwei Vorgehensweisen der Beratungsprozess weitergeführt und Wiederholungen vorgebeugt werden. Sollte ein mehrfaches Nichterscheinen eintreten, so müsste geprüft werden, ob die beauftragten Gerichte oder Behörden für die Festlegung des weiteren Vorgehens zu kontaktieren sind (⋯→Seite 54).

141

UMGANG MIT SYSTEMMITGLIEDERN UND FACHLEUTEN

Hochstrittige Eltern sind selbstverständlich über den Konflikt im Gespräch mit ihren neuen Partnern oder Partnerinnen, wichtigen Herkunftsfamilienmitgliedern oder anderen Vertrauten.

Weitere einflussreiche Kommunikationspartner/innen für Eltern sind oft ihre Anwältinnen/ihre Anwälte, andere Fachpersonen (z.B. Therapeutinnen/Therapeuten) und Unterstützungssysteme (z.B. Männer-/Frauenselbsthilfegruppen).

Sie hören diesen zu, werden von diesen beeinflusst, vielleicht bestärkt in ihrem Tun oder sind eventuell auch abhängig von diesen.

Forschungsergebnisse weisen darauf hin, dass je konflikthafter die Elternbeziehung ist und je länger der Konflikt andauert, desto mehr Personen und Fachpersonen sind in hochkonfliktären Systemen involviert (⋯▸Seite 20).

Wenn Eltern zu einer kindorientierten Elternberatung kommen, muss angenommen werden, dass das bisherige Reden in den jeweiligen Netzwerken nicht genügend hilfreich war.

Fachpersonen stehen zu Beginn der Beratung immer vor der Frage, ob sie mit den Eltern mit ihren zwei Netzwerken oder Teilen davon direkt arbeiten wollen oder ob es eher erfolgversprechend erscheint, nur mit den Eltern zu arbeiten und indirekt mit den jeweiligen Netzwerken.

BEVORZUGUNG INDIREKTER EINBEZUG

Beim Ansatz der kindorientierten Elternberatung wird in der Regel der Weg der Elternberatung mit indirektem Einbezug des Netzwerkes angewandt. Drei Gründe sind dafür ausschlaggebend:

- Methodik: Eine der goldenen Gesprächsregeln besagt: „Wenn etwas nicht funktioniert, so mach was anderes!"[77] Da mit dem zuvor erfolgten Einbezug des Netzwerkes keine Verbesserung erzielt wurde, wird versucht, mittels radikaler Komplexitätsverringerung (Eltern sind allein verantwortlich) die erforderlichen Verbesserungen für das Kind anzustreben.

---

[77] Pfister-Wiederkehr (2019), Seite 52–53

- Einfluss: Die Eltern haben – auf jeden Fall eher als die Fachleute! – den erforderlichen Zugang und Einfluss auf die elterlichen Netzwerke. Sie werden daher im Beratungsverlauf aufgefordert, ihren Einfluss zugunsten des Kindes geltend zu machen.
- Ökonomie: Die beschränkten finanziellen und zeitlichen Ressourcen erfordern ein effizientes und möglichst effektives Vorgehen, damit Fachpersonen mit den ihnen zur Verfügung stehenden Ressourcen möglichst vielen Kindern optimal helfen können.

INDIREKTER EINBEZUG VON MENSCHEN AUS DEN ELTERLICHEN NETZWERKEN, FACHLEUTEN USW.

Die Veränderungsideen der Eltern im Beratungsprozess sind kindorientiert zu begründen. Selbstverständlich berücksichtigen Eltern mit ihren Ideen manchmal auch Anliegen und Wünsche von Netzwerkmitgliedern. Beispielsweise wenn sie besorgt sind, dass das Kind nicht nur mit ihnen, sondern auch mit den Grosseltern den Kontakt aufrechterhalten kann. Wenn dies dem Kind nachweislich nützt, ist gegen dieses elterliche Ansinnen nichts einzuwenden.

Umgekehrt werden in Vereinbarungen die Eltern ebenso verantwortlich gemacht, dass Vereinbarungspunkte auch von den Netzwerkpartnern eingehalten werden. Beispielsweise wenn die Eltern vereinbaren, vor dem Kind nur positiv über den anderen Elternteil zu sprechen, wird häufig der Zusatz eingefügt, dass dies auch die Grosseltern, Partner/innen usw. einhalten müssen. Die Durchsetzung bei den Netzwerkmitgliedern und der Schutz des Kindes, wenn ein Vereinbarungspunkt nicht eingehalten wird, obliegt dem jeweiligen Elternteil.

DIREKTER EINBEZUG VON MENSCHEN AUS DEN ELTERLICHEN NETZWERKEN UND FACHLEUTEN

Abgeleitet aus den obigen Überlegungen werden in der Regel zur kindorientierten Beratung nur Eltern zugelassen, da davon ausgegangen wird, dass diese grundsätzlich kompetent und in der Lage sind, für ihre Kinder zu sorgen. Es müssen daher triftige Gründe vorhanden sein, um einer Settingerweiterung zuzustimmen. Dies kann aber in Einzelfällen zum Wohle des Kindes angezeigt sein.

Wenn in Ausnahmefällen eine weitere Person in die Beratung einbezogen werden soll, so ist dafür erforderlich:

- dass beide Elternteile dies befürworten (nicht nur zustimmen!) und

- dass klar und einsichtig für die Eltern und die Fachperson begründet werden kann, inwiefern dieser Einbezug für das Kind nützlich ist.

Aufgrund der obigen Argumentation werden Anwältinnen/Anwälte der Eltern und Fachpersonen, die mit einem Elternteil verbunden sind, in der Regel nicht zu kindorientierten Beratungen zugelassen.

Anwältinnen/Anwälte sind von ihrer Rolle her per se erwachsenenorientiert und dafür da, der Mutter oder dem Vater möglichst viele Vorteile zu verschaffen. Eine Verhandlungsmentalität im Sinne von „Gibst du mir, dann gebe ich dir" entsteht schnell. Sie gehen dazu strategisch vor und nutzen Druckmöglichkeiten mittels Rechtsargumenten. Der Blick auf das Kind gerät in den Hintergrund. Für den Einbezug einer Anwältin/eines Anwaltes in die Beratung besteht kein Rechtsanspruch eines Elternteiles.

Die vorherigen Überlegungen gelten sinngemäss auch für Therapeutinnen/Therapeuten und andere Fachpersonen, die mit einem Elternteil verbunden sind.

In Bezug auf Kinderanwälte und Kindertherapeuten ist im Einzelfall mit den Eltern zu prüfen, ob diese zu einer Sitzung eingeladen werden. Dazu müssen aber ebenfalls die obigen zwei Kriterien „Befürwortung" und „Nutzen für das Kind" erfüllt sein.

GEWALTVORWÜRFE UND GEWALTVORFÄLLE

In kindorientierten Elternberatungen werden drei Gewaltformen von einem oder beiden Elternteilen manchmal ins Spiel gebracht:

- Gewalt zwischen den Eltern
- Gewalt vor dem Kind
- Gewalt gegen ein Kind

Die Gewaltformen können zudem unterschieden werden in behauptete oder belegte Vorfälle (Polizeirapporte usw.), verbale und physische Gewalt, frühere oder aktuelle.

Eine bedeutsame handlungsorientierte Unterscheidung dabei ist, ob die Gewaltvorfälle oder -vorwürfe bei der Anordnung einer kindorientierten Elternberatung der Behörde oder dem Gericht bereits bekannt waren oder erst während der Beratung auftreten. Je nachdem sind deshalb manchmal unterschiedliche Reaktionen erforderlich.

Nachstehend werden häufige Handlungsmöglichkeiten von Fachpersonen zu allen drei Gewaltformen bzw. Gewaltvorwürfen behandelt.

⇨ BEHAUPTETE ODER BELEGTE FRÜHERE GEWALT ZWISCHEN DEN ELTERN

Hat die Behörde in Kenntnis früherer Gewaltvorfälle/-vorwürfe und unter Beachtung eventueller Folgen für einen Elternteil (z.B. mögliche Retraumatisierung) die elterlichen Rechte und Pflichten nicht beschnitten, so erfolgt eine kindorientierte Elternberatung wie bisher beschrieben. Die Fachperson muss bei der Auftragsübernahme davon ausgehen, dass die Gerichte und Behörden die Indikationspunkte (⇢Seite 40-43) beachtet haben und das Rollenverständnis II angezeigt ist.

Frühere belegte oder behauptete Gewaltvorfälle zwischen den Partnern sind daher kein Thema der zukunftsorientierten Elternberatung. Dies ist insbesondere wichtig, um eine Fokusverschiebung vom Kind auf die Paarebene zu verhindern.

Vorgebeugt wird Gewaltausbrüchen in der Elternberatung mit:

- den angewandten Gesprächsstrukturen (⇢Seite 60-62)
- getrenntem Kommen (⇢Seite 137) und Verlassen des Gesprächsraumes (⇢Seite 76)
- Onlineberatungsoption (⇢Seite 146)

Auch die im Erstgespräch unter „Was tun, wenn ..." (⟶Seite 80-89) beschriebenen Umgangsoptionen zu verschiedenen Gesprächssituationen sind darauf ausgerichtet, verbale und psychische Gewaltausübung zwischen den Eltern zu blockieren.

ONLINEBERATUNG

Besteht eine belegbare grosse Wahrscheinlichkeit, dass es im Erstgespräch zu physischer Gewalt zwischen den Eltern oder eventuell auch gegenüber der Fachperson kommen könnte, so kann das Erstgespräch von den Gerichten und Behörden auch online angeordnet werden (auch wenn die Eltern weit voneinander leben, können Onlineberatungen eine Option darstellen).

Bei der Onlineberatung ist es angezeigt, die Eltern darauf hinzuweisen, dass von diesen keine Aufnahmen gemacht werden dürfen.

Das Onlinetool muss dabei folgende Funktionen erfüllen:

- Die Fachperson kann die Eltern mittels Linkzustellung zur Onlinesitzung einladen.
- Die Eltern können sich unkompliziert per Computer, Tablet oder Handy einklinken.
- Die Eltern landen mit ihrem Link in einem virtuellen Warteraum, aus dem sie die Fachperson ins Onlinegespräch gemeinsam einladen kann.
- Die Fachperson kann die Mikrofone und wenn möglich auch das Videobild jedes einzelnen Elternteils bei Bedarf abstellen. Die Eltern sollten diese Möglichkeit nicht haben.

⇨ AKTUELLE GEWALTVORFÄLLE ODER -VORWÜRFE ZWISCHEN DEN ELTERN

Immer wieder berichten Eltern am Anfang einer laufenden Beratung über Beschimpfungen, Anfeindungen bei telefonischen Kontakten, in Mailmitteilungen usw. Zumeist wird dies umgehend vom „angeschuldigten Elternteil" in Abrede gestellt und manchmal sogar mit einem Gegenangriff gekontert. Die Eltern versuchen, mit ihren Erzählungen die Fachperson einzuladen, sich auf ihre Seite zu stellen und gegen den anderen Elternteil Partei zu ergreifen.

In den meisten Fällen würde ein Klärungsversuch zu einer Pattsituation führen im Sinne von „Es steht Aussage gegen Aussage". Damit wäre für das Kind nichts gewonnen. Es lohnt sich daher, die Eltern sofort aufzufordern, eine Lösung zu erarbeiten, ohne abzuklären, ob die Vorwürfe zutreffen.

Mutter: *„Wissen Sie, das letzte Telefon mit ihm musste ich unvermittelt beenden. Er hat mich wieder ohne Anlass als hinterhältig und lügnerisch beschimpft und noch weitere Dinge gesagt, die ich nicht wiederholen will. Das lass ich mir nicht mehr bieten!"*

Vater: *„Das habe ich nicht gesagt! Du beschuldigst mich ohne Grund, und natürlich sagst du nicht, dass du mich ein egoistisches Arschloch genannt hast …"*

Fachperson: *(Fällt den Eltern ins Wort.) „Ich höre, das letzte Telefongespräch verlief zu Ihrer beider Unzufriedenheit. Wie wollen Sie in Zukunft miteinander telefonieren, damit Ihr Kind auf Sie stolz sein könnte?"*

Mutter: *„Ja, wir sollten einfach aufhören, einander mit Schimpfwörtern zu belegen."*

Fachperson: *„Was wäre anstelle von Schimpfwörtern hilfreich?"*

Die Fachperson bearbeitet dieses Thema weiter nach der den Eltern schon bekannten „methodischen Grundbewegung" (→Seite 97-102).

Tritt ein belegter, massiver physischer Gewaltvorfall auf, so muss von der Fachperson beurteilt werden, ob das Format der Beratung weiterhin angemessen ist oder eine Neubeurteilung durch das Gericht oder die Behörde erfolgen muss.

⇨ BEHAUPTETE ODER BELEGTE GEWALT VOR DEM KIND

Manche Gewaltvorwürfe oder -vorfälle schliessen die Anwesenheit des Kindes mit ein. So werden beispielsweise eskalierende Kinderübergaben beschrieben oder dass das Kind Streittelefonate mitbekommt, oder es wird behauptet, ein Elternteil lese dem Kind Anwaltsbriefe vor usw. Der gemeinsame Nenner ist, dass das Kind miteinbezogen wird. In den überwiegenden Fällen wird das vom beschuldigten Elternteil abgestritten oder heruntergespielt oder das Vorgehen rationalisiert in der Form: *„Ich bin gegenüber Max immer offen und ehrlich und lüge ihn nicht an, wenn er mich was fragt zu dem Gerichtsverfahren."*

Erfahrungsgemäss ist hier wiederum die Anwendung der „methodischen Grundbewegung" (⇢Seite 97-102) angezeigt und erfolgsversprechend.

Kommt es während einer kindorientierten Beratung zu einem gravierenden Vorfall vor dem Kind, beispielsweise dass ein Elternteil den anderen bei der Übergabe wegstösst oder schlägt, müssen Fachpersonen allein oder wenn möglich mit den Eltern gemeinsam abschätzen, ob das Beratungsformat weiterhin angemessen oder ob dadurch eine Neubeurteilung durch das Gericht oder die Behörde erforderlich ist. Wegweisend bei diesem Entscheid ist selbstverständlich wiederum das mittel- und langfristige Wohl des Kindes.

Kommen die Fachperson und die Eltern zum Entschluss, die kindorientierte Elternberatung fortzusetzen, kann dies wiederum mit der methodischen Grundbewegung erfolgen.

Erscheint dies nicht genügend, kann ein Einzelgespräch mit dem gewaltausübenden Elternteil erfolgen. Wenn möglich sollte dieses Einzelgespräch von einer anderen Fachperson geführt werden. Im Zentrum dieses Gespräches steht, dem Elternteil zu helfen, den Vorfall aus dem Erleben des Kindes zu begreifen und eine Strategie zu entwickeln, damit dies nicht mehr passiert. Dieses zusätzliche Gespräch kann eingeschoben oder parallel zu den Elterngesprächen geführt werden. Hier einige bewährte Gesprächselemente.

- Rahmen abstecken:

Fachperson: *„Wir sind uns beide wohl einig, dass dies nicht mehr passieren darf?"*

Elternteil: *„Ja sicher, das wird auch nicht mehr passieren!"*

Fachperson: *„Gut, dass wir beide das gleich sehen! Wunderbar, dass Sie als Vater alles tun wollen, damit das nicht mehr passiert. Ich möchte Sie gerne dabei unterstützen. Ist das Ihnen recht?"*

Elternteil: *„Gerne, deswegen bin ich gekommen." (Mandatserteilung)*

- Auswirkung auf das Kind in den Fokus bringen:

Fachperson: *(Zeigt auf zwei weitere Stühle und beschriftet drei Blätter mit den Worten ,Mutter', ,Vater', ,Meike'.) „Stellen Sie sich vor, dieser Stuhl repräsentiert die Mutter. Der Stuhl, auf dem Sie sitzen, ist der Vaterstuhl. Dort ist der Stuhl von Meike. Bitte stehen Sie nun auf und setzen Sie sich auf den Stuhl von Meike. Wenn Sie dort absitzen,*

> sind Sie Ihre Tochter Meike." *(Fachperson legt die Blätter zu den Stühlen und fährt fort.)* "Beschreiben Sie nun, was Ihre Tochter gesehen hat."

Elternteil: "Die Mutter und der Vater haben sich nach kurzer Zeit gestritten und angeschrien und dann hat der Vater die Mutter weggeschubst und den Kleiderkoffer genommen und mich an die Hand genommen und von der Mutter weggezerrt..."

Fachperson: "Wie fühlst du dich, Meike?"

Elternteil: "Ich weiss nicht was tun, das ist einfach zu laut, und ich muss weinen ..."

Die Fachperson hilft mit vertiefenden Fragen dem Elternteil die Sichtweise und das Erleben des Kindes nachzuvollziehen, um ihm zu helfen, intrinsische Motivation für die anstehende Veränderung zu entwickeln.

- Lösungsideen entwickeln
  Anschliessend wird der Elternteil aufgefordert, eine konkrete verhaltensorientierte Lösungsidee zu entwickeln.

  Fachperson: "Ich bin beeindruckt, wie Sie sich in das Denken Ihrer Tochter einfühlen können! Darf ich Sie nun bitten, wieder auf Ihrem Vaterstuhl Platz zu nehmen." *(Sobald der Vater sitzt, fährt die Fachperson fort.)* "Solche und ähnliche Situationen können auch in Zukunft wieder vorkommen. Wie wollen Sie in Zukunft damit umgehen?"

Im anschliessenden Gesprächsteil unterstützt die Fachperson den Elternteil dabei, neues passendes Verhalten zu entwickeln, welches den Zielkriterien – beispielsweise den sogenannten wohlformulierten Zielen – entspricht und zu erwartende ökologische Einwände zu integrieren.[78]

Sobald als möglich werden solche Einzelgespräche eingestellt und der Fokus wird wieder auf die Elternebene gerichtet.

---

[78] Pfister-Wiederkehr (2019), Seite 86-91

⇨ BEHAUPTETE ODER BELEGTE GEWALT GEGEN EIN KIND

Elternteile äussern auch immer wieder die Befürchtung, dass der andere Elternteil gewalttätige Erziehungsmittel einsetzt. Dies wird oft mit Erfahrungen während der gemeinsamen Erziehungszeit oder mit Bezug zu Äusserungen oder Andeutungen des Kindes begründet. In der Regel werden solche Äusserungen von der „angeschuldigten" Person in Abrede gestellt und nicht selten wird dem anklagenden Elternteil unterstellt, dass dies nur behauptet werde, um zu schaden.

Würde das Gespräch mit dem Ziel der Wahrheitsfindung weitergeführt, würde voraussichtlich wiederum die bereits früher beschriebene Pattsituation „Aussage gegen Aussage" entstehen, welche schlussendlich keinen Vorteil für das Kind mit sich brächte.

Ein Einbezug des Kindes wäre eine weitere Möglichkeit, die aber in der Regel bei hochstrittigen Eltern vielfach zu hohen Belastungen des Kindes führt. Dies kann nur in Erwägung gezogen werden, wenn die Einbezugspunkte eindeutig gegeben sind (⋯→Seite 119-120).

Zu beachten ist zudem, dass Kinder in der Regel die Wahrheit sagen und manchmal aus Beziehungsgründen in hochkonfliktären Kontexten etwas sagen oder andeuten, von dem sie denken, der jeweilige Elternteil wolle es hören.

Ist ein nicht akzeptables und in der Regel mehrfach angewandtes gewalttätiges Erziehungsverhalten eines Elternteils belegt und ist nicht zu erwarten, dass dieser Elternteil sein Verhalten zu ändern bereit ist, so ist zu prüfen, ob das Beratungsformat noch immer passt oder eine Neubeurteilung durch das Gericht oder die Behörde eingefordert werden muss und damit eventuell ein Wechsel ins Rollenverständnis I erfolgen soll (⋯→Seite 36-43). Handlungsleitend bei diesem Entscheid ist wiederum, dass ein Rollenwechsel einen zu erwartenden bedeutsamen Vorteil für das Kind zur Folge hat.

Nach Abwägung aller Aspekte ist vielfach das kindeswohlangepasste Vorgehen die „methodische Grundbewegung" (⋯→Seite 97-102) und das Verbleiben im Rollenverständnis II.

Mutter:	*„Mirco hat erzählt, dass der Vater ihn wieder geschlagen hat, als er die Zähne nicht putzen wollte. Das geht einfach nicht. Das hat der Vater schon früher gemacht, wenn es nicht nach seinem Willen ging."*

Vater:	*„Das stimmt überhaupt nicht. Was erzählst du für einen Blödsinn! Einmal ist mir früher die Hand ausgerutscht und seitdem nie mehr, ganz im Gegensatz zu dir!"*
Fachperson:	*(Unterbricht die Eltern.) „Verstehe ich Sie recht, dass Sie als Eltern das Schlagen von Mirco als Erziehungsmittel ablehnen?"*
Eltern:	*(Stimmen zu und der Vater fügt an:) „Selbstverständlich, wir sind doch nicht mehr im 18. Jahrhundert."*
Fachperson:	*„Gut, dann sind Sie sich darüber einig. Manchmal folgt Mirco wohl wie andere Kinder nicht. Wie wollen Sie als Eltern zukünftig darauf reagieren? Sie haben als Beispiel das Zähneputzen erwähnt." (Die Fachperson schaut den Vater an.)*
Vater:	*„Ja, Mirco putzt die Zähne wirklich nicht gerne, das stimmt."*
Fachperson:	*„Wie wollen Sie als Eltern in Zukunft mit Mirco umgehen, wenn er sich weigert?"*
Vater:	*„Reden finde ich wichtig. Er muss ja verstehen, weshalb wir das verlangen."*
Fachperson:	*„Aha, und wenn das nicht zum Ziel führt?"*
Vater:	*„Er will am Abend immer die Gutenachtgeschichte im TV sehen. Es hilft, wenn ich ihm sage, solange er die Zähne nicht geputzt hat, kann er die Gutenachtgeschichte nicht sehen und wenn diese vorbei sei, dann sei sie halt vorbei. Das motiviert Mirco."*

Mit diesem Vorgehen bestimmen Eltern gemeinsame elterliche Haltungen und Verhalten. Dabei ist es jeweils nebensächlich, ob die geschilderten Verhaltensweisen bereits früher angewandt oder neu entwickelt wurden. Am Schluss steht eine Umgangsidee, der beide Elternteile zustimmen können, welche gut für das Kind und auch überprüfbar ist. Dies erfordert manchmal einen Zusatzschritt.

Fachperson:	*„Toll, dass Sie sich nun einig sind, wie Sie mit Mirco umgehen wollen, wenn er etwas nicht tun will." (Fachperson fasst Elternvereinbarung zusammen.) „Nun habe ich noch drei Fragen dazu:* *1) Wie erhalten Sie die Sicherheit, dass der andere Elternteil sich an die Abmachung hält?* *2) Wenn ein Elternteil sich nicht an die Abmachung hält, wie wollen Sie sich darüber informieren?* *3) Soll Mirco erzählen, wenn ein Elternteil sich nicht darangehalten hat und wie wollen Sie damit umgehen? Fangen wir mal mit der ersten Frage an, was ist Ihre Idee als Vater dazu?"*

Solche Absprachen werden kindgerecht dem Kind in der Familiensitzung (⋯→Seite 123-125) mitgeteilt, damit dieses weiss, was die Eltern gemeinsam als richtig erachten und was es tun könnte, wenn ein Elternteil sich nicht daran hält.

TOOL „DURCHDENKEN LASSEN" FÜR ELTERNTEILE, DIE VON EINER VORAUSSICHTLICH KINDESWOHLGEFÄHRDENDEN IDEE ÜBERZEUGT SIND

Ausserhalb oder auch während einer angeordneten Beratung kann es vorkommen, dass ein Elternteil – oft unter einem Vorwand – zum Einzelgespräch kommt. Manchmal bringt dieser Elternteil eine voraussichtlich kindeswohlgefährdende oder nicht durchführbare Idee ins Gespräch mit, zumeist verbunden mit der Erwartung an die Fachpersonen, ihn dabei gegen den anderen Elternteil zu unterstützen. So äussert dieser vielleicht, dass er entschieden hat, das Kind dem anderen Elternteil ab sofort nicht mehr zu geben.

Fachleute erkennen oft, dass der Elternteil wohl etwas Sinnvolles für das Kind im Blick hat, aber in Bezug auf den Lösungsweg von einem ausgeprägten, dem Kindeswohl voraussichtlich abträglichen „Tunnelblick" getrieben ist. Manchmal ist die Fachperson auch unsicher, ob die Idee des Elternteils aus Kindersicht nicht doch angemessen ist.

In derartigen Situationen hilft der Einsatz des im Folgenden beschriebenen Tools „Durchdenken lassen" eine ganzheitliche, realistische und kindorientierte Sicht zu ermöglichen. Oft bewegt das Durchdenkenlassen den Elternteil, von seiner Ausgangsidee abzuweichen und eine nützlichere Idee für das Kind zu entwickeln oder einem Elterngespräch zuzustimmen.

Fachpersonen hilft das Tool bei Unsicherheiten auch einzuschätzen, ob das Rollenverständnis II weiterhin angezeigt ist oder eine akute Kindeswohlgefährdung besteht.

Das Tool „Durchdenken lassen" besteht aus 7 Schritten:

1. Lösungsidee erkunden
2. Absicht würdigen und einladen zum Durchdenken
3. Pro-Aspekte zusammentragen
4. Mögliche Nachteile erfragen
5. Weitere bedeutsame Menschen oder Fakten einführen
6. Auswirkungen auf das Kind fokussieren
7. Abschluss oder Entwicklung einer zieldienlicheren Idee

Das Tool hat sich bisher in Einzel- und Elterngesprächen sowie Helfer-konferenzen bewährt. Im Folgenden werden die Schritte des Tools vor-gestellt und mit kurzen Gesprächssequenzen illustriert. Der vorgestellte Ablauf kann vollständig angewendet oder bei Bedarf angepasst werden.

Nach einem üblichen Gesprächseinstieg mit Joining und positivem Fo-kus erfragt die Fachperson das Gesprächsziel des Gegenübers.

1. Schritt: LÖSUNGSIDEE ERKUNDEN

Fachperson: *„Es freut mich zu hören, dass es Michael in der Schule gut geht, er im Deutsch Fortschritte macht und sich in der Basketballmannschaft wohlfühlt. Super! Was möchten Sie heute besprechen, was für Mi-chael hilfreich ist?"*

Mutter: *„Das mag Sie vielleicht nun überraschen. Ich habe beschlossen Mi-chael dem Vater nicht mehr zu geben. Davon bin ich nicht mehr ab-zubringen. Ich vermute, Sie sind damit kaum einverstanden, aber das ist meine Entscheidung! Diese Wochenenden beim Vater stressen ihn völlig. Ich brauche dann fast eine Woche, bis er wieder auf Kurs ist."*

Das Gegenüber signalisiert, dass es eine Entscheidung getroffen hat und die Fachperson als möglichen Gegner befürchtet.

2. Schritt: ABSICHT WÜRDIGEN UND EINLADEN ZUM DURCHDENKEN

In diesem Schritt geht es darum, die gute Absicht des Elternteils für sein Kind zu würdigen und damit die Kooperationsbereitschaft des Elternteils zu erhöhen sowie das Mandat zum Durchdenken zu erhalten.

Fachperson: *„Ich höre Sie machen sich grosse Sorgen um Michael und wollen, dass es ihm schnell besser geht."*

Mutter: *„Ja genau, so geht es nicht mehr weiter, das ist einfach schlecht für Michael."*

Fachperson: *„Verstehe ich Sie recht, Sie suchen nach einer Lösung, damit es Mi-chael besser geht? Im Moment sehen Sie als Möglichkeit, dass er nicht mehr zum Vater gehen würde?"*

Mutter: *„Ja, davon bin ich überzeugt!"*

Fachperson: *„Sie und ich wissen, das ist eine einschneidende Veränderung. Kön-nen wir Ihre Idee einmal gemeinsam durchdenken?"*

Mutter: *„Ja, wenn es sein muss."*

3. Schritt: PRO-ASPEKTE ZUSAMMENTRAGEN

In diesem Schritt werden die Vorteile für das Kind aus der Sicht des Elternteils detailliert erfragt und dieser wird eingeladen, Erkennungskriterien dafür herauszuarbeiten. Damit sollen mögliche Vorteile für das Kind konkretisiert und überprüfbar gemacht werden. Bewusst wird mit Fragen zu den Vorteilen angefangen, um die Kooperation mit dem Elternteil zu stärken.

Fachperson: *„Was wären aus Ihrer Sicht als Mutter die Vorteile für Michael?"*

Mutter: *„Er hätte weniger Stress."*

Fachperson: *„Was genau meinen Sie damit?"*

Mutter: *„Ja wissen Sie, am Sonntagabend, wenn ihn der Vater zurückbringt, ist er ganz unruhig, kann kaum einschlafen. Die Lehrerin hat schon mehrfach erzählt, dass er am Montag nicht konzentriert ist. Manchmal erscheine er ihr auch total übermüdet und er könne sich nicht auf den Schulunterricht konzentrieren."*

Fachperson: *„Verstehe ich Sie recht, ein möglicher Vorteil für Michael wäre, dass er ausgeschlafen in die Schule ginge und sich dort auf den Schulunterricht konzentrieren könnte."*

Mutter: *„Ja, genau!"*

Fachperson: *„Was noch?"*

Mutter: *„Michael wäre dann auch nicht so gestresst vor dem Besuchswochenende. Er ist manchmal vom Freitagmorgen an total unruhig und wir haben dann immer wieder Streit miteinander."*

Fachperson: *„Ein weiterer Vorteil aus Ihrer Sicht wäre, dass vielleicht auch die Zeit vor dem Wochenende für Michael ruhiger verliefe, er weniger gestresst wäre?"*

Mutter: *„Ja, das wäre sicher so!"*

Fachperson: *„Was noch?"*

Mutter: *„..."*

Die Frage nach den Vorteilen wird, wenn erforderlich, ergänzt mit Fragen nach Erkennungskriterien.

Fachperson: *„An was würden Sie erkennen (sehen, hören), dass Michael nicht mehr gestresst ist?"*

Die Fachperson erkundigt sich nach Vorteilen und Erkennungskriterien, bis dem Elternteil keine weiteren einfallen. Nützlich ist es, wenn die Fachperson laufend die Vorteile in Stichworten auf einem Notizblock aufschreibt. Sie zeigt dem Gegenüber damit, dass dessen Aussagen gehört und für wichtig erachtet werden und die Fachperson kann die Vorteile im weiteren Gesprächsverlauf bei Bedarf leicht ablesen und wiederholen.

4. Schritt: MÖGLICHE NACHTEILE ERFRAGEN

Der Elternteil wird anschliessend eingeladen, mögliche Nachteile seiner Idee für das Kind zu fokussieren. Dabei ist es aus fachlicher Sicht zweitrangig, ob diese ausgesprochen oder einfach innerlich wahrgenommen werden.

Je mehr bedeutsame Nachteile auftauchen, desto eher könnte die Bereitschaft entstehen, nach anderen Lösungen zu suchen.

Fachperson:	*(Fasst alle Vorteile zusammen und fährt dann fort.) „Wenn ich Ihnen zuhöre, sehen Sie viele Vorteile darin, dass Michael nicht mehr zum Vater geht. Alle Dinge haben jedoch zwei oder mehrere Seiten oder man könnte auch sagen, neben Vorteilen gibt es auch immer Nachteile. Welches könnten möglicherweise kleine Nachteile sein, wenn Michael nicht mehr zum Vater geht?"*
Mutter:	*(Ohne zu zögern.) „Keine! Ich sehe nur Vorteile, mir fällt dazu kein Nachteil ein."*
Fachperson:	*„Ich verstehe, das ist eine sehr schwierige Frage. Nehmen Sie sich ruhig etwas Zeit dafür." (Fachperson insistiert höflich auf einer Antwort.)*
Mutter:	*„Vielleicht, dass Michael dann das gemeinsame Eisenbahnspielen mit dem Vater etwas fehlt. Ich oder mein Freund spielen aber auch oft mit ihm."*
Fachperson:	*„Sie denken, vielleicht fehlt Michael dann ein klein wenig das gemeinsame Eisenbahnspielen mit dem Vater."*
Mutter:	*(Nickt.)*
Fachperson:	*„Was, denken Sie, könnte noch ein klein wenig ein Nachteil sein."*
Mutter:	*„Ich hätte dann kein freies Wochenende mit meinem Freund."*
Fachperson:	*„Das wäre für Sie als Frau ein Nachteil. Welcher kleine Nachteil fällt Ihnen noch für Ihren Sohn ein?" (Zurückführung zum Kind)*
Mutter:	*„Vielleicht würde Michael seinen Vater etwas vermissen."*
Fachperson:	*„Woran wäre bei Michael von aussen erkennbar, dass er seinen Vater etwas vermisst?"*

Die Fachperson fasst die Aussagen des Elternteils immer wieder kurz zusammen und fragt nach, bis nichts mehr genannt wird.

Um dem Elternteil den Blickwechsel von den Vorteilen zu den Nachteilen zu erleichtern, werden die Nachteilsfragen und Zusammenfassungen in verkleinerter und oft konjunktiver Form gestellt: „ein klein wenig", „eventuell", „es könnte sein".

In seltenen Fällen ist es dem Elternteil nicht möglich, Nachteile zu erkennen oder zu benennen. Dies ist in der Regel ein Zeichen dafür, dass das Gegenüber aktuell noch über einen sehr eingeschränkten kindorientierten Blick verfügt, da bei jeder Lösungsidee immer auch grössere oder kleinere Nachteile vorhanden sind. Um die Arbeitsbeziehung nicht zu gefährden, empfiehlt es sich, auf zu starkes Insistieren zu verzichten und einfach zum nächsten Schritt zu wechseln.

5. Schritt: WEITERE BEDEUTSAME MENSCHEN ODER FAKTEN EINFÜHREN

Um zu einer guten kindorientierten Entscheidung zu gelangen, sind auch die weiteren bedeutsamen Beteiligten sowie die zu erwartenden Reaktionen in die Überlegungen einzubeziehen. Ein bedeutsamer Beteiligter ist in der Regel der andere Elternteil. Bedeutsame Beteiligte können aber auch Grosseltern, Fachleute (z.B. Therapeutinnen/Therapeuten), Behörden usw. sein. Diese werden nach dem nachstehenden Muster in das Durchdenken eingebracht.

Fachperson: *„Ihre Idee, Michael nicht mehr dem Vater zu geben, hätte aus Ihrer Sicht einige Vorteile und auch ein paar Nachteile. Darf ich Sie noch was fragen?"*

Mutter: *„Ja."*

Fachperson: *„Angenommen, Sie teilen dem Vater mit, dass Michael nicht mehr zu ihm kommt, wird er das akzeptieren?"*

Mutter: *„Da kennen Sie ihn aber schlecht, das wird er nie akzeptieren!"*

Fachperson: *„Was würde er dann tun?"*

Mutter: *„Er rennt dann wieder zu seinem Anwalt und das Theater fängt von Neuem an."*

Fachperson: *„Was meinen Sie mit ‚Theater'? Was würde er dann tun?"*

Mutter: *„Sein Anwalt verlangt dann wieder, dass die Behörde aktiv wird und wir müssen wieder antraben."*

Fachperson: *„An was denken Sie, wenn Sie ,wir' und ,antraben' sagen?"*
Mutter: *„Ja, dann gibt es wieder Sitzungen bei der Behörde und Michael wird wieder befragt, obwohl er das nicht will!"*
Fachperson: *„Was befürchten Sie noch?"*
Mutter: *„Das letzte Mal ist der Vater auf dem Pausenhof erschienen und wollte Michael einfach mitnehmen. Die Pausenaufsicht konnte das gerade noch verhindern. Michael war danach über zwei Wochen ganz von der Rolle."*
Fachperson: *„Oh, das tönt heftig und stressig!"*
Mutter: *„Ja, das war der Horror."*

In diesem Schritt wird der Elternteil eingeladen genau hinzuschauen, was zu erwartende Reaktionen sein könnten, um dies in seine Überlegungen einbeziehen zu können.

6. Schritt: AUSWIRKUNGEN AUF DAS KIND FOKUSSIEREN

In diesem Schritt wird der Elternteil eingeladen, aus dem Blickwinkel des Kindes auf die Vorteile und Nachteile sowie die zu ertragenden Reaktionen zu schauen.

Fachperson: *„Wenn Sie sich alles bisher Besprochene vor Augen führen, was denken Sie, wie wird es Ihrem Kind dann gehen?*
Mutter: *„Sicher nicht gut!"*

7. Schritt: ABSCHLUSS ODER ENTWICKLUNG EINER ZIELDIENLICHEREN IDEE

An dieser Stelle wird der Elternteil eingeladen, seine Absicht mit der nun vorgestellten Zukunft abzugleichen und zu entscheiden, ob die Ausgangsidee weiterverfolgt wird oder eine kindorientiertere Idee zu entwickeln ist. In der Regel zeigt es sich, dass mit der aktuellen Idee die angestrebten Verbesserungen für das Kind nicht erreichbar sind. Manchmal muss nach dem ersten Durchgang eine weitere Idee nach diesem Vorgehen bearbeitet werden.

Schlussendlich zeigt es sich in den meisten Fällen, dass eine wirkliche Verbesserung nur im gemeinsamen Gespräch mit dem anderen Elternteil erreicht werden kanngemeinsamen Gespräch mit dem anderen Elternteil erreicht werden kann.

Wichtig bei diesem Vorgehen ist, dass die Absicht des Elternteils dauernd gestützt wird und nur der Weg dazu überprüft wird.

Fachperson: „Ja, das ist eine schwierige Situation. Sie haben gesagt, Ihre Absicht ist, dass der Stress für Michael abnimmt, er am Sonntag ruhig einschlafen kann, ausgeruht am Montag in die Schule geht und dort konzentriert mitmachen kann …" (Aufzählung aller positiven Punkte) „Ist dies mit der bisherigen Idee für Michael zu erreichen?"

Mutter: „Nein, kaum … das hat alles keinen Sinn. Am besten einfach alles lassen, dann geht halt Michael zur Sau."

Fachperson: „Nein, das ist nicht akzeptabel. Was Sie für Michael erreichen wollen, ist wichtig. Das muss erreicht werden. Die Frage ist nur, wie das gelingen kann. Was haben Sie noch für eine Idee?"

Mutter: „Ich bin ideenlos. Was denken Sie denn, als Fachperson?"

Fachperson: „Was vermuten Sie, was werde ich nun sagen?"

Mutter: „Ich befürchte, Sie sagen, dass ich meine Sorgen mit dem Vater in einem gemeinsamen Gespräch bereden sollte."

Fachperson: „Sie kennen mich schon gut! Ja, ich bin überzeugt davon, dass eine gute Lösung für Michael wohl nur in einem gemeinsamen Elterngespräch entwickelt werden kann. Auch bin ich der Meinung, dass Ihre Sorgen ernst zu nehmen sind und dafür Lösungen gefunden werden müssen."

Aufgrund der Ausgangssituation steht vielfach am Ende des Durchdenkens das Einverständnis des Elternteils zu einem gemeinsamen Elterngespräch. Gelingende Elternschaft bedingt Gespräche zwischen den Eltern, daran führt meistens kein Weg vorbei.

WAS SICH IN DER GESPRÄCHSFÜHRUNG OFT BEWÄHRT

- Das Gegenüber formuliert die Idee oft in absoluter Form. Öffnende Satzelemente in Fragen und Zusammenfassungen einzubauen, unterstützt den Veränderungsprozess. Solche Formulierungen sind beispielsweise:
  - „Zurzeit steht für Sie die Idee im Vordergrund …?"
  - „Im Moment denken Sie …"
  - „Vorstellbar ist für Sie heute …"

- Zusätzlich zu Fragen, die das Gegenüber einladen, Antworten aus seiner Sicht zu geben, kann es auch sinnvoll sein, Fragen zu stellen, welche einen dissoziierten Standpunkt erfordern:
  - *„Was würde Ihre Freundin dazu sagen?"*
  - *„Wenn Ihr Vater noch leben würde, auf was würde er hinweisen?"*

- Einladungen an die Fachpersonen, ihre Meinung zu äussern, können angenommen werden, wenn das Gegenüber echt daran interessiert ist. Oft empfiehlt es sich aber, diese Ideen etwas von sich wegzunehmen oder als Frage zu formulieren, um die Beratungsbeziehung nicht zu belasten[79]:
  - *„Andere Mütter haben in dieser Situation erfolgreich …"*
  - *„Die Fachmeinung dazu ist …"*
  - *„Ich frage mich, ob es sinnvoll wäre …"*

---

[79] 2. Kommunikationsaxiom. Siehe Watzlawick et al. (1969), Seite 53-56; Pfister-Wiederkehr (2019), Seite 28-31

VORZEITIGER DIREKTER EINBEZUG DES KINDES

ALLGEMEINES

Im Zentrum der kindorientierten Beratung steht das Kind. Der Einbezug des Kindes erfolgt immer, unabhängig vom Konfliktpegel, dem Alter und den Kompetenzen des Kindes, zumindest in indirekter Form. Wenn die Kriterien für einen direkten Einbezug erfüllt sind (⟶Seite 119-120) wird das Kind direkt ins Gespräch einbezogen.

Dies ist zumeist gegeben, nachdem die Eltern eine kindorientierte Vereinbarung abgeschlossen haben in Form eines Familiengesprächs (⟶Seite 123-125).

Ein Einbezug ist ausnahmsweise manchmal auch zieldienlich, um die von den Eltern zu lösende Punkte zu bestimmen.

KINDGESPRÄCH ZUR BESTIMMUNG DER PROBLEMTHEMEN

Manchen Eltern wird in der Beratung klar, dass sie die Bedürfnisse und Befindlichkeit ihres Kindes in Bezug auf die Konfliktsituation nicht genügend kennen. Wenn ihnen zudem deutlich wird, dass, wenn sie mit dem Kind darüber reden, keine hilfreichen Hinweise erhalten würden (Triangulationskontext), bitten einige Eltern Fachpersonen als „neutrale Beteiligte" mit dem Kind zu sprechen.

Wenn beide Elternteile dies vorbehaltlos wünschen und für die Fachperson klar ist, dass die Eltern wirklich hören wollen, was die Bedürfnisse und Wünsche des Kindes sind, kann ein fokussiertes Einzelgespräch mit dem Kind nützlich sein.

Ziele eines Kindergespräches sind:

▶ die emotionale Befindlichkeit des Kindes erfahren, um diese den Eltern zurückmelden zu können (Veränderungsmotivationsunterstützung)

▶ von den Eltern zu lösende Belastungen zusammentragen (Veränderungsthemen)

▶ Selbstfürsorgemöglichkeiten des Kindes stärken

161

Von den Eltern wird ihr Einverständnis zu diesen drei Gesprächszielen eingeholt und vereinbart, dass nur zu diesen Punkten eine Rückmeldung an sie im kommenden Elterngespräch erfolgt.

Gespräche mit Kindern und Jugendlichen verlaufen so vielfältig, wie Kinder und Jugendliche sind. Einige Fachbücher behandeln diese Gespräche aus der Sicht der Entwicklungspsychologie[80], andere eher mit Blick auf die Methodik und mögliche Hilfsmittel[81], wie beispielsweise den Einsatz von Handpuppen.
Nachstehend werden fünf zentrale Punkte für ein Kindergespräch im Rahmen des Kontextes von hochstrittigen Systemen beleuchtet. Dies insbesondere mit Blick auf die oben beschriebenen Ziele.

- Einen zieldienlichen Gesprächsrahmen herstellen

  Nach einem altersangepassten Joining und vielfach einem aufstellenden Blick auf Kompetenzen des Kindes ist es in der Regel angezeigt, das kommende Gespräch zu rahmen. Dazu werden dem Kind der Gesprächshintergrund, das Gesprächsziel und die geplanten Themen mitgeteilt. Mittels dieser Erläuterungen sollte dem Kind zumindest implizit die Rolle der Fachperson deutlich werden.

  Fachperson: *„Wow, toll, dass du diesen Preis im Geigenspielen gewonnen hast und …!" (Aufzählung aller genannten Kinderkompetenzen) „Wie du weißt, kommen deine Mutter und dein Vater zu mir, da sie immer viel Streit hatten. Sie wollen, dass das aufhört und ich helfe deinen Eltern dabei. Sie haben mich gebeten mit dir allein zu sprechen, da sie unsicher sind, wie es Dir geht und sie sich fragen, was sie tun könnten, damit es dir besser geht. Ich habe mit deinen Eltern abgemacht, dass ich ihnen aus dem Gespräch mit dir nur erzählen werde, was wir während des Gesprächs auf Kärtchen aufschreiben. Am Schluss des Gesprächs schauen wir das Aufgeschriebene nochmals durch und du kannst dann sagen, was wir lassen und was wir streichen. Ist das für dich gut?"*

  Kind: *„Okay." (Sofern die nonverbale Reaktion, beispielsweise leichtes*

---

[80] Delfos (2015)
[81] Steiner & Berg (2009)

*Kopfnicken[82], auch dazu passt, kann fortgefahren werden. An-
sonsten ist mit dem Kind zu klären, was noch wichtig ist, um ins
Gespräch einzusteigen.)*

- Emotionaler Befindlichkeit des Kindes etwas Raum geben

Kindern sind in hochkonfliktären Kontexten ihre Befindlichkeiten und
Bedürfnisse vielfach nicht bewusst oder sie werden von ihnen weg-
gedrängt. Die Kinder sind zumeist darauf bedacht, zu schauen, was
sie für die Eltern oder einen Elternteil tun könnten. Der aktuellen Befindlichkeit soll an dieser Stelle etwas Raum gegeben werden, auch
um für die Eltern die Dringlichkeit der Veränderung deutlich machen
zu können. Das Eintauchen des Kindes in sein Erleben soll diesem
helfen und es nicht zusätzlich belasten. Dieser Gesprächsteil ist daher in der Regel kurz zu halten und vor allem als Ausgangspunkt für
die Veränderungswünsche des Kindes zu nutzen. Das Kind wird unterstützt, seine Sichtweise zu äussern, es ist aber zu vermeiden, dass
es sich unter Druck fühlt etwas sagen zu müssen, was es nicht will.

Fachperson: *„Wie ist das für dich, dass deine Eltern so viel streiten?"*
Kind: *(Mit brüchiger Stimme) „Das bin ich gewohnt."*
Fachperson: *„Das ist also schon lange so?"*
Kind: *„Ja, schon sehr lange und vor allem seit der Papa ausgezogen ist."*
Fachperson: *„Oh, das tönt schwer. Wie ist das denn für dich?"*
Kind: *„Ich bin oft traurig, manchmal muss ich auch weinen. Manchmal
              macht es mich wütend und dann werfe ich einfach etwas an die
              Wand. Dann kommt die Mama und fragt mich, was los ist. Ich kann
              es dann meistens nicht sagen und erfinde dann einfach eine Aus-
              rede."*
Fachperson: *„Oh, wenn ich mir das vorstelle, so fühlt es sich sehr belastend an.
              Ich fände es gut, wenn wir das schon mal auf ein Kärtchen auf-
              schreiben, damit wir es nicht vergessen. Was denkst du, was soll
              ich aufschreiben?"*
Kind: *(Überlegt kurze Zeit und schaut dann ratlos die Fachperson an.)
              „Weiss nicht, was denken Sie?"*

---

[82] Pfister-Wiederkehr (2019), Seiten 238-241

Fachperson: *(Bietet basierend auf den Schlüsselwörtern[83] des Kindes Formulierungen an, bis neben der verbalen Zustimmung auch die nonverbale zu sehen ist.) „Hör mal zu, ob es so für dich stimmt: Ich bin oft traurig, muss weinen und manchmal wütend und kann nicht sagen, was mit mir los ist.“*

Kind: *(Nickt heftig.) „Ja, so ist es genau!“*

Fachperson: *(Schreibt den Satz beispielsweise auf ein oranges Kärtchen und legt es auf den Boden vor sie beide. Wenn das Kind bereits schreiben kann, kann es das Besprochene auch selbst notieren.)*

- Von den Eltern zu lösende Punkte zusammentragen

Basierend auf den soeben erlebten Gefühlen kann das Kind vielfach leicht beschreiben, was die Eltern zu seinen Gunsten ändern müssen. Methodisch ist darauf zu achten, dass Änderungswünsche so festgehalten werden, dass der Auftrag an beide Eltern geht und keine Schuldzuschreibung an einen Elternteil beinhaltet.

Fachperson: *„Gut, damit wissen deine Eltern nun, wie es dir geht. Das ist wichtig und das haben sie gesagt, das wollen sie von dir gerne hören. Nun müssen sie noch wissen, was sie machen können, damit es dir besser geht. Was muss in Zukunft anders sein, damit es dir besser geht?“ (Frage analog methodischer Grundbewegung* → *Seite 97-102)*

Kind: *„Der Papa soll beim Abholen nicht mehr so wütend werden und Mama anschreien, wenn ich nicht bereit bin, das macht mir Angst.“*

Fachperson: *(Lädt das Kind ein, daraus einen Veränderungswunsch an beide Eltern zu formulieren.) „Wenn es so ist, wie du dir wünschst, wie würde es dann verlaufen?“*

Kind: *„Ruhig und sie würden sich auch begrüssen.“*

Fachperson: *(Bietet eine Zusammenfassung an – wiederum basierend auf den Schlüsselworten des Kindes –, welche präzisiert werden, bis das Kind sich gehört fühlt.) „Höre ich das recht, du wünschst dir von deinen Eltern, dass sie sich beim Abholen und Zurückbringen begrüssen und dass sie ruhig miteinander reden, egal was passiert ist.“*

Kind: *„Ja und dass ich beim Abschied knuddeln darf, so lange wie ich möchte, und niemand mich drängt aufzuhören oder davonläuft.“*

---

[83] Pfister-Wiederkehr (2019), Seiten 102-105

Fachperson:	*„Wie wäre es mit einem Satz auf einem grünen Kärtchen: Ihr be-grüsst euch beim Holen und Bringen, redet immer ruhig miteinander, auch wenn etwas nicht funktioniert, und ihr wartet, bis ich jeden zum Abschied geknuddelt habe."*
Kind:	*„Ja, so schreiben wir es auf!"*
Fachperson:	*(Fährt nach dem Aufschreiben fort.) „Super, das hilft deinen Eltern sicher. Was wünschst du dir noch, das sich ändert?"*

Alle für das Kind relevanten Punkte werden in diese „Wunschkärtchen" aufgenommen und können dann im kommenden Elterngespräch bearbeitet werden.

- Selbstfürsorgemöglichkeiten des Kindes stärken

Eine wichtige Aufgabe im Gespräch ist, selbstfürsorgendes Verhalten des Kindes, welches dieses spontan nennt, herauszuhören und aufzugreifen. Zudem fragen Fachleute auch nach selbstfürsorgendem Verhalten oder entwickeln solches mit dem Kind.

Unter selbstfürsorgendem Verhalten wird alles verstanden, was ein Kind selbstgesteuert im Konfliktfeld tun kann, das ihm hilft.

Methodisch besonders nützlich sind dazu Ausnahmefragen und das Vorgehen nach dem H-O-E-R-Modell.[84]

Fachperson:	*„Du hast vorher einmal gesagt, wenn deine Eltern gestritten haben, dann bist du ins Zimmer gegangen. Wie hast du das gemacht?"*
Kind:	*„Ich habe einen guten Moment abgewartet und bin dann ins Zimmer gegangen und habe meine Kopfhörer genommen und Musik gehört."*
Fachperson:	*„Tolle Idee. Was machte das für dich besser?"*
Kind:	*„Wenn ich ihren Streit nicht mehr gehört habe, dann wurde ich nicht so traurig. Manchmal habe ich dann noch Aufgaben gemacht, das half auch etwas, mich abzulenken."*
Fachperson:	*„Was du sagst, ist sehr wichtig. Wenn etwas passiert, auf das wir keinen Einfluss haben, müssen wir schauen, dass es uns trotzdem einigermassen gut geht. Das machst du super! Ich hoffe, dass deine Eltern in Zukunft weniger vor dir streiten auch aufgrund deiner Rückmeldung." (Zeigt auf die ausgefüllten Kärtchen.)*

---

[84] Pfister-Wiederkehr (2019), Ausnahmefragen Seite 98-105; H-O-E-R-Tool Seite 128-133

Kind:	*„Und wenn sie es doch machen? Ich nehme mir auch manchmal Dinge vor und dann halte ich mich nicht daran!"*
Fachperson:	*„Ein wichtiger Einwand von dir. Was könntest du dann machen?"*
Kind:	*„Einmal, als sie gestritten haben, bin ich zwischen sie getreten und habe geschrien, dass sie aufhören sollen zu streiten, das hat funktioniert."*
Fachperson:	*„Wow! Was hast du genau gesagt?"*
Kind:	*„Hört auf zu streiten, ich ertrage das nicht!"*
Fachperson:	*„Was denkst du, könntest du das wieder machen?"*
Kind:	*„Ja schon, aber manchmal habe ich mich nicht getraut. Was denken Sie, sollte ich es mehr machen?"*
Fachperson:	*„Ich finde es super, wenn du deutlich sagst, wenn du dich unwohl fühlst. Ich verstehe, dass du manchmal etwas unsicher bist, ob du es auch sagen sollst. Wie wäre es, wenn wir diese Frage deinen Eltern stellen, beispielsweise so: ‚Wenn ich mich unwohl fühle, darf ich das laut und deutlich sagen'? Wir könnten es beispielsweise auf dieses gelbe Kärtchen schreiben."*
Kind:	*„Das finde ich großartig, sofort aufschreiben!"*

Dieses Vorgehen kann beim Kind Gefühle des Ausgeliefertseins reduzieren und ihm Möglichkeiten zum „Mitzusteuern" (Empowerment) eröffnen. Neben direkten Einflussnahmen des Kindes auf sich und die Eltern ist es oft auch angezeigt, mit dem Kind zu besprechen, an wen es sich zum Reden auch noch wenden kann.

- Abschluss

  Am Schluss wird mit dem Kind – wie zu Beginn des Gespräches vereinbart – besprochen, welche Kärtchen den Eltern gezeigt werden sollen. Es wird informiert, was die Fachperson und die Eltern damit nun tun. Schlussendlich wird dem Kind noch mitgeteilt, wann es voraussichtlich wieder mit einbezogen wird.

  Wenn passend, wird dem Kind auch angeboten, sich bei Bedarf zu melden.

SUCHT, PSYCHISCHE BEEINTRÄCHTIGUNG U. Ä.

ALLGEMEINES

Im Rahmen kindorientierter Beratungen wird immer wieder von einem Elternteil ins Spiel gebracht, dass der andere Suchtverhalten zeige (Alkoholkonsum, Kiffen usw.) oder psychisch instabil sei (Depressions-, Borderlinesymptomatik usw.). Manchmal wird auch eine körperliche Erkrankung (Multiple Sklerose, Krebs usw.) aufgelistet. Einige Elternteile sagen dies vielleicht, um sich einen vermeintlich strategischen Vorteil zu verschaffen, die Mehrheit wohl aus Sorge um das Kind.

Vier Punkte sind in der Beratung dazu handlungsleitend:

- Das Kind hat einen Rechtsanspruch, zu beiden Elternteilen Kontakt zu haben.
- Das Gericht oder die Behörde hat beiden Eltern die grundsätzliche Kontaktfähigkeit zugesprochen, was vorerst den Rahmen für die Eltern und Fachleute darstellt. Dieser Rahmen darf erst verlassen werden, wenn eine akute Kindeswohlgefährdung offensichtlich ist und die Eltern nicht in der Lage oder willens sind, diese aus eigener Kraft abzuwenden.
- Suchtverhalten, psychische und körperliche Beeinträchtigungen sind nur relevant, wenn diese die Betreuungsfähigkeiten eines Elternteils während der Betreuungszeiten massgeblich beeinträchtigen.[85]
- Verdachtsäusserungen sind mit Blick auf einen möglicherweise erforderlichen Schutz des Kindes immer ernst zu nehmen.

Um diese komplexen Anforderungen zu erfüllen, stehen Fachpersonen insbesondere zwei methodische Optionen zur Verfügung.

UMGANGSOPTION I

Sorgen- und auch Verdachtsäusserungen eines Elternteiles beruhen oft auf früheren Erfahrungen oder auch aktuellen Beobachtungen. In diesen Fällen stimmen die Eltern in der Regel oft darin überein, dass es das geschilderte Verhalten gab oder gibt. Die Bedeutsamkeit wird in der Regel aber unterschiedlich beschrieben.

---

[85] Keil de Ballón (2018), Seite 41-45

Sofern dieses Verhalten die Betreuungsfähigkeit nicht beeinträchtigt, da beispielsweise der betreffende Elternteil nur trinkt, wenn er keine Betreuungsverantwortung hat oder bei temporärer psychischer Überlastung kompensatorische Hilfsstrukturen aktivieren kann (z.B. Grosseltern), stehen die Chancen gut, dass die Eltern eine kindorientierte Lösung in der Beratung entwickeln können.

Zur Lösungsentwicklung kommt wiederum die methodische Grundbewegung zum Einsatz (⋯→Seite 97-102).

Mutter: *„Ich weiss, dass du oft zu viel trinkst. Das geht so für Kerstin nicht."*

Vater: *„Das stimmt gar nicht. Ein oder zwei Bier trinke ich höchstens, wenn Kerstin da ist, das ist doch normal."*

Fachperson: *(Blick zur Mutter) „Was ist Ihr Lösungsvorschlag?"*

Mutter: *„Er darf, wenn Kerstin bei ihm ist, einfach nichts trinken."*

Fachperson: *„Verstehe ich Sie recht, wenn der Vater oder Sie zu Kerstin schauen, darf keiner von Ihnen Alkohol zu sich nehmen?" (Konkretisierungsangebot als Regel für beide)*

Mutter: *(Schaut kurz irritiert in die Runde und fährt fort.) „Ja, wenn wir mit Kerstin Auto fahren, sollten wir immer absolut nüchtern sein."*

Fachperson: *„Sie schlagen vor, dass in Zukunft Sie als Eltern mit Kerstin nur absolut nüchtern fahren?"*

Mutter: *„Ja, genau!"*

Fachperson: *„Können Sie noch definieren, was absolut nüchtern für Sie heisst? Null Promille, oder?"*

Mutter: *„Ich kann gut null Promille einhalten. Ich finde gut, wenn wir in Zukunft immer unter den im Straßenverkehr vorgeschriebenen 0,5 Promille bleiben, und zwar sowohl im Auto wie auch in der restlichen Zeit, in der wir für Kerstin verantwortlich sind."*

Fachperson: *„Ihre Idee wäre also unter 0,5 Promille Alkohol zu trinken während der ganzen Betreuungszeit. Wozu wäre das für Kerstin gut?"*

Mutter: *„Kerstin hasst den Geschmack von Alkohol und sie wäre dann sicher, dass wir gut zu ihr schauen können."*

Fachperson: *„Was noch?"*

Mutter: *„Wir geben Kerstin damit ein gutes Vorbild ab. Das hilft ihr dann später auch!" (Wenn die Idee genügend konkretisiert ist und alle Vorteile für das Kind herausgearbeitet sind, erfolgt der Wechsel zum anderen Elternteil.)*

Fachperson: *(Blick zum Vater) „Was ist Ihre Idee zugunsten von Kerstin?"*

Vater: *„Das ist absolut kein Problem für mich. Damit bin ich einverstanden."*

Aus fachlicher Sicht ist kontrolliertes Trinken in diesem Rahmen möglich. In der Regel bringt ein Elternteil nun das fehlende Vertrauen ins Spiel. Wenn nicht, müsste die Fachperson die Überprüfbarkeit ansprechen, da bei Sucht oder den anderen Themen verbale Zusicherungen mit Blick auf das Kind und das fehlende Vertrauen nicht genügen.

Mutter: *„Ich weiß, dass du das jetzt so meinst. Doch ich glaube dir nicht, dass du dich daran hältst."*

Vater: *„Doch, das mache ich. Da könnte ich doch auch einfach behaupten, du hältst dich sicher nicht daran!"*

Fachperson: *„Gut, über das Wichtigste sind Sie sich bereits einig. Jetzt stellt sich die Frage, wie können Sie wieder Vertrauen zueinander finden und sicher sein, dass Sie beide sich an diesen Vereinbarungspunkt halten."*

Eltern: *(Schauen etwas hilflos die Fachperson an.) „Da fällt mir nichts Gescheites ein … Haben Sie einen Vorschlag?"*

Fachperson: *(Nachdem beide Elternteile keine Idee nennen und die Fachperson weiterhin hilflos anschauen.) „Ich kann Ihnen sagen, wie andere Eltern dies gelöst haben. Wäre das für Sie nützlich?"*

Eltern: *(Unisono) „Ja, gerne."*

Fachperson: *„Gut, diese Eltern haben Folgendes gemacht. Beide Elternteile kauften 10 Stück Einmalalkoholtester, zu denen sie Vertrauen hatten. Diese haben sie dem anderen Elternteil übergeben. Sie haben vereinbart, dass jeder dem anderen Elternteil, bei welchem das Kind ist, zwischen 7.00 und 22.00 Uhr eine SMS zusenden darf mit der Aufforderung zum Alkoholtest. Sie haben sich verpflichtet, innerhalb von 30 Minuten den anderen zu einer Videokonferenz einzuladen. Der Elternteil, bei dem das Kind ist, musste dann den Alkoholtest aus der Schachtel nehmen, dem anderen zeigen, dass er noch nicht benutzt ist. Danach bei laufendem Video kräftig in den Tester blasen und anschliessend das Ergebnis dem anderen per Video zeigen. Falls der testverlangende Elternteil der Meinung wäre, der andere Elternteil habe unkorrekt geblasen, kann dieser eine Wiederholung verlangen. Sie haben sogar abgesprochen, wenn es nicht klappt, muss dieser Elternteil sofort zum nächsten Hausarzt oder Polizeiposten gehen und den Test machen. Die Kosten müsste der Elternteil übernehmen, der im Unrecht wäre. Sie haben zudem vereinbart, dass wenn jemand nicht auf das Video reagiert, dies bedeutet, dass die Alkohol-*

> *absprache nicht eingehalten wurde. Der andere Elternteil wäre in diesem Fall, oder wenn der Wert über 0,5 Promille lag, befugt beim anderen Elternteil vorbeizugehen und ohne Diskussion das Kind abzuholen. Sie haben zudem vereinbart, danach innerhalb von zwei Tagen zu einem Notfallgespräch zur vereinbarten Fachperson zu gehen, gleichgültig welche Zeit angeboten würde."*

Vater: *„Oh, das ist aber detailliert. Damit könnte ich aber beweisen, dass ich mich an die Abmachungen halte. Super. Damit wäre ich einverstanden."*

Mutter: *„Diese Eltern haben an alles gedacht. Super, das würde ich gerne so machen. Das wäre ein Anfang. Damit würden wir sicher mit der Zeit auch wieder Vertrauen zueinander fassen."*

Natürlich wünschen sich Eltern und Fachleute eine absolute Sicherheit bei Lösungsideen zu solchen Fragen. Dies ist verständlich, aber kaum möglich. Daher wird die beste, umsetzbare Möglichkeit angestrebt, welche eine gemeinsame kindorientierte Elternidentität unterstützt.[86]

Da die Eltern manchmal über sehr unterschiedliche Kompetenzen und Ressourcen verfügen, kann es durchaus sein, dass einzelne Elternteile überproportionale Beiträge zum Gelingen leisten müssen. Dies ist manchmal unabdingbar, da im Zentrum das Wohl des Kindes steht und nicht eine Gleichbehandlung der Elternteile. Diese ist auch selbstverständlich für Eltern, welche noch zusammenleben, wenn beispielsweise ein Elternteil psychisch oder körperlich erkrankt.

Das oben beschriebene Vorgehen ist kaum zielführend, wenn ein Elternteil ein zentrales Thema kategorisch zurückweist. In diesen Fällen kommt die Umgangsoption II zur Anwendung.

UMGANGSOPTION II

Einige massive Sorgen oder Verdachtsäusserungen eines Elternteils werden logischerweise vom anderen Elternteil kategorisch zurückgewiesen, beispielsweise der Vorwurf, die Kinder zu vernachlässigen, gesetzlich verbotene Erziehungsgewalt anzuwenden oder das Kind sexuell zu missbrauchen.

---

[86] Holdt & Schönherr (2015), Seite 116-117

Im Raum steht in diesen Fällen die Gefahr eines Kindesentzuges und vielleicht sogar die Einleitung eines Strafverfahrens.

Daher versucht der beschuldigte Elternteil in der Regel das Gespräch sofort zu blockieren oder umzuleiten.

Dies muss aus Kinderschutzgründen aber verhindert werden.

Für derartige Situationen wird ein spezielles Vorgehen angewandt, welches im Buchteil „Verdacht auf sexuelle Übergriffe u. Ä." (⸱⸱⸱→Seite 203-240) beschrieben wird.

KINDER WOLLEN NICHT ZUM ANDEREN ELTERNTEIL

ERKLÄRUNGSANSÄTZE

Aussagen von Kindern, nicht mehr zu einem Elternteil gehen zu wollen, insbesondere in hochkonfliktären Kontexten, werden in der Fachliteratur[87] häufig erklärt mit:

- Selbstschutz vor Elternkonflikten und Vermeidung weiterer Belastung im Sinne einer Überlebensstrategie,
- Trennungsängsten bezogen auf die Hauptbindungsperson,
- wenig entwicklungsgerechter Gestaltung der Umgangskontakte,
- Negativspirale von Ablehnung und Gegenablehnung,
- Parteinahme für einen Elternteil (⋯Seite 174-176).

Viele Kinder versuchen zunächst, mit angepasstem oder anderem Verhalten ihre Eltern wieder zusammenzubringen. Je länger der Konflikt anhält, desto eher scheinen Kinder ihre Strategie zu wechseln und auf Distanz zu einem Elternteil zu gehen bis notfalls zum Kontaktabbruch.

FOLGERUNGEN, RAHMEN UND HALTUNG

Hinter jedem der oben aufgeführten Erklärungsansätze stecken Probleme, welche durch das aktuelle Verhalten der Eltern verursacht oder zumindest aufrechterhalten werden.

Die Äusserung des Kindes, nicht mehr zu einem Elternteil gehen zu wollen, ist als Mitteilung zu verstehen, dass die aktuelle Situation für das Kind unerträglich ist, obwohl das Kind wohl beide Elternteile gernhat. Dass sich etwas verändern muss, ist damit klar. Das Bedürfnis des Kindes ist ernst zu nehmen. Der aktuelle Lösungsansatz des Kindes und oft auch des betreuenden Elternteils darf und muss zugunsten des Kindes aber hinterfragt werden.[88].

Aus juristischer Sicht stellt sich die Frage, ob das Kind „urteilsfähig" ist, d.h. ob es die Folgen seines Entscheides für sich und seine Entwicklung angemessen erkennen kann (Erkenntnisfähigkeit).

---

[87] Walper et al. (2013), Seite 77; Dietrich et al. (2010), Seite 22–23; Lawick & Visser (2017), Seite 35-37
[88] Wider & Pfister-Wiederkehr (2016), Seite 331

Selbst wenn eine Urteilsfähigkeit vorhanden ist, so stellt sich aus psychologischer und ethischer Sicht trotzdem die Frage, ob eine solch weitreichende Entscheidung einem Kind oder Jugendlichen überhaupt aufgebürdet werden darf. Eine Entscheidung notabene, welche erst durch das dysfunktionale Verhalten der Eltern im Raum steht.

Aus den obigen Überlegungen wird hier die Position vertreten, dass die Aussage des Kindes ohne Wenn und Aber ernst zu nehmen ist und dass die Eltern dafür verantwortlich gemacht werden müssen, zuerst kindeswohlorientierte Lösungen zu entwickeln. Die Kinder sollen daher erst nach einer elterlichen Einigung einbezogen werden (⋯→Seite 123-125).

UMGANGSOPTIONEN

Wenn ein Elternteil in der Beratung ins Feld führt, dass er im Auftrag des Kindes mitteile, dass dieses keinen Kontakt mehr mit dem anderen Elternteil wünscht, wird dieser Elternteil dafür komplimentiert, dies dem andern Elternteil offen berichtet zu haben. Es wird von der Fachperson umgehend klargestellt, dass diese Mitteilung ernst zu nehmen ist, aber dass die Entscheidung und Verantwortung dafür nicht beim Kind, sondern bei den Eltern gemeinsam liegt. Anschliessend werden die Eltern aufgefordert, eine kindorientierte Lösung für das Bedürfnis des Kindes (nicht seine aktuelle Lösungsidee!) zu erarbeiten, wie früher beschrieben (⋯→ Seite 87-89).

Meldet sich ein Kind telefonisch oder schriftlich bei den Fachleuten, kann dieses gebeten werden, seine Ansicht einem Elternteil mitzuteilen und dieser solle sie dann in die Elternberatung einbringen. Im Elterngespräch wird dies nach dem soeben besprochenen Vorgehen bearbeitet.

Wünscht ein Kind oder Jugendlicher ein Gespräch und sind beide Elternteile damit einverstanden, so kann ein solches Gespräch gemäss den Ausführungen zum Thema „Kindgespräch zur Bestimmung der Problemthemen" geführt werden (⋯→ Seite 161-166).

In einigen aussergewöhnlichen Fällen nimmt ein Kind eine extreme Form der Parteilichkeit für einen Elternteil ein. Da greift das bisher Beschriebene kaum oder überhaupt nicht. Mehr dazu im nächsten Abschnitt.

ELTERLICHE KINDSENTFREMDUNG

HINTERGRUND UND ERSCHEINUNGSBILDER IN DER PRAXIS

In vielen Fällen hat ein Elternteil den primären Zugang zum Kind, da dieses mehrheitlich mit ihm zusammenlebt. Dieser Elternteil hat daher deutlich mehr zeitliche und kommunikative Möglichkeiten, auf das Kind einzuwirken. Wenn es diesem Elternteil nicht gelingt, das Wohl des Kindes vor die Eigeninteressen zu stellen und er insbesondere der Versuchung erliegt, eigene Verletzungen aus der früheren Paarzeit über das Kind „zurückzuzahlen", fördern solche Elternteile manchmal unbewusst oder ganz gezielt die Entfremdung des Kindes vom anderen Elternteil.[89]

Forschungsergebnisse weisen darauf hin, dass Entfremdungsprozesse bei ca. 10 % aller Trennungskinder feststellbar sind.[90] Ein Teil dieser Entfremdungen führt zum Rückzug des Elternteiles und ein anderer Teil landet bei den Gerichten und Behörden und damit manchmal bei Beratungsfachleuten.

In der kindorientierten Elternberatung wird elterliches Entfremdungsverhalten beispielsweise sichtbar, wenn der entfremdende Elternteil sich hinter den Wunsch des Kindes stellt, den anderen Elternteil nicht mehr zu sehen, und nicht bereit ist, dies als seine Idee zu deklarieren und mit der methodischen Grundbewegung zu bearbeiten.

In der Regel „verwedeln" diese Elternteile ihre Absichten zusätzlich mit Aussagen der Art „Ich finde das auch nicht ideal, aber …" Typisch ist in solchen Situationen zudem, dass von aussen betrachtet kein nachvollziehbarer Grund genannt wird, der in der Elternberatung bearbeitet werden könnte.

In der Beratung äussern diese Elternteile die Bereitschaft, den Kontakt des Kindes zum anderen Elternteil zu unterstützen. Es wird im Verlauf aber klar, dass sie dies nicht tun. Sie bringen dazu mannigfaltige Erklärungen vor. Die Entfremdung bleibt bestehen oder verstärkt sich sogar.

Eine sehr kleine Gruppe von Kindern zeigt sehr extremes Verhalten, das als Folge von bewusster oder unbewusster elterlicher Kindsentfrem-

---

[89] Eindrücklich wird dies im Film von Alexander Dierbach „Weil du mir gehörst" (2020) dargestellt.
[90] Lawick & Visser (2017), Seite 34

dung zu verstehen ist, wie:

- Das Kind wertet einen Elternteil massiv ab oder zeigt ihm gegenüber Hassverhalten ohne nachvollziehbare Erklärung oder Ursache.
- Es nutzt Redewendungen und Beschreibungen des bevorzugten Elternteils.
- Es erachtet ambivalenzfrei einen Elternteil als gut, den anderen als böse.
- Es lehnt das Netzwerk des abgewerteten Elternteils ohne nachvollziehbaren Grund ab.
- Es äussert, dass der Kontaktverlust ihm nichts ausmache.

UMGANGSOPTIONEN

Es zeigt sich in der Regel nach ein paar Sitzungen, dass mit dem Modell der kindorientierten Elternberatung in diesen Fällen keine positiven Veränderungen für das Kind zu erreichen sind. Es bleibt dann oft nur die Möglichkeit, die Beratung abzuschliessen.

An dieser Stelle ist es manchmal angezeigt, den entfremdenden Elternteil darüber zu informieren, was aus entwicklungspsychologischer Sicht die zu erwartenden Nachteile für das Kind sein könnten und wie die Zukunft für andere Kinder in ähnlichen Situationen verlaufen ist. Damit ist eine transparente Haltung gegenüber dem entfremdenden Elternteil möglich, worauf dieser nochmals die Möglichkeit erhält, kindorientiert erforderliche Korrekturen in seinem Verhalten vorzunehmen.

Es soll aber auch für das Kind und den anderen Elternteil festgehalten werden, wer für die aktuelle Situation und die mögliche negative Entwicklung die Verantwortung trägt. Dies wird in der Regel im Schlussbericht für das Kind festgehalten, damit es sich später ein Bild über das Verhalten seiner Eltern machen kann (→Seite 195-198).

Manchmal ist es angezeigt, mit dem kindsentfremdeten Elternteil zu besprechen, ob und welche Anträge an die Gerichte/Behörden am meisten Vorteile für das Kind versprechen, beispielsweise mithilfe des Tools „Durchdenken lassen" (→Seite 153-160). Der betroffene Elternteil kann oft gut einschätzen, wie das Kind und der andere Elternteil auf dieses oder

jenes Vorgehen reagieren werden und welches davon am kindeswohl-
orientiertesten ist.

In den meisten Fällen zeigt es sich, dass mit Blick auf das Kind und mit
den juristisch begrenzten Möglichkeiten der betroffene Elternteil die aktuelle Distanzierung des Kindes akzeptieren muss. Es kann mit dem Elternteil noch besprochen werden, wie dieser die Zeit bis zur Kontaktaufnahme durch das Kind, die vielfach im Erwachsenenalter erfolgt, nutzen
kann. Viele Elternteile entschliessen sich, ihr Leben mit Tagebüchern,
Fotoalben, Videoaufnahmen, nicht gesendeten Briefen an das Kind
usw. zu dokumentieren.

Ein Vater berichtete nach einigen Jahren, wie hart dieser Entscheid war.
Im Nachhinein sei er aber der Überzeugung, dass dieser Entscheid richtig war. Nach einigen Jahren hätten die Kinder erstmals indirekt über die
Grosseltern Notiz von ihm genommen. Nach und nach seien dann direkte Kontakte möglich geworden. Schlussendlich hätten die Kinder ihn
auch zu ihrer Hochzeit eingeladen. Selbstverständlich seien ihm und
seinen Kindern wichtige gemeinsame Jahre genommen worden. Die
Kinder hätten auch schwere Zeiten durchgemacht. Doch seinen Kindern
und ihm stehe glücklicherweise noch viel gemeinsame Zeit zur Verfügung. Diese wolle er nutzen und seine Energie darauf ausrichten.

RADIKALE FOKUSSIERUNG AUF DIE ZUKUNFT

In diesem Buch wird die Ansicht vertreten, dass es zugunsten des Kindes in der Elternberatung zentral ist, sich auf das aktuelle und zukünftige Wohl des Kindes zu fokussieren und den Blick auf Ursachen und Erklärungen in der Vergangenheit zu lassen. Diese Haltung beruht insbesondere auf der Basistheorie des biologischen Konstruktivismus[91] und der Kommunikationstheorie[92]. Hier ein paar stichwortartige Begründungen.

- Menschen denken und fühlen subjektiv. Basierend auf ihren bisherigen Erfahrungen konstruieren sie sich laufend ihre aktuelle individuelle Welt, welche wiederum der Filter des Zuhörens ist und die Grundlage für das aktuelle Denken, Fühlen und Handeln (siehe auch: Autopoiesis / offenes System / operationelle Geschlossenheit). Die Eltern leben aus konstruktivistischer Sicht in ihrer nur ihnen zugänglichen Lebenswelt aus derer sie zumeist alles „richtig" machen oder gemacht haben. Die Lebenswelt der anderen, hier insbesondere des Kindes und des anderen Elternteils, ist ihnen nicht direkt zugänglich.

- Hochstrittige Elternteile, welche über ihre Vergangenheit reden, erzählen und erleben ihre Geschichte in der Regel so, dass der andere Elternteil der Schuldige für das bisherige und aktuell Negative ist (Kommunikationsschlüsselwort: Interpunktion der Ereignisfolge[93]).

- Das Verstehen des anderen kann aufgrund der obigen Ausführungen vielleicht versöhnend wirken und die eigene Weltsicht etwas irritieren, wird aber kaum direkt und schnell die Situation des Kindes verbessern.

- Nur die Zukunft ist gestaltbar, die Vergangenheit nicht mehr.

- Probleme erfordern Lösungen. In menschlichen Systemen sind Problemelemente und Lösungselemente unterschiedlich. [94] Für eine Verbesserung für das Kind sind daher Lösungselemente erforderlich.

---

[91] Maturana, Humberto & Varela, Francisco (1984)
[92] Watzlawick & Beavin & Jackson (1969)
[93] Pfister-Wiederkehr (2019), Seiten 28-31
[94] Pfister-Wiederkehr (2019), Seiten 40-47

Aus diesen und weiteren Gründen wird in der kindorientierten Elternberatung an zukünftigen Lösungen für das Kind gearbeitet, welche trotz der unterschiedlichen elterlichen Konstruktionen von diesen mitgetragen werden.

Basierend auf diesen Gedanken sowie angesichts der beschränkten zeitlichen Ressourcen wird der Blick auf die individuelle Geschichte jedes Elternteils und die frühere Paarebene in der kindorientierten Elternberatung zugunsten der Kinderfokussierung nicht bearbeitet.

ELTERN AUS ANDEREN KULTUREN UND SPRACHBARRIEREN

ANDERE KULTUREN

Das Modell der kindorientierten Elternberatung ist zweifelsfrei stark beeinflusst durch ein mitteleuropäisches Verständnis über Elternschaft und Kindeswohl. Die gleichwertige Behandlung der Mutter und des Vaters, die Vorstellung, dass ein Kind einen Rechtsanspruch auf Kontakt zu beiden Elternteilen hat, oder die Anerkennung seines Partizipationsanspruches spiegeln dies deutlich wider. Dieses gesetzlich untermauerte Verständnis bildet den Rahmen der Begegnung zwischen den Fachpersonen und Eltern aus allen Kulturen.

Innerhalb dieses vorgegebenen gesetzlichen Rahmens kommen im Rollenverständnis II (⤳Seite 36-39) die Werte der Eltern zum Tragen. Diese Werte gelten beispielsweise bei Fragen zu Spiritualität, zum Umgang mit Medien, zur gendergerechten Erziehung oder kindgerechten Ernährung.

Der gesetzlich vorgegebene Gestaltungsraum für Eltern in unserer Gesellschaft wird in der Beratung beachtet und geschützt.

Äusserungen der Art „So ist das bei uns in unserer Kultur!" werden akzeptiert, wenn das „uns" des Gegenübers kompatibel ist mit den gesetzlichen Rahmenbedingungen. Ansonsten wird dies respektvoll und eindeutig zurückgewiesen (unverhandelbare Rahmenbedingung).

SPRACHBARRIEREN

Erfolgreiche kindorientierte Elternberatung erfordert eine gemeinsame Sprache zwischen den Anwesenden und die Möglichkeit, dass die Fachperson das Gespräch sprachsensitiv leiten kann. Daher ist es in der Regel angezeigt, dass das Gespräch in der Muttersprache der Fachperson erfolgt.

Die Eltern müssen im Gegenzug aber nur über einen sehr geringen Wortschatz verfügen. Fachleute sind gut beraten, im Gespräch nur Wörter einzusetzen, welche von den Eltern verwendet werden, und einfachste Satzkonstruktionen im Sinne der sogenannten „leichten Sprache" anzuwenden.

In der Praxis zeigt es sich oft, dass die Eltern weit besser Deutsch sprechen, als sie zu Beginn erzählen.

179

Ist der Sprachschatz der Eltern aber unzureichend, so ist eine Überweisung an eine Fachperson, die deren Muttersprache spricht, oder der Einsatz von Dolmetscher/innen unumgänglich.

DOLMETSCHER/IN

Für eine gelingende Beratung ist beim Einsatz von Dolmetscher/innen in der Vorbesprechung vielfach wichtig:

- sicherzustellen, dass diese keine persönlichen Bezüge zu einem Elternteil haben
- über den Sinn und Ablauf des Gespräches im Groben zu informieren
- mitzuteilen, dass sie zwischen den Eltern einen Meter hinter diesen sitzen werden, dass sie immer in Richtung der Fachperson sprechen und keinen Blickkontakt mit den Eltern aufnehmen sollen

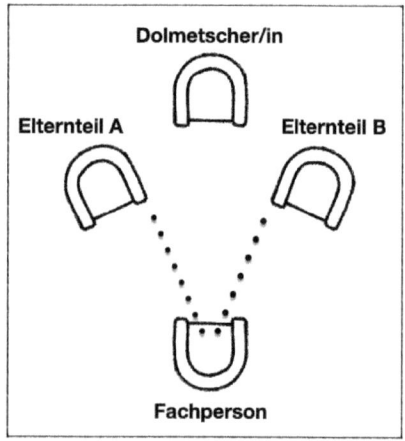

- klarzumachen, dass eine „wortwörtliche" Übersetzung erwünscht ist
- zu klären, ob eine Simultanübersetzung möglich ist. Wenn dies nicht möglich ist, empfiehlt es sich, nach jedem zweiten Satz eine wortwörtliche Übersetzung einzuschalten.
- zu vereinbaren, dass, wenn die Eltern etwas nicht verstehen, die Dolmetschende nicht versucht den Eltern dies zu erklären, sondern der Fachperson mitteilt, was die Eltern geäussert haben.

Mit all diesen Punkten sollen ein strukturiertes Gespräch und eine direkte verbale und nonverbale Kommunikation zwischen Fachperson und Eltern möglich werden.

EINZELBERATUNG ODER CO-BERATUNG

Gespräche mit hochstrittigen Eltern zu führen ist anspruchsvoll, insbesondere wenn Fachpersonen noch nicht so viel Erfahrung damit sammeln konnten oder besonders herausfordernde Elternpaare kommen. Es stellt sich daher die Frage, ob ein Gespräch alleine zu führen ist oder zu zweit im sogenannten Co-Setting. In der Literatur werden Vorteile und Nachteile[95] aufgeführt und es wird zudem die Frage aufgeworfen, ob ein geschlechtergemischtes Team erforderlich ist. Hier ein paar Gedanken dazu.

KOSTEN

Co-Beratung ist auf den ersten Blick teurer als Einzelberatung. Dass mit Co-Beratung die Effizienz und Effektivität gesteigert wird und dadurch volkswirtschaftlich Kosten gespart werden, ist mit Blick auf die Praxis anzunehmen. Selbst wenn dies nicht zuträfe, wären Co-Beratungen im Sinne einer Qualitätssicherung angezeigt.

CO-FORMEN

Zwei Hauptformen können unterschieden werden:
a) gleichberechtigtes Co-Team mit und ohne Geschlechtermischung
b) hauptverantwortliche Fachperson mit Co-Berater/in im Raum oder hinter einem Einwegspiegel oder verbunden mit Video

ROLLEN- UND ARBEITSABSPRACHEN

In Elternberatungen ist es erforderlich, zieldienlich auf Aussagen und Verhalten reagieren zu können, um das Gespräch kindorientiert zu steuern.

Fachleute müssen daher die Möglichkeit haben, die aus ihrer persönlichen und fachlichen Sicht kindorientierte Gesprächsführung umsetzen zu können. Für eine Fachperson ist eine despektierliche Aussage eines Elternteils gegenüber dem anderen Elternteil vielleicht noch tolerierbar und sie wird diese „überhören", für eine andere Fachperson vielleicht nicht mehr und diese fühlt sich gezwungen zu „intervenieren". Für eine Fachperson ist die methodische Grundbewegung vielleicht abgeschlossen, eine andere braucht noch mehr Klarheit. Für diese und weitere

---

[95] Ballón (2018), Seite 22-23; Holdt & Schönherr (2015), Seite 74-79

Punkte sind klare Arbeitsabsprachen in gleichberechtigten Co-Teams erforderlich. Bei der Co-Form mit einer hauptverantwortlichen Fachperson sind logischerweise weniger Punkte zu klären.

Wichtige Themen für Arbeitsabsprachen sind:
- Wer hat den Lead und was beinhaltet das genau?
- Wie und von wem wird die Co-Fachperson im Gespräch aktiviert?
- Wie sind eventuelle beraterische Dialoge vor den Eltern zieldienlich zu gestalten?
- Wie kann die Co-Beraterin, der Co-Berater die andere Fachperson stärken und in unterstützender Form Korrekturideen einbringen?

CO-OPTIONEN
Co-Teamarbeit eröffnet viele Möglichkeiten.

Vor den Eltern können kurze Dialoge – beispielsweise in Bezug auf eine Elternidee aus der Sicht des Kindes – im Sinne des Reflecting Teams [96] geführt werden.

Wenn eine tragfähige Beziehung zu den Eltern besteht, können die Fachleute auch dysfunktionale Gesprächssequenzen der Eltern „vorspielend wiederholen" und anschliessend diese mit Blick auf das Kind besprechen.

Grundsätzlich können die Teammitglieder sich methodisch unterstützen und ergänzen, beispielsweise wenn jemand den Faden verloren oder sich mit einem Elternteil „verhängt" hat.

GEMEINSAM LERNEN
Schlussendlich kann in der Nachbesprechung Erreichtes gemeinsam herausgearbeitet sowie das weitere Vorgehen aus zwei ergänzenden Blickwinkeln besprochen werden.

Fachpersonen bekommen zudem die Möglichkeit, bei sich methodische oder persönliche blinde Flecken (z.B. Parteilichkeit) von der Co-Beraterin bzw. dem Co-Berater gespiegelt zu erhalten.

---

[96] Andersen (1990), Das Reflektierende Team. Dortmund: Modernes Lernen

WEIBLICHE UND MÄNNLICHE BERATER/INNEN

Zumindest vor dem Erstgespräch dürfte das Geschlecht für die Eltern eine Rolle spielen. Es kann sein, dass eine Mutter sich von einer weiblichen Fachperson mehr Unterstützung erhofft oder eher Allianzen zwischen einer männlichen Fachperson und dem Vater befürchtet. Bei einem Vater könnten analoge Vorannahmen bei einer weiblichen Fachperson bestehen.

Es ist aber auch vorstellbar, dass beispielsweise eine Mutter um eine männliche Fachperson froh ist, weil sie denkt, dass diese dem Vater eher Paroli bieten kann.

Beim Vorgehen nach der kindorientierten Elternberatung wird den Eltern schnell deutlich, dass die Fachperson parteiisch für das Kind ist und nicht für einen Elternteil und deshalb das Geschlecht der Fachperson weniger bedeutsam ist als zuvor vermutet oder befürchtet.

Aufgrund dieser Überlegungen kann wohl gesagt werden, dass geschlechtergemischte Teams ideal sind. Wenn dies nicht möglich ist oder ein gemischtgeschlechtliches Team zusammen über ungenügende Erfahrungen für solche Elternberatungen verfügt, so ist ein Co-Team mit Fachleuten desselben Geschlechtes sinnvoller.

EINZELBERATUNG

Verfügt die Fachperson über genügend Beratungserfahrung, beispielsweise nach einer gewissen Co-Zeit, ist es selbstverständlich auch möglich, mit hochstrittigen Eltern allein zu arbeiten. In diesen Fällen ist es dennoch angezeigt, von Zeit zu Zeit oder in herausfordernden Situationen seine Arbeit in Intervisionen oder Supervisionen zu reflektieren.

UND NUN, WAS TUN?

In den meisten Fällen empfiehlt sich beim Starten mit diesem Modell folgendes Setting:
- hauptverantwortliche Fachperson mit Co-Berater/in im Raum
- wenn möglich geschlechtergemischte Teams
- zuvor klare Rollen- und Aufgabenaufteilung absprechen
- Co-Berater/in sitzt ausserhalb des Gesprächsdreiecks Mutter-Vater-Fachperson

- Eltern wird das Setting und die Arbeitsweise im Erstgespräch beim Schritt 2 (⋯→Seite 60-64) mitgeteilt
- falls Co-Berater/innen etwas aufschreiben, beispielsweise für das Nachgespräch, wird dies den Eltern zuvor erläutert
- hauptverantwortliche Fachperson dreht sich zur Co-Beraterin oder zum Co-Berater um, wenn diese/r einbezogen werden soll
  mindestens eine Stunde Vor- und Nachbereitungszeit einplanen

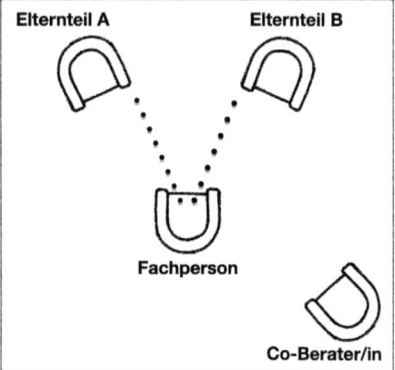

SCHWEIGEPFLICHT

Grundsätzlich gilt die berufliche Schweigepflicht auch bei der kindorientierten Elternberatung. Diese wird aber punktuell eingeschränkt, was gegenüber den Eltern von Beginn an klar sein muss. Häufige Gründe für die Einschränkung der Schweigepflicht sind beispielsweise:

- Fallbesprechung in Intervisionsgruppen und Supervisionen
- Zwischen- und Abschlussbericht an Auftraggeber/in

Im Sinne der Transparenz wird den Eltern mitgeteilt, wie sie bei diesen zwei Punkten involviert sind.

INTERVISION UND SUPERVISION

Es empfiehlt sich, die Eltern zuvor darüber zu informieren, dass aus Qualitätsgründen kindorientierte Elternberatungen standardmässig in Intervisionen und Supervisionen reflektiert werden. Es wird den Eltern zugesichert, dass sie im Anschluss darüber informiert werden, dass diese stattgefunden haben und welche kindorientierten Empfehlungen die Kolleginnen und Kollegen gemacht haben. Es ist zudem hilfreich, wenn in diesen Qualitätsentwicklungsgefässen die Kolleginnen und Kollegen eingeladen werden, echte Komplimente an die Eltern zu formulieren, welche dann in der Elternberatung zurückgemeldet werden.

KONTAKTAUFNAHME DURCH ELTERN, FACHPERSONEN USW.

Im Weiteren empfiehlt es sich, den Eltern zuzusichern, dass, wenn Elternteile, Gerichte oder Behörden, Fachleute usw. zwischen den Sitzungen Kontakt aufnehmen, die Eltern spätestens in der kommenden Sitzung darüber informiert werden, sowohl darüber, was mitgeteilt wurde, wie auch über die Stellungnahme der Fachperson (→Seite 75-76).

BERICHTE UND KONTAKTAUFNAHME MIT AUFTRAGGEBER/IN

In freiwilligen Elternberatungen untersteht die Fachperson vollständig der Schweigepflicht, welche nur durchbrochen werden darf, wenn dies gesetzlich vorgesehen ist (z.B. Meldepflicht bei akuter Kindeswohlgefährdung).

In der angeordneten Elternberatung ist im Auftrag in der Regel festgehalten, dass die Fachperson einen Zwischen- und Abschlussbericht verfasst sowie Meldung zu machen hat, wenn die Beratung ins Stocken geraten ist (⋯→Seite 54). Dadurch sind den Eltern diese Schweigepflichteinschränkungen bereits von Beginn an bekannt.

Wenn immer möglich werden Berichte und Mitteilungen an die Auftraggeber/innen zuvor mit den Eltern besprochen. Sie sollen damit Gelegenheit erhalten, mögliche Missverständnisse klarzustellen. Fachlich begründete Einschätzungen, die von Eltern nicht geteilt werden, stehen dabei nicht zur Diskussion. Erfahrungsgemäss verhindern solche Vorbesprechungen viele sinnlose juristische Folgeauseinandersetzungen und damit die Gefahr der Fokusverschiebung weg vom Kind (⋯→Seite 133).

KOMMUNIKATION ZWISCHEN DEN SITZUNGEN

Einzelne Eltern lassen den Fachleuten zwischen den Sitzungen immer wieder Mails und Briefe zukommen oder rufen unzählige Male an. Sie berichten zumeist über Fehlverhalten des anderen Elternteiles. Dies erfolgt entgegen der im Erstgespräch mitgeteilten Regel, sich über diese Kanäle nur im Notfall zu melden (⋯→Seite 75-76).

Einige Elternteile versuchen damit, Fachpersonen auf ihre Seite zu ziehen (⋯→Seite 20). Andere müssen sich einfach mitteilen, um den innerlichen emotionalen Druck abzubauen.

Erfahrungsgemäss ist nur in wenigen Fällen ein Kontakt zwischen den Sitzungen sinnvoll und nutzbringend für das betroffene Kind. Es besteht zudem beispielsweise die Gefahr, dass das Gegenüber sich dadurch eingeladen fühlt, dieses Vorgehen noch weiter zu nutzen. Trotz transparenter Information an den anderen Elternteil in der kommenden Sitzung könnte der andere Elternteil das Gefühl bekommen, dass die Fachperson auf der Elternebene nicht mehr neutral ist. Zudem erfordert eine höfliche, inhaltlich relevante Antwort einiges an Zeit.

Methodisch bieten sich zwei Möglichkeiten an.

STANDARDUMGANG

Hilfreich sind in der Regel eine emotionelle Leidanerkennung und die Mitteilung des Lösungsprozederes. Inhaltlich wird nicht auf die Zuschrift reagiert.

Mailtext: Sehr geehrter Herr Müller, Ihrer Mail entnehme ich, dass die Situation für Sie belastend ist. Darf ich Sie bitten – gemäss unserer Abmachung im letzten Elterngespräch –, Ihre Anliegen in die nächste Sitzung als Veränderungsidee einzubringen, welche für Ihr Kind Michel hilfreich sein könnte. Besten Dank!

Ebenso kann auch bei Telefonanrufen reagiert werden.

ENTLASTUNGSVENTIL

Einige Elternteile beschreiben, dass eine Mail an die Fachperson zu schreiben ihnen hilft, ihre Gedanken zu sortieren und gelassener zu werden. Diese Menschen erklären meistens auch, dass sie keine Reaktion der Fachperson erwarten. In diesen Fällen kann dem Elternteil angeboten werden, bei Bedarf weiterzuschreiben. Es wird vereinbart, dass ihre Mails nicht gelesen und auch nicht in die Unterlagen aufgenommen werden. Der Elternteil wird gebeten, bei einem Notfall das Kommunikationsmedium zu wechseln, d.h. beispielsweise zu telefonieren.

ABLEHNUNG EINER FACHPERSON

Einige Elternteile fühlen sich von Fachleuten in Bezug auf ein Thema nicht gehört oder gar bevormundet und reagieren darauf mit Auflehnung. Andere wiederum sehen ihr Heil darin, die Fachperson grundsätzlich abzulehnen und den Wechsel zu einer neuen Fachperson zu fordern.

THEMATISCHE ABLEHNUNG

Manchmal fühlt sich ein Elternteil bedrängt und genötigt, sich mit einem Rundumschlag zu befreien, was zu folgendem Dialog führen kann:

Vater: (Etwas aufgebracht) „Ich bin der Vater! Ich lasse mir von niemandem was sagen!“

Fachperson: „Sie haben recht, das Gesetz bestimmt, dass Sie als Eltern das Recht und die Pflicht haben, gemeinsam gut für Ihr Kind zu sorgen. Sie als Eltern gemeinsam! Erst wenn Sie das nicht tun, darf von aussen eingegriffen werden.“

Wichtig ist aus fachlicher Sicht, dem Gegenüber deutlich zu signalisieren, dass sein Entscheidungsspielraum von der Fachperson anerkannt wird, dass dieser Raum aber durch das Wohl des Kindes und das Recht des anderen Elternteils begrenzt ist.

PERSÖNLICHE ABLEHNUNG

In seltenen Fällen kann es vorkommen, dass eine schwere Beziehungsstörung auftritt, in deren Folge ein Elternteil verlangt, dass die Fachperson ausgewechselt wird. Kann diese Störung nicht im direkten Gespräch zwischen Eltern und Fachperson aufgelöst werden, ist es angezeigt, dass eine hierarchisch höherstehende Person oder Instanz (Vorgesetzte, Gericht, Behörde) zur Vermittlung oder zur Beurteilung der Forderung des Elternteils eingeladen wird.

Entscheidungskriterium ist auch hier, was die beste kurz- und mittelfristige Lösung für das Kind darstellt.

BEDROHUNG EINES ELTERNTEILS ODER DER FACHPERSON

In der überwiegenden Mehrzahl der Fälle sind Bedrohungen Zeichen dafür, dass sich das Gegenüber in die Enge getrieben fühlt und sich nicht mehr anders zu helfen weiss als mit einem Bedrohungsverhalten. In der kindorientierten Elternberatung wird solchem bedrängenden Erleben mannigfaltig vorgebeugt, beispielsweise mit der Betonung des Rechts jedes Elternteils, die Vereinbarung erst zu unterschreiben, wenn dieser damit einverstanden ist. Auch die Zusicherung, jederzeit neue kindorientierte Veränderungsideen einbringen zu dürfen, scheinen deeskalierend zu wirken. Erfahrungsgemäss genügen diese garantierten Einflussmöglichkeiten, um Bedrohungen unnötig zu machen.

Dennoch kann es in Ausnahmefällen zu zwei Formen von Bedrohungen kommen.

BEDROHUNG ZUR EINFLUSSGEWINNUNG

Wenn ein Elternteil den anderen Elternteil mit seiner Idee nicht überzeugen kann, versuchen einige Elternteile mit dem Erwähnen von möglichen Allianzen (Anwältinnen/Anwälten, parteilichen Gendergruppen, Medien usw.) Druck aufzubauen.

Zuerst kann die Fachperson mit „Überhören" und einer Einladung, Verbesserungsideen zu nennen (methodische Grundbewegung), reagieren. Genügt das nicht, so ist es oft hilfreich, zu überprüfen, ob eine Bedrohung beabsichtigt ist und wenn ja, über den Fokus auf das Kindeswohl in die Lösungsbewegung zurückzukehren.

Vater:	„Also wissen Sie, wenn die Mutter dazu nicht Hand bietet, so hat alles keinen Sinn. Dann muss ich wohl oder übel wieder vor Gericht."
Fachperson:	(Überhört Drohargument und führt zurück zum Kind.) „Was ist Ihre Verbesserungsidee zugunsten von Maya?"
Vater:	„So wie ich gesagt habe, sonst schalte ich meinen Anwalt wieder ein." (Der Vater übergeht die Einladung zur Lösungsentwicklung und versucht eine Drohkulisse aufzubauen.)
Fachperson:	„Verstehe ich Sie recht, Sie denken, mit Druck können Sie Ihre Ansicht gegen die Mutter durchsetzen?" (Druckversuch transparent machen)
Vater:	„Manchmal geht es nur so!"
Fachperson:	„Was erhoffen Sie damit für Ihr Kind zu erreichen?" (Erneuter Fokus auf Kind)

Vater:	„Ich kann doch nicht einfach alles mit mir machen lassen!"
Fachperson:	(Insistiert.) „Darf ich nochmals fragen, was erreichen Sie damit für Maya?"
Vater:	(Gibt knurrend Antwort.) „Wohl nichts, aber es täte mal gut!"
Fachperson:	(Führt zurück auf das Kind.) „Okay, Sie wollen ja, dass es Ihrem Kind besser geht. Was ist also Ihre Verbesserungsidee als Vater?"

PERSÖNLICHE BEDROHUNG EINES ELTERNTEILS ODER DER FACHPERSON

Bisher sind keine echten Bedrohungen beim Einsatz dieses Modells vorgekommen. Die Erklärung dazu scheint, dass sich bisher kein Elternteil aus seiner Lebenswelt dazu genötigt sah. Sollte es dennoch dazu kommen, könnte der Einsatz von Deeskalationstechniken[97], welche in anderen Kontexten bereits angewandt werden, hilfreich sein. Diese Techniken beruhen kurz zusammengefasst auf vier Punkten, welche sowohl bei Bedrohungen gegen den anderen Elternteil wie auch gegen die Fachperson einsetzbar sind.

a) BEDROHUNG KLÄREN

Klären, ob die Bedrohung beabsichtigt ist. Damit deutlich machen, dass eine solche keinesfalls überhört wird. Damit wird dem Gegenüber auch die Möglichkeit zum „Zurückrudern" eröffnet.

Bedrohung gegen anderen Elternteil:

Vater:	„Das lass ich mir von dir nicht bieten, du wirst schon sehen, wozu das führt!"
Fachperson:	(Betont als vorsichtige Frage) „Einen Moment bitte, jetzt bin ich etwas unsicher, wollten Sie mit dem vorherigen Satz der Mutter drohen?"
Vater:	(Stockt einen Moment.) „Nein, ich wollte nur klarmachen, dass ich damit nicht einverstanden bin!" (Vater rudert zurück.)
Fachperson:	(Erleichtert.) „Da bin ich aber froh, das zu hören. Drohungen sind hier sind selbstverständlich völlig inakzeptabel. Jeder Elternteil muss seine Meinung offen darlegen können und nachher müssen die Eltern eine gemeinsam akzeptierte Lösung finden. Damit zei-

---

[97] Ausführlich in Pfister-Wiederkehr (2019), Seite 178-187

> gen Sie dem Kind vorbildmässig, wie mit unterschiedlichen Sichtweisen konstruktiv umgegangen werden kann. Gut, dann wäre das geklärt. Was ist also Ihre Idee als Vater?"

Bedrohung gegen Fachperson:

Vater: *(In aggressivem Tonfall) „Damit bin ich absolut nicht einverstanden. Ich überlege mir, mich an meinen Freund aus der Männergruppe zu wenden, der bei der Zeitung arbeitet. Sie ergreifen doch nur Partei für meine Ex!"*

Fachperson: *(In fragender Form) „Einen Moment bitte, jetzt bin ich etwas unsicher, wollten Sie mich mit dem vorherigen Satz einschüchtern?"*

Vater: *(Überlegt kurz.) „Nein, das war nicht meine Absicht. Ich habe einfach das Gefühl, hier zählen nur die Ideen der Mutter." (Vater rudert zurück.)*

Fachperson: *„Danke, dass Sie das klargestellt haben. Drohungen gegen den anderen Elternteil oder mich werden nicht akzeptiert. Hier darf jeder Elternteil seine Meinung offen sagen. Das ist für die Findung einer von beiden Elternteilen mitgetragenen kindorientierten Lösung erforderlich. Gut, was ist also Ihre Idee als Vater?"*

Es ist wichtig, den geringsten Bedrohungsversuch ernst zu nehmen und sofort zu thematisieren, da ansonsten eine Eskalation zwischen den Anwesenden droht und das Kind dadurch aus dem Blick gerät.

Wenn der Elternteil seine Drohung bestätigt, empfiehlt es sich, umgehend das Gesprächsende ins Spiel zu bringen, idealerweise basierend auf einer vorgegebenen Richtlinie, wie unter b) dargestellt.

b) OHNE DEESKALATION GESPRÄCHSENDE ANVISIEREN

Fachperson: *„Danke, dass Sie so offen sagen, was Sie meinen. Bei Elternberatungen an unserer Stelle ist vorgesehen, dass, wenn ein Elternteil den anderen Elternteil bedroht oder die Fachperson sich bedroht fühlt, das Gespräch sofort beendet werden muss.*
Ich bitte Sie" (Fachperson steht auf und schaut zur Mutter.) „nun zu gehen und Sie" (Blick zum Vater) „noch kurz zu warten. Ich werde mich bei Ihnen beiden innerhalb von zwei Tagen melden."

Von diesem Vorgehen sollte nur abgewichen werden, wenn der bedrohende Elternteil seine Drohung mit einer sofortigen, eindeutigen Entschuldigung zurücknimmt. Ansonsten sollen mit dem Gesprächsabschluss unmissverständlich die Grenzen der Kommunikation aufgezeigt werden. Der Abschluss sollte so ruhig wie möglich erfolgen.

c) IN RUHE DAS WEITERE VORGEHEN BESTIMMEN

In bedrohlichen Situationen ist kindorientiertes Nachdenken für Eltern und Fachpersonen kaum möglich. Zuerst ist daher durch die Distanzierung eine Beruhigung einzuleiten.

Das weitere Vorgehen wird dann beispielsweise im Co-Team, der Intervision oder Supervision besprochen und bei Bedarf mit dem Vorgesetzten oder der Auftraggeberin/dem Auftraggeber festgelegt.

Bei der Reflexion unter Fachleuten ist darauf zu achten, dass die Bedrohungsgefühle der Fachperson keinesfalls – auch nicht implizit! – infrage gestellt werden.

Das weitere Vorgehen ist passend zur Situation festzulegen.

Manchmal genügt die vorgenommene Intervention des Gesprächsabbruchs schon und es kann mit einem nächsten Elterngespräch fortgefahren werden.

Auch ein zwischengeschaltetes Online-Elterngespräch (⋯→Seite 146) könnte ins Auge gefasst werden.

WENN FACHPERSONEN NICHT MEHR WEITERWISSEN

Arbeit mit hochstrittigen Eltern ist fachlich, aber auch emotionell sehr belastend. Logischerweise erleben sich Fachleute in diesem Feld immer wieder ideen- und hilflos. Manchmal entstehen mit Blick auf das betroffene Kind auch aggressive Gefühle gegenüber einem oder beiden Elternteilen.[98]

Fachpersonen ist klar, dass diese Gefühle – obwohl vielleicht berechtigt! – kaum hilfreich für die Arbeit mit den Eltern und in der Folge für das betroffene Kind sind.

Zu einer professionellen Haltung gehört es, sich immer wieder in eine professionelle Rolle „zurückzuarbeiten".

Wie bei ähnlichen Situationen ist vielleicht Folgendes hilfreich:

- Gefühlen Form geben: Das Gefühl beschreiben und dieses auf einem Blatt als Text oder Zeichnung externalisieren.

- Zeit lassen: Einmal darüber schlafen; eine Antwortmail schreiben, sie aber erst am nächsten Tag absenden; eine heikle Aussage im Gespräch unterlassen und sich auf das nächste Gespräch präzise vorbereiten usw.

- Gute Gründe unterstellen: Hypothetisieren von guten Gründen aus der Sicht des Elternteils für sein/ihr Verhalten (siehe biologischer Konstruktivismus[99]).

- Aussensicht nutzen: Co-Team; Intervision; Supervision. In der Reflexion besonders darauf achten, dass auch das Erreichte herausgearbeitet wird.

- Grundfrage im Blick behalten: Was ist zukünftig nützlich für das Kind und wozu?"

---

[98] Dietrich et al. (2010), Seite 18-19
[99] Maturana & Varela (1984)

SISTIERUNG ODER ABBRUCH DER ELTERNBERATUNG

In Aufträgen für kindorientierte Elternberatungen ist es empfehlenswert, festzuhalten, dass die Fachperson mit dem/der Auftraggeber/in Kontakt aufnehmen soll, wenn eine erfolgreiche Beratung gefährdet ist (→Seite 54). Auslöser dafür sind insbesondere, wenn:

- ein Elternteil nicht kommt,
- ein Elternteil einen juristischen Weg anstrebt,
- ein Elternteil Veränderungen blockiert,
- ein Elternteil mit seinem Gewaltverhalten Gespräche blockiert,
- ein Elternteil sich kindeswohlgefährdend verhält.

In solchen Situationen sollte die Fachperson versuchen – solange es für das Kind sinnvoll ist – im Rollenverständnis II zu verbleiben. Wenn es aber für das Wohl des Kindes besser ist, muss die Fachperson auch ins Auge fassen, ins Rollenverständnis I zu wechseln. Dieser Wechsel ist den Eltern unmissverständlich mitzuteilen und zu begründen.

EIN ELTERNTEIL KOMMT NICHT

In vereinzelten Fällen kommt ein Elternteil nicht zu den angeordneten Terminen oder sagt mehrere vereinbarte Termine kurzfristig und nicht nachvollziehbar ab oder eine neue Terminvereinbarung ist nicht möglich. In diesen Situationen kann die Fachperson das Gespräch mit der Auftraggeberin/dem Auftraggeber aufnehmen und diese bitten, zu bestimmen, ob die Gespräche weiterzuführen sind. Oft genügt ein mahnendes Wort oder Schreiben an den Elternteil seitens des Gericht oder der Behörde, um den Elternteil zum Erscheinen zu bewegen.

Gelingt dies trotz des Zusatzdrucks nicht, so ist zu prüfen, ob die Elternberatung abzuschließen ist. Im Sinne der Reaktionskaskade können die Auftraggeber/innen zur Überprüfung des Kindeswohls in diesem Fall eine Abklärung (→Seite 41-42) anordnen.

Um eine spätere Wiederaufnahme der kindorientierten Elternberatung zu ermöglichen, ist es oft sinnvoll, dass die Fachperson bis zum Schluss im Rollenverständnis II verbleibt und daher auch keine Empfehlungen ausspricht.
Diese Situation kann gegenüber den Eltern auch als Sistierung der Beratung „gerahmt werden".

EIN ELTERNTEIL STREBT EINE JURISTISCHE ENTSCHEIDUNG AN

Obwohl eine kindorientierte Elternberatung oft von einem Gericht oder einer Behörde angeordnet ist, steht es jedem Elternteil offen, diese Weisung nicht zu befolgen oder sich im Verlauf der Beratung „auszuklinken" und einen juristischen Entscheid anzustreben. Dazu muss dieser Elternteil nur bereit sein, mögliche Konsequenzen zu tragen, wie beispielsweise eine zumeist geringe Buße infolge Nichteinhaltung der Weisung. Diesen Schritt wählen Elternteile erfahrungsgemäß eher selten, da die meisten Eltern es vorziehen, mitbestimmen und mitgestalten zu können. Passiert dies aber, sollten die Fachleute die Entscheidung über das weitere Vorgehen der Auftraggeberin/dem Auftraggeber überlassen und damit im Rollenverständnis II bleiben, um eventuell zu einem späteren Zeitpunkt wieder in einen Beratungsprozess einsteigen zu können.

EIN ELTERNTEIL BLOCKIERT VERÄNDERUNGEN

Sind nach 3 bis 4 Sitzungen keine Veränderungsbewegungen zugunsten des Kindes zu erkennen, so wird zumeist auch deutlich, dass ein Elternteil erforderliche Veränderungen blockiert. Dass beide Elternteile sich Veränderungen verschliessen ist denkbar, doch wurde dies bisher kaum beobachtet.

Zwei Elterngruppen können unterschieden werden:
• entfremdete Elternteile (⋯→ Umgangsideen siehe Seite 174-176)
• veränderungsambivalente Elternteile

Bei veränderungsambivalenten Elternteilen ist spürbar, dass sie eine Veränderung für das Kind wollen. Treten diese im Verlauf der Elternberatung ein, werden sie aber von demselben Elternteil – von aussen betrachtet oft nicht nachvollziehbar – infrage gestellt oder nicht mehr umgesetzt. Die Ausgangssituation wird dadurch wiederhergestellt.

Es ist zu vermuten, dass das Wohl des Kindes mit anderen zentralen Lebensaspekten dieses Elternteils konkurrenziert, wie beispielsweise einer neuen Partnerschaft, einer neuen Familie, mit einem Ehrverständnis usw.

Kann dieser Elternteil seine Ambivalenz nicht konstruktiv auflösen, bleibt sein Dilemma bestehen, d.h. sich entweder für sein Kind oder den anderen wichtigen Lebensaspekt zu entscheiden.

Um eine Entscheidung mit ihren Folgen zu vermeiden, wählen einige Elternteile den Blockierungsmodus, womit sie weiterhin zeigen können, dass sie das Kind gernhaben und gleichzeitig sicherstellen, dass dadurch auch der andere Lebensaspekt nicht gefährdet wird.

Mit dem Vorgehen der kindorientierten Elternberatung scheinen sich viele dieser Ambivalenzen aufzulösen, ohne dass diese direkt besprochen werden müssen. Mit Ansprechen solcher Dilemmata wurde bisher jeweils kein Durchbruch erzielt. Zeichnet sich nach 5 Sitzungen keine Veränderung ab, so müssen die veränderungsorientierten Beratungsbemühungen wohl als nicht erfolgreich erachtet und eingestellt werden.

Die Fachperson kann nun einfach den Abschluss im Schlussbericht mitteilen oder zugunsten des Kindes in das Rollenverständnis I wechseln und eine Beurteilung und eventuell eine Empfehlung vornehmen, welche der gesunden Entwicklung des Kindes nützen könnte. Der Wechsel müsste mit den Eltern selbstverständlich besprochen werden.

Mit einer Beurteilung im Abschlussbericht und damit verbundenen impliziten oder auch expliziten Schuldzuweisungen soll dem Kind ermöglicht werden, später im Leben Klarheit zu erhalten und vor beschönigenden Beschreibungen des blockierenden Elternteiles geschützt zu werden. Dem kindorientierten Elternteil soll damit zudem der Rücken für seine Beziehungs- und Erziehungsarbeit mit dem Kind gestärkt werden.

BEDROHUNG UND GEWALT

Bei Bedrohungen und Gewaltvorfällen im Verlauf einer Elternberatung kommen die oben beschriebenen Ansätze zur Anwendung, insbesondere die Onlineberatung (→Seite 145-152). Ist damit kein veränderungswirksamer Beratungskontext herzustellen, ist die Kontaktaufnahme mit der Auftraggeberin/dem Auftraggeber angezeigt und das weitere Vorgehen zu vereinbaren.

In solchen Situationen empfiehlt es sich, dass die Fachperson die Geschehnisse in einem Bericht festhält. Die Gewichtung und Beurteilung ist aber idealerweise durch das Gericht oder die Behörde vorzunehmen.

Es liegt auf der Hand, dass in der Folge oft eine Abklärung angezeigt ist, in welcher die noch möglichen Kontakt- und Elternrechte des gewalttätigen Elternteils zu überprüfen sind und mit welchen Massnahmen das Kind dabei geschützt werden kann.

Ist nicht zu erwarten, dass die Gerichte oder Behörden zu diesem Schluss gelangen, sollte sich die Fachperson überlegen, eine solche Abklärung zugunsten des Kindes zu empfehlen, und damit in das Rollenverständnis I (⋯→Seite 36-38) zu wechseln.

EIN ELTERNTEIL VERHÄLT SICH KINDESWOHLGEFÄHRDEND

Stellen Fachleute während der Elternberatung eine akute Kindeswohlgefährdung fest, welche mit der kindorientierten Elternberatung nicht behoben werden kann, ist selbstverständlich ein Abbruch der Beratung unumgänglich und die Empfehlung für eine Abklärung oder eventuell für eine spezifische Massnahme auszusprechen.
Idealerweise erfolgt dies transparent gegenüber den Eltern.

VORAUSSETZUNGEN UND GRENZEN DES MODELLS

Was ist für eine kindorientierte Elternberatung von Seiten der Eltern, der Fachpersonen und bezüglich zeitlicher Ressourcen erforderlich und können Grenzen benannt werden?

VORAUSSETZUNGEN

Bei der Übernahme einer angeordneten kindorientierten Elternberatung darf davon ausgegangen werden, dass die Eltern trotz der hochstrittigen Beziehung über die psychischen, emotionalen und sozialen Grundfähigkeiten verfügen, welche für die Kinderbetreuung erforderlich sind. Ansonsten hätten die Gerichte oder Behörden diese Massnahme wohl nicht angeordnet (⋯→ siehe Indikationspunkte Seite 40-43). Das heisst, es ist daher davon auszugehen, dass die Eltern die Voraussetzungen für einen Start einer kindorientierten Beratung erfüllen.

Bei einer freiwilligen Beratung hat diese Einschätzung die Fachperson vorzunehmen.

Falls die Eltern nicht über einen minimalen Wortschatz der Beratungssprache verfügen und keine Fachperson mit der Muttersprache der Eltern zur Verfügung steht, müsste die Möglichkeit gegeben sein, geeignete Dolmetscher/innen hinzuziehen (⋯→Seite 179-180).

Die Fachperson muss über die zeitlichen Ressourcen verfügen, d.h. innerhalb eines Jahres 8 bis 10 Sitzungen mit den Eltern durchführen können.

GRENZEN

Gemäss Wirkungsforschungsergebnissen[100] ist eine Wirksamkeitseinschränkung zu erwarten, wenn die Eltern vom angebotenen Ansatz – in diesem Falle von einer kindorientierten Elternberatung – nicht überzeugt sind oder voraussichtlich nicht überzeugt werden können.

---

[100] Miller, Scott & Duncan, Barry & Hubble, Mark (2000)

199

ERFOLG

Zum Abschluss noch zur Frage, ob die kindorientierte Elternberatung erfolgreich ist. Dafür müsste wohl zuerst definiert werden, was Erfolg ist und woran dieser zu messen ist. Was würde ohne Beratung geschehen und wäre das Erreichte vielleicht auch ohne professionelle Hilfe eingetreten? Wie könnte Erfolg wissenschaftlich belegt werden?

Dieses Beratungsmodell wurde aus der Praxis für die Praxis entwickelt. Darum einige Gedanken aus dem Blickwinkel der Praxis.

Mit dem vorgestellten Verfahren konnte in den letzten 25 Jahren ca. 50 Prozent der Eltern geholfen werden, wieder miteinander über die Kinder zu sprechen, Lösungen zum Wohl des Kindes gemeinsam zu entwickeln und eine kindorientierte Vereinbarung zu treffen, welche später – gemäss Rückmeldungen – von den Eltern ohne professionelle Hilfe an neue Erfordernisse angepasst wurde. Weitergehende Massnahmen waren nicht erforderlich.

Bei etwa 15 % der Eltern konnte eine punktuell kinderfokussierte Kommunikation wiederaufgebaut werden. Bereits bestehende angeordnete Massnahmen konnten im Anschluss von den involvierten Fachleuten, aufbauend auf dem neuen Kommunikationsstil, kindorientierter weitergeführt werden. Rechtsstreitigkeiten rund um die Kinder ebbten in der Regel ab.

Bei den restlichen ca. 35 % der Eltern konnten keine erkennbaren Veränderungen beobachtet werden. Diese Beratungen wurden in der Regel bereits nach 3 bis 5 Sitzungen abgebrochen.

In beinahe allen diesen Fällen war jedoch im Anschluss das weitere Vorgehen für die Gerichte oder Behörden und die bereits involvierten Fachpersonen aufgrund der Erkenntnisse aus der kindorientierten Elternberatung klar oder zumindest klarer.

Forschungsprojekte zeigen, dass sich für die öffentliche Hand die Investition in Hochkonfliktberatungen rechnet, wenn diese nur in einem von zehn Fällen erfolgreich ist.[101]

---

[101] Roos & Gimber-Roos in Dietrich et al. (2010), Seite 40

Die Kinderblicke und der Dank der Eltern am Abschluss einer erfolgreichen Elternberatung sind kaum zu beschreiben, unbezahlbar und motivierend.

Ein strukturiertes Modell hilft uns Fachleuten handlungsfähig zu bleiben, vor allem wenn rasch anwendbar ist.

Eine systemisch ausgebildete Kollegin schrieb mir, dass sie nach dem zweitägigen Weiterbildungsseminar erstmals ein hochstrittiges Elternpaar empfangen habe. Sie habe sich stur an das Modell gehalten. Am Schluss hätten die Eltern darauf gedrängt, bereits früher als vereinbart zum nächsten Gespräch kommen zu dürfen. Ein wunderbares Ergebnis für das betroffene Kind!

Verdacht auf sexuelle Übergriffe u. Ä.

Aus begründeter Sorge oder aus strategischen Gründen äussern Elternteile manchmal schwerwiegende Vermutungen gegenüber dem anderen Elternteil, wie sexuelle Übergriffe, Suchtverhalten, Erziehungsgewalt usw.

Basierend auf der bisher besprochenen „kindorientierten Elternberatung" werden hilfreiche Haltungen bei Verdachtsäusserungen und ergänzende methodische Vorgehen präsentiert, mit welchen Kindern geholfen werden kann.

Vorgestellt wird insbesondere das Modell „Befreiung aus der Sackgasse".

Ausgangslage

Bei Trennungen, Kinderzuteilungen oder Besuchsrechtsstreitigkeiten wird manchmal von einem Elternteil die Vermutung[103] geäussert, dass ihr Kind sexuellen Übergriffen durch den anderen Elternteil, neuen Partnern oder nahen Verwandten ausgesetzt ist.[104] Derartige Aussagen stützen sich dabei oft auf auffälliges Verhalten der Kinder, Körpersymptome nach Kontakten mit dem anderen Elternteil oder nach Andeutungen des Kindes. Harte, juristisch relevante Fakten fehlen zumeist.

In den vergangenen Jahren wurden viele Fachleute, Behördenmitglieder, Kindergärtner/innen oder Lehrer/innen für dieses Thema sensibilisiert. Daher wenden sich diese auch vermehrt an die Behörden oder spezialisierte Fachpersonen, sobald erste beunruhigende Beobachtungen vorliegen.

Derartige Verdachtsäusserungen von Elternteilen und Fachleuten werfen komplexe Fragen auf wie: Was muss zum Schutz des Kindes geschehen, wenn der Verdacht stimmt? Was muss getan werden, wenn er nicht stimmt? Kann der Verdacht je erhärtet oder entkräftet werden? Sind rechtliche Schritte für das Kind sinnvoll?

Bei Verdachtsäusserungen zu möglichen sexuellen Übergriffen, aber auch zu ähnlichen kindeswohlgefährdenden Themen, wie Anwendung von Erziehungsgewalt, Vernachlässigung, Suchtmittelkonsum usw., stellt sich jeweils die Frage, was zugunsten des möglicherweise betroffenen Kindes wirksam und nachhaltig getan werden kann, wenn die Beweise fehlen.

Dabei ist zu beachten, dass für den angeschuldigten Elternteil allein das Darüberreden die Gefahr einer impliziten Anerkennung beinhaltet. Im Raum steht in diesen Fällen vielfach die Drohung des Kindesentzuges

---

[102] Aktualisierter und erweiterter Text zum Artikel „Verdacht auf sexuelle Übergriffe bei Kindern" von Pfister-Wiederkehr, Daniel (2007) in Wunderantwort Nr. 8/Herbst 2007. Lenzburg: Wilob.

[103] Die Begriffe „Vermutung" und „Verdacht" werden synonym verwendet.

[104] Sexueller Missbrauch findet vereinzelt auch durch Frauen statt, überwiegend aber durch Männer. Daher sind die folgenden Seiten nicht genderneutral formuliert, sondern gehen implizit und explizit eher von männlichen Tätern aus.

204

und vielleicht die Einleitung eines existenziell bedrohenden Strafverfahrens.

Daher wird der beschuldigte Elternteil sofort versuchen, das Gespräch zu blockieren oder umzuleiten.

Welche Handlungsoptionen stehen in diesen und ähnlichen Situationen Gerichten, Behörden und Fachleuten zur Verfügung?

Vorentscheidungen

WAHL DES VORGEHENS

Eine geschiedene Mutter erzählt am Telefon, ihre fünfjährige Tochter sei von den letzten Besuchswochenenden beim Vater verstört zurückgekommen. Das Kind wolle aber nicht darüber sprechen. Zweimal habe es in letzter Zeit unvermittelt geäussert, es wolle nicht mehr zum Vater. Sie selber habe auch einmal starke Rötungen an der Scheide ihrer Tochter bemerkt. Im Rahmen einer gynäkologischen Untersuchung sei ein Pilzbefall festgestellt worden. Ob dieser auf sexuelle Übergriffe zurückzuführen sei, habe die Gynäkologin weder bestätigen noch entkräften können. Am Telefon spricht eine völlig verunsicherte Mutter, die nicht mehr weiterweiss.

Sobald eine derartige Verdachtsäusserung auf dem Tisch liegt, stehen Fachpersonen vier verschiedene Vorgehensoptionen zur Verfügung.

OPTION „VALIDIERUNGSTEAM"
Fachleute besprechen die Situation unter sich und versuchen als „Validierungsteams" herauszufinden, ob wirklich etwas geschehen ist. Um in Ruhe und unter Berücksichtigung verschiedener Blickwinkel (z.B. Fachdisziplinen) eine kindeswohlorientierte Lösung zu finden, Elternteile nicht unbegründet zu be-

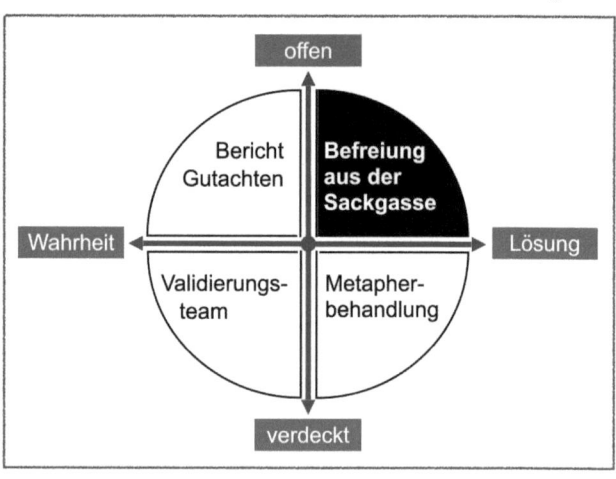

schuldigen, aber auch einen möglichen Täter nicht zu warnen, erfolgt das Vorgehen verdeckt.

OPTION „BERICHT / GUTACHTEN"

Es erfolgt eine Anzeige mit anschliessender Abklärung. Am Ende liegt ein Bericht oder Gutachten vor mit den erhobenen Befunden, den Bewertungen und Empfehlungen.

Bei den ersten zwei Optionen bewegen sich die Fachleute im Rollenverständnis I (⤳Seiten 36-38).

OPTION „METAPHERBEHANDLUNG"

Liegen zu wenig gerichtsrelevante Fakten für eine offene Wahrheitsermittlung vor und bestünde die Gefahr, der Verdächtige könnte das Kind der weiteren Beobachtung entziehen, steht die Variante einer Metapherbehandlung zur Verfügung.

Zwei Formen kommen dabei oft zur Anwendung:

a) pädagogische Inputs in der Schulklasse des Kindes, wie beispielsweise Aufklärungsunterricht oder Besuch einer Veranstaltung wie „Mein Körper gehört mir"

b) Einzelsettings, in welchen zentrale Themen bei sexuellen Übergriffen indirekt und mit Bezug zu anderen Kontexten besprochen werden können, wie beispielsweise „gute und schlechte Geheimnisse", „angemessene und unangemessene Berührungen". Dies kann in eine Musiktherapie, ins Gespräch mit der Schulsozialarbeiterin usw. eingebaut werden.

Bei beiden Vorgehensweisen werden Kindern hilfreiche Unterscheidungskriterien und weitere Kontaktmöglichkeiten angeboten.
Die aufgegriffenen Themen sollen für Kinder, welche einen Übergriff erlebten, wie auch für diejenigen, bei denen der Verdacht unbegründet ist, einen Nutzen haben.

OPTION „BEFREIUNG AUS DER SACKGASSE"

Die vierte Möglichkeit ist die Anwendung des Praxismodells „Befreiung aus der Sackgasse".
Dieses Modell entwickelt seine Stärken bei Verdachtsäusserungen insbesondere bei Kindern. Das Vorgehen wurde speziell für Situationen entwickelt, in denen

-   sich die Vermutung auf sexuelle Ausbeutung auf indirekte Beobachtungen eines Elternteiles abstützt, d.h. vom Kind keine konkreten Aussagen vorliegen,

- eine Befragung des Kindes nicht möglich oder sinnvoll ist (⟶Seite 119-120),

- der Verdacht auf sexuelle Ausbeutung juristisch kaum bewiesen werden kann,

- beide Elternteile auf einem Kontakt zum Kind beharren und diesen juristisch durchsetzen können.

Auf den nächsten Seiten werden drei handlungsleitende Grundüberlegungen besprochen, welche für alle vier Vorgehensoptionen relevant sind und für die Wahl des Praxismodells „Befreiung aus der Sackgasse" als Begründung dienen.

LÖSUNGSORIENTIERUNG ANSTELLE WAHRHEITSSUCHE

Bis 1992 haben wir[105] bei Verdachtsäusserungen aufgrund der uns bekannten Lehrmeinung gehandelt. Wir versuchten, mittels Kinderbefragungen im Rahmen von Abklärungen und Gutachten herauszufinden, was wirklich geschehen war. Falls die Ausgangslage sehr diffus war oder der Verdacht von Kindergärtner/innen, Behördenvertreter/innen etc. geäussert wurde, sassen wir in Form von „Validierungsteams" zusammen, um der Wahrheit auf den Grund zu gehen.

Die Ergebnisse dieser vorwiegend wahrheitsorientierten Vorgehensweisen waren für uns immer wieder sehr ernüchternd und niederschmetternd. Vielfach kam es zu juristischen Verfahren. In den Urteilsbegründungen wurde fast stereotyp festgehalten, dass ein Übergriff nicht auszuschliessen sei, dass aber – basierend auf dem Grundsatz „Im Zweifelsfall für den Angeklagten" – ein Freispruch erfolgen müsse. Oft wurde im Anschluss daran ein übliches Besuchsrecht angeordnet. Wenn wir dann an die Kinder dachten, fühlten wir uns hilflos, verzweifelt und traurig.

Vereinfacht zusammengefasst führten – insbesondere bei Verdachtsäusserungen gegenüber einem Vater – folgende Punkte dazu, dass dem Kind nicht der für das Kindeswohl erforderliche Schutz ermöglicht werden konnte:

- Zweifelsfreie, juristisch relevante Fakten (z.B. Spermaspuren) sind kaum beizubringen und Indizienbeweise sind durch eine Anwältin oder einen Anwalt leicht infrage zu stellen.

- Selbst klare Aussagen des Kindes können relativiert oder sogar abgestritten werden und es steht umgehend „Aussage gegen Aussage".

- Bei hochstrittigen Elternbeziehungen kann der elterliche Konflikt leicht ins Feld geführt werden, um Aussagen des Kindes als durch die Mutter beeinflusst zu diskreditieren.

- Missbrauchende Väter haben vielfach ihre Kinder auch sehr gerne. Einige wären vielleicht auch erleichtert, zu ihrem Missbrauch stehen zu

---

[105] Mein Dank gilt meiner Kollegin, der Kinderpsychiaterin Dr. med. Erika Bandli, welche diesen teilweise schmerzhaften Weg mitgegangen ist und später auch bereit war, das neue Modell „Befreiung aus der Sackgasse" in der Praxis anzuwenden und gemeinsam in Seminaren zu vermitteln.

können und Unterstützung zu erhalten, um es nicht mehr zu tun. Die drohenden existenziellen Konsequenzen und die Angst, das Kind danach nicht mehr zu sehen, sind aber derart einschneidend, dass ein Geständnis im Kontext der Wahrheitsermittlung von den Beschuldigten kaum erwartet werden kann.

- Kinder wollen die Übergriffe nicht. Sie haben aber oft den Elternteil dennoch gern. Stehen sie nun vor der Wahl, den Missbrauch mit einer Aussage zu beenden, aber dadurch eventuell den Zugang zum Elternteil zu verlieren, neigen viele Kinder dazu, einen Übergriff zu leugnen oder widersprüchliche Aussagen zu machen oder zu schweigen.

- Ein Verdacht kann stimmen oder nicht. Er kann mit guter Absicht durch einen Elternteil erhoben werden oder aus strategischen Gründen. In den meisten Fällen führt die Wahrheitssuche wohl zu einer Zusatzbelastung für das Kind.

Basierend auf derartigen Praxiserfahrungen entstand grosser Zweifel, ob ein vergangenheits- und wahrheitsbezogenes Vorgehen für Kinder wirklich hilfreich ist, insbesondere wenn eine enge emotionale Beziehung zwischen dem Kind und einem Verdächtigten besteht.

Aufgrund dieser Erfahrungen konzentrierten wir uns auf ein zukunfts- und lösungsorientiertes Vorgehen, woraus auch das Praxismodell „Befreiung aus der Sackgasse" entstand.

Drei Hauptüberlegungen sind für zukunfts- und lösungsorientierte Ansätze bei Verdachtsäusserungen zentral, welche im Folgenden beleuchtet werden.

VERDACHT ZUGUNSTEN DES KINDES NUTZEN
MISSBRAUCH UND VERDACHTSDYNAMIK

Es braucht sicher keine Ausführungen dazu, dass ein Missbrauch für ein Kind auf vielfältige Art eine schwere Belastung und Zukunftshypothek darstellt und gestoppt werden muss.

Aber auch wenn eine Mutter diesen Verdacht aufgrund von Beobachtung oder aus strategischen Gründen zu Unrecht erhebt, hat dies massive Folgen für das Kind.

Eine gute Mutter kann, wenn sie davon überzeugt ist, ihr Kind keinesfalls einem vermeintlichen Täter überlassen, auch wenn es sich dabei um den Vater des Kindes handelt. Sie wird daher alles daran setzen, den Kontakt mittels Krankheitsaussagen, Terminproblemen u.a. zu verhindern. Nachvollziehbarerweise wird sie das Kind in ihrer Not eventuell ermuntern und vielleicht auch drängen, Aussagen gegen den Vater zu machen. Das Kind wird dadurch einem immer stärkeren und belastenderen Triangulations- und Loyalitätsdruck ausgesetzt.

Da die Mutter davon ausgehen muss, dass das Kind den anderen Elternteil auch gernhat und dass dieser voraussichtlich versuchen wird, das Kind zu beeinflussen, beispielsweise mit attraktiven Wochenenden, grossen Geschenken, viel Aufmerksamkeit usw., kann sie auch Aussagen des Kindes, dass nichts passiert ist, kaum akzeptieren.

Auch fachliche Einschätzungen oder sogar hochprofessionelle Kinderbefragungen beruhigen diese Elternteile nachvollziehbar kaum und nützen selbstverständlich nichts, wenn ein Elternteil eine Vermutung fälschlicherweise vorbringt.

In derartigen Loyalitätskonflikten sehen einige Kinder keine andere Möglichkeit, als sich auf eine Elternseite zu schlagen. Damit werden sie aus ihrer eigenen Sicht wohl zu „schuldigen Akteuren" und verlieren zudem den Kontakt zu einem wahrscheinlich geliebten Elternteil über lange Zeit.

Vergangenheitsorientierte Klärungsaktivitäten in Beratungen führen bei dieser Ausgangssituation kaum zu einer Lösung, sondern intensivieren oft die Ängste der Eltern, begünstigen nicht kindorientiertes Handeln und erhöhen die Belastung für das Kind.

Drei Punkte bewähren sich bei derartigen Verdachtskonstellationen:
- Lösungsorientierung anstelle Wahrheitssuche (siehe oben)
- Verdachtsdilemmata für das Kind nutzen
- Grundmotto: Im Zweifel für das Kind

VERDACHTSDILEMMA

Ein Verdacht ist ein auf Beobachtungen gestützter Gedanke, an dieser Stelle von Elternteilen oder Fachleuten, welcher nicht belegt ist. Eine Verdachtsäusserung ist daher gekennzeichnet durch:

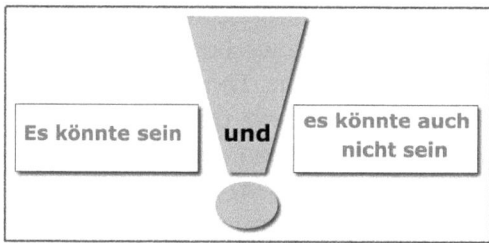

Bei Verdachtsäusserungen von möglichen sexuellen Übergriffen muss daher fachlich davon ausgegangen werden, dass die Vermutung zutrifft oder auch zu Unrecht geäussert wird. Fachpersonen befinden sich somit in einem Verdachtsdilemma.

Wie beschrieben haben beide Möglichkeiten massive Auswirkungen auf das Kind. Der übliche Impuls zur Klärung führt, wie ebenfalls bereits ausgeführt, kaum zu einer Verbesserung für das Kind.

Der zukunfts- und lösungsorientierte Ausweg ist:

Das Verdachtsdilemma als Ausgangspunkt in der Elternberatung zu installieren und von den Eltern Lösungen für beide Möglichkeiten einzufordern, da nur so das Kindeswohl sichergestellt werden kann.

In der Arbeit mit Eltern mit Verdachtsäusserungen müssen somit die Eltern zukünftige Umgangsideen entwickeln, welche dem Kind dienen unter der Vorannahme, dass etwas passiert ist, wie auch unter derjenigen, dass dies nicht der Fall war.

Jede Verdachtsäusserung wird immer ernst genommen, wie vage diese auch sein mag. Ein Ignorieren würde das Kind der Gefahr eines Missbrauches aussetzen.

Gleichzeitig muss eine zukünftige Lösung auch für ein Kind passen, das keine Übergriffe erlebt hat.

In diesem Sinne wird der Verdacht zugunsten des Kindes genutzt.

Damit dies möglich wird, ist es erforderlich, in der Beratung ein neues handlungsleitendes Motto zu installieren: Im Zweifel für das Kind!

IM ZWEIFEL FÜR DAS KIND!

In mitteleuropäischen Gesellschaften und auch in deren Rechtspre-chungen gilt zumeist der Grundsatz „Im Zweifel für den Angeklagten".

Kombiniert mit der eher schwachen gesellschaftlichen Stellung eines Kindes und seinen begrenzten sprachlichen und strategischen Kompe-tenzen, stärkt dies die Position von Tätern massiv (⋯Seite 209-210).

In den Beratungen mit hochstrittigen Eltern, auch bei einer Verdachts-äusserung, positionieren sich die Fachleute dagegen parteiisch für das Kind und radikal kindorientiert. Daher wird in der Beratung im Einver-ständnis mit den Eltern der Grundsatz „Im Zweifel für das Kind!" verein-bart.

Im kommenden Teil wird das Praxismodell „Befreiung aus der Sack-gasse" vorgestellt und es wird dargelegt, wie u.a. die oben besproche-nen Punkte der „Lösungsorientierung", der Nutzung des „Verdachtsdi-lemmas" und das Motto „Im Zweifel für das Kind!" methodisch umgesetzt werden.

Erfreulicherweise kann das Gesprächsführungsmodell für kindorien-tierte Elternberatung mit nur wenigen Erweiterungen angewandt wer-den.

Zusatzmodell „Befreiung aus der Sackgasse"

BEZUG ZUM KINDORIENTIERTEN ELTERNGESPRÄCH

Das Zusatzmodell „Befreiung aus der Sackgasse" ist eine ergänzende Variante zum Modell der kindorientierten Elternberatung. Es baut auf den Haltungen, Phasenschritten und der Methodik der kindorientierten Elternberatung auf und enthält die erforderlichen Erweiterungen für den Umgang mit gravierenden Verdachtsäusserungen wie insbesondere bei Verdacht auf sexuelle Übergriffe, Suchtmittelmissbrauch, Erziehungsgewalt.

Im Folgenden werden tabellarisch die Bezüge zwischen den beiden Modellen aufgelistet und anschliessend die Besonderheiten vertieft dargelegt. Der fachliche Blick darauf erfolgt schwerpunktmässig aufgrund einer Vermutungsäusserung eines Elternteiles.

ÜBERBLICK BESONDERHEITEN IN DEN PHASEN

Kindorientierte Elternberatung		Besonderheiten bei Verdachtssituationen
1. Phase	**Kontextgestaltung** (→ Seite 54-57)	Verdacht als Verdacht installieren und nutzen (→ Seite 218-220)
2. Phase	**Erstes Elterngespräch** (→ Seite 58-89)	Transparenz herstellen; Befreiung aus Sackgasse; Lösungsentwicklung im Verdachtskontext starten (→ Seite 221-231)
3. Phase	**Folgegespräche mit Eltern** (→ Seite 90-117)	Entwickeln von Vereinbarungen, welche einem missbrauchten wie auch nicht missbrauchten Kind nützen (→ Seite 232-233)
4. Phase	**Einbezug Kind** (→ Seite 118-129)	Prophylaxeteil (→ Seite 234-236)
5. Phase	**Stabilisierung und Abschluss** (→ Seite 130-135)	(→ Seite 237)

216

Für die Phasen 1 bis 4 sind im Durchschnitt 6 bis 7 Sitzungen in Abständen von 2 bis 4 Wochen erforderlich. In der Stabilisierungsphase werden die Eltern in ihrer neuen kindorientierten Kooperation mit 2 bis 4 Sitzungen über ein Jahr hinweg bis zum Abschluss begleitet.

BESONDERHEITEN IN DER KONTEXTGESTALTUNG

In der Praxis können drei Kontexte unterschieden werden, in denen Verdachtsäusserungen eines Elternteiles erfolgen, welche jeweils unterschiedliche Reaktionen erfordern.

VERDACHTSÄUSSERUNGEN VOR GERICHT/BEHÖRDEN

Manche Elternteile wenden sich mit ihrer Vermutung an das zuständige Gericht oder die Behörde und deponieren ihren Verdacht. Diese Instanzen sind dann gezwungen, das für das Kind erfolgversprechendste Vorgehen (⋯→ Seite 206-208) festzulegen.

In den meisten Fällen sind die Beobachtungen, welche dem Verdacht zugrunde liegen, mehrdeutig. Oft entsteht daher eine Stimmung „Es könnte sein oder es könnte auch nicht sein". Ein Gericht oder eine Behörde kann daher – basierend auf den vorausgehenden Ausführungen – zur Überzeugung gelangen, dass eine kindorientierte Elternberatung in der Variante des Modells „Befreiung aus der Sackgasse" angezeigt ist.

Die Weisung an die Eltern erfolgt entlang dem Auftrag der kindorientierten Elternberatung (⋯→ Seite 54), wobei der erste Punkt zu erweitern wäre, beispielsweise in dieser Form:

„Aufgrund von Beobachtungen und Äusserungen des Kindes macht sich die Mutter Sorgen, dass es während der Kontakte zwischen dem Vater und ihrer gemeinsamen Tochter zu unangemessenen körperlichen Kontakten gekommen sein könnte. Der Vater bestreitet dies vehement. Juristisch verwertbare Belege liegen nicht vor. Ein unberechtigter Vorwurf kann nicht ausgeschlossen werden. Eine Abklärung zum jetzigen Zeitpunkt verspricht keine Klärung. Die Eltern werden daher aufgefordert, in der Elternberatung eine gütliche Lösung zu finden, welche auch in diesem Punkt das Wohl des Kindes sicherstellt und eine zukünftige kindorientierte Elternzusammenarbeit weiterhin ermöglicht."

Die Absicht dieser Formulierung ist, den Verdacht als Verdacht klar zu benennen und für die anstehenden Veränderungen zu nutzen und die inhaltliche Lösungsverantwortung den Eltern zurückzugeben.

VERDACHTSÄUSSERUNG IN DER ELTERNBERATUNG

Äussert ein Elternteil in der kindorientierten Elternberatung seine Vermutung, wird dieser Elternteil aufgefordert und dabei unterstützt, seine Vermutung als Vermutung klar und unmissverständlich zu benennen. Diese Vermutung wird dann mit der erweiterten methodischen Grundbewegung aufgegriffen und bearbeitet. Genaueres dazu weiter unten beim Thema Erstgespräch.

VERDACHTSÄUSSERUNGEN IN EINEM EINZELGESPRÄCH

Einige Mütter wenden sich mit ihrem Verdacht telefonisch oder in einem persönlichen Gespräch an eine Fachperson. Oft haben sie schon angefangen, das Kind dem Vater zu entziehen und vielfach diesen über ihren Verdacht noch nicht informiert.

Im Einzelgespräch kann mittels des Tools „Durchdenken lassen" (⇢ Seite 153-160) besprochen werden, welches Vorgehen für das Kind in dieser Situation am besten ist. Bisher kam in allen Fällen der betreffende Elternteil zum Schluss, dass ein Elterngespräch unumgänglich ist und am ehesten eine gute Lösung für das Kind verspricht.

Mit diesem Elternteil ist im Einzelgespräch zuvor zu besprechen, dass
- sie im Elterngespräch ihre Beobachtungen und ihren Verdacht klar äussern müssen,

- nach der Vermutungsäusserung das weitere Gespräch vorwiegend zwischen dem anderen Elternteil und der Fachperson stattfinden wird.

Die Einladung des anderen Elternteils erfolgt wie früher besprochen (⇢Seite 55-56).

WAS SICH IN DER GESPRÄCHSFÜHRUNG OFT BEWÄHRT

- Grundsätzlich hilfreich sind die methodischen Elemente, welche weiter oben, jeweils unter den Zwischentiteln „Was sich in der Gesprächsführung oft bewährt", ausgeführt wurden.

- Besonders hilfreich ist in dieser Phase: den einen Verdacht äussernden Elternteil für sein Engagement für das Kind wertzuschätzen, ohne dessen Sichtweise zum Verdacht zu übernehmen.

- höflich und bestimmt einzuladen, die Sorgen konkret zu benennen und zu beschreiben

Mutter:	*„Wissen Sie, ich mache mir Sorgen, dass der Vater solche Sachen macht. Das graust mich richtig!"*
Fachperson:	*„Ich höre, etwas belastet Sie sehr. Was macht Ihnen Sorgen?"*
Mutter:	*„Dass er sich an unserer Tochter aufgeilt."*
Fachperson:	*„Was ist Ihre Vermutung und wie kommen Sie dazu?"*
Mutter:	*„Als wir noch zusammengelebt haben, habe ich einmal gesehen, dass er Mirjam gewickelt hat und seine Hose war dabei ganz ausgebeult. Ich glaube, er hatte einen steifen Penis!"*
Fachperson:	*„Welchen Zusammenhang sehen Sie zur aktuellen Situation?"* (Stellt Vertiefungsfragen und lädt zur vollständigen Klärung ein.) „Was noch?"*
Fachperson:	(Fasst laufend und am Schluss zusammen.) „Sie haben beobachtet ... Ich höre, Sie vermuten nun ... Sie machen sich Sorgen, obwohl Sie auch etwas unsicher sind, ob Ihr Verdacht berechtigt ist."*

- die Verdachtsäusserungen ernst nehmen und ab und an als subjektives Erleben kennzeichnen: Sie denken ...; es macht Ihnen Sorge; Sie vermuten ...; Sie sind unsicher ... usw., um nicht implizit eine Vermutungsäusserung im Gespräch zu einer Gewissheit werden zu lassen
- den Elternteil darin stärken, den Verdacht aus Sicherheitsgründen für das Kind aufrechtzuerhalten, auch wenn bei diesem Zweifel auftauchen

Mutter:	*„Manchmal bin ich sicher, dann wieder etwas unsicher. Wissen Sie, ich wurde als Kind missbraucht, das prägt."*
Fachperson:	*„Oh, das tut mir sehr leid. Ich bin sehr beeindruckt, dass Sie Ihren Verdacht äussern, obwohl Sie etwas unsicher sind. Für Ihr Kind ist es wichtig, dass Sie beides zulassen. Gerne sage ich noch etwas dazu, weshalb ich das für Mirjam wichtig finde ..."*

BESONDERHEITEN IM ERSTGESPRÄCH

Die Schritte 1 bis 3 erfolgen in diesem Erstgespräch wie bei allen hochstrittigen Eltern (→Seite 60-67). Der 4. Schritt ist dann deutlich anders. Wichtig ist, zuerst Klarheit über den Verdacht herzustellen. In der Lösungsentwicklungsphase ist dann der Verdachtskontext im Gesprächsfokus zu behalten und zugunsten des Kindes zu nutzen.

⇨ TRANSPARENZ HERSTELLEN

Wenn der verdächtigte Elternteil vor Gericht und in Gesprächen mit Behörden noch nicht informiert wurde, wird dies nun zu Beginn des 4. Schrittes nachgeholt.

Fachlich ist bei diesem Schritt gut im Auge zu behalten, dass ein beschuldigter Elternteil eine sehr bedrohende Mitteilung erhält, welche seine zukünftige Beziehung zu seinem Kind grundsätzlich gefährdet. Zudem ist er strafrechtlich und wohl auch existenziell bedroht (z.B. Arbeitsstellenverlust).

Dies trifft auf missbrauchende Elternteile zu und auch auf Menschen, die sich nichts zuschulden haben kommen lassen. Sie erkennen schnell, dass sie sich gegen diese Vermutung nicht wirksam wehren können. Was macht die Situation für unschuldig Beschuldigte so unentrinnbar?

Sowohl ein Täter wie auch ein Unschuldiger streiten logischerweise die Tat ab. Da beide in der Regel die Möglichkeit zu Übergriffen hatten und statistisch gesehen sexuelle Übergriffe auf Kinder zu einem Grossteil von ihnen bekannten Personen ausgehen, gehören auch fürsorgliche Väter und engagierte neue Lebenspartner einer potenziellen Tätergruppe an.

Wenn nicht absolut eindeutige Fakten vorliegen (z.B. Spermaspuren), kann einem Täter seine Tat kaum nachgewiesen werden. Leider ist es einem Unschuldigen auch nicht möglich, seine Unschuld zweifelsfrei zu beweisen. Selbst wenn das Kind einen Übergriff in Abrede stellt, bleiben bei den Müttern oft grosse Zweifel zurück. Auch Fachleute verbleiben in Unsicherheit, da ihnen bekannt ist, dass Kinder aus Liebe, Loyalität, Abhängigkeit oder aufgrund von Druck solche Aussagen machen, obwohl sie missbraucht wurden.

Die Ausgangslage für das Erstgespräch ist daher für die Fachleute und den vermutenden Elternteil: Es könnte sein und es könnte nicht sein!

Der Elternteil, hier eine Mutter, welche die Vermutung in sich trägt, ist im Vorgespräch darauf vorbereitet worden, dass sie im Erstgespräch ihren Verdacht klar äussern muss.

Wichtig ist, dem zu Recht oder zu Unrecht Beschuldigten Zeit zu geben, sich für das Kommende zu wappnen, damit das Gespräch anschliessend noch fortgeführt werden kann.

Fachperson: (Nach Abschluss des 3. Schrittes) *„Dank Ihren Schilderungen sehe ich Mathilde schon sehr deutlich vor mir, was Sie an ihr lieben und einige ihrer Kompetenzen."*

(Blick zum Vater) „Wie Sie der Einladung bereits entnehmen konnten, macht sich die Mutter grosse Sorgen. Ich habe der Mutter gesagt, dass es wichtig ist, dass sie Ihnen als Vater ihre Sorgen mitteilt, auch wenn dies für Sie beide hart ist."

Vater: *„Über was macht Sie sich denn schon wieder Sorgen?"*

Fachperson: *„Gut, dass Sie das wissen wollen. Ich schlage vor, dass die Mutter nun ihre Sorgen sagt. Ich frage nach, bis alles auf dem Tisch ist. Während dieser Zeit ist es wichtig, dass Sie einfach zuhören, auch wenn das wahrscheinlich sehr schwierig für Sie ist. Danach werden Sie und ich miteinander reden. Ist das für Sie möglich?"*

Vater: *„Ja, ich höre einfach zu und anschliessend kann ich meine Sichtweise sagen."*

Fachperson: *„Ja, genau. Sie hören zu und nachdem die Mutter ihre Sorgen mitgeteilt hat, können Sie sich äußern. Ist das für Sie okay?"*

Vater: *„Ja."*

Nachdem die Fachperson das Mandat für das Vorgehen eingeholt hat, wird die Mutter aufgefordert, ihren Verdacht zu äussern. Die Fachperson unterstützt sie dabei mit Fragen, bis die erforderliche Transparenz hergestellt ist.

Fachperson: *„Darf ich Sie nun bitten, Ihre Sorge und Ihren Verdacht klar zu äußern und dabei zu mir zu sprechen und zu sehen."*

Mutter: *„Mir ist seit Langem aufgefallen, dass Mirjam komisch vom Vater zurückkehrt. Ich darf sie dann kaum berühren und sie geht sofort ins Zimmer und zieht sich um. Nach einer Stunde kommt sie dann zu mir und will viel kuscheln. Einmal hat sie mich gefragt, warum ich sie nicht*

> auch zwischen den Beinen streichle. Ich habe sie gefragt, wer denn das macht, da hat sie herumgedruckst und gesagt: ‚Niemand.' Zwischen den Beinen ist Mirjam oft mehr als früher gerötet, besonders nach den Wochenenden."

Fachperson: „Was ist Ihre Vermutung?"

Mutter: „Ich vermute der" (Stockt beim Reden.) „... ich vermute, der Vater macht sexuelle Dinge mit Mirjam an den Wochenenden."

Es ist zu erwarten, dass der Vater die Schilderungen nicht mehr aushält und der Mutter ins Wort fällt. Doch da der Ablauf zuvor vereinbart wurde, kann die Fachperson den Vater stoppen.

Fachperson: (Unterbricht den Vater.) „Ich verstehe, dass dies nun sehr hart für Sie ist. Darf ich Sie bitten – wie wir abgemacht haben –, die Mutter ausreden zu lassen? Es ist wichtig, dass nun zuerst alles transparent auf den Tisch kommt. Nachher können Sie sich dazu äussern. Können wir das so machen?"

Vater: „Ja, ja, aber das ist einfach nicht zu ertragen!"

Fachperson: „Ich kann mir vorstellen, das ist wirklich hart für Sie als Vater und Sie als Mutter. Kann die Mutter nun weiterreden und Sie hören weiter zu?"

Vater: „Ja, ich versuche ruhig zu bleiben."

Fachperson: (Blick zum Vater) „Danke!" (Blick zur Mutter) „Es ist wichtig, dass Sie als Mutter nun alles sagen, was Ihnen Sorgen macht."

Die Fachperson fragt weiter, bis alle Beobachtungen von der Mutter ausgesprochen sind.

In Erstgesprächen, bei denen der Elternteil schon zuvor persönlich oder via Anwalt seinen Verdacht geäussert hat, wird ebenfalls zuerst Klarheit hergestellt.

Fachperson: (Blick zu beiden Eltern) „Besten Dank für Ihre Schilderungen von Natalie. Nun sehe ich schon besser, was Sie als Vater und Sie als Mutter an Ihrer Tochter lieben und welche Stärken Natalie aus Ihrer Sicht hat.

(Blick zum Vater) Wie ich dem Auftragsschreiben entnehmen konnte, macht sich die Mutter grosse Sorgen. Ich schlage nun vor, dass zuerst die Mutter sagt, was ihr Verdacht ist. Ich frage dabei nach, bis alles auf dem Tisch ist. Während dieser Zeit ist es wichtig, dass Sie als Vater zuhören, auch wenn das hart für Sie ist. Ist Ihnen das möglich?"

Vater: *„Sie soll Ihre ungeheuren Lügen hier nochmals sagen können?"*

Fachperson: *„Damit die Situation sich für Natalie verbessert, ist es wichtig, dass all Ihre Sorgen als Mutter und als Vater betreffend Natalie hier offen geäussert werden, damit Sie als Eltern anschliessend überlegen können, was nun zugunsten von Natalie geschehen muss."*

Vater: *„Wenn es sein muss. Danach kann ich aber etwas dazu sagen!"*

Fachperson: *„Anschliessend können Sie Ihre Sichtweise darlegen."*

Vater: *„Gut, damit bin ich einverstanden."*

Auch bei dieser Ausgangslage liegt der Schwerpunkt der Gesprächsführung darauf, dass der Verdacht unmissverständlich geäussert wird, dass aber deutlich bleibt, dass dies ein ernst zu nehmender Verdacht ist und nicht ein bewiesenes Ereignis (⋯→Seite 211-214).

Fachperson: *(Blick zur Mutter) „Vor Gericht haben Sie einen Verdacht geäussert. Könnten Sie diesen Verdacht bitte wiederholen und schildern, worauf dieser beruht?"*

Mutter: *„Er missbraucht Mathilde sexuell an den …!"*

Fachperson: *(Unterbricht die Mutter.) „Wenn es bewiesen ist, dann ist es selbstverständlich in Ordnung, dass Sie diese Anschuldigung so äussern. Wenn es aber nicht bewiesen ist, dann bitte ich Sie, Ihre Aussage als Vermutung zu formulieren."*

Mutter: *„Mathilde ist so anders, da ist es doch klar …"*

Fachperson: *(Unterbricht die Mutter.) „Ist es bewiesen?"*

Mutter: *„Nein."*

Fachperson: *„Bitte formulieren Sie Ihre Sorge deutlich und klar und als Vermutung."*

Mutter: *„Mathilde ist vor drei Monaten ganz verstört nach Hause gekommen. Ihre Scheide war gerötet. Die Kinderärztin hat gesagt, das ist nicht normal, ich müsse was unternehmen."*

Fachperson: *„Was hat die Kinderärztin genau gesagt?"*

Mutter: *„Sie hat gesagt, dass die Rötungen nicht normal sind und dass es möglich sei, dass Mathilde missbraucht wurde."*

Fachperson: *„Verstehe ich Sie recht, Sie haben den Verdacht, dass der Vater Mathilde an diesem Wochenende missbraucht hat. Ihre Vermutung beruht darauf, dass Mathilde verstört nach Hause gekommen ist und die Kinderärztin gesagt hat, dass die Symptome auf einen Missbrauch hinweisen könnten."*

Mutter: *„Ja, so ist es."*

Fachperson: *„Was hat noch zu Ihrem Verdacht beigetragen?"*

Auf diese Transparenzbewegung reagieren einige Elternteile mit Wut oder Ärger oder Verzweiflung. Die Unentrinnbarkeit und die damit verbundenen Gefahren werden emotionell schnell erfasst, sowohl von Männern, die Übergriffe gemacht haben, wie auch von solchen, die unberechtigt beschuldigt werden. Methodisch hilfreich ist vielfach, darauf mit emotioneller Leidanerkennung zu reagieren.

Vater: *„Frauen können einfach etwas behaupten. Das ist doch unglaublich. Das lasse ich mir sicher nicht bieten. Sie kann ohne einen wirklichen Beweis so eine Vermutung nicht einfach in die Welt hinausposaunen."*

Fachperson: *„Eine wirklich schwierige Situation. Ich stelle mir vor, wenn ein Mann nichts gemacht hat und mit dieser Vermutung konfrontiert ist, dann ist das wohl der absolute Hammer. Hat ein Mann ein Kind missbraucht, dann fühlt dieser sich nun sicherlich bedroht. In beiden Fällen sehr, sehr schwierig."*

Vater: *„Aber ich habe gar nichts gemacht! Das ist nur eine unerhörte Unterstellung."*

Fachperson: *„Ja, das ist eine schwierige Situation für Sie und die Mutter und Mathilde."*

⇨ BEFREIUNG AUS SACKGASSEN

Auf den ersten Blick logisch wäre nun ein Gespräch darüber, was wahr und beweisbar ist. Solche Gespräche führen aber erfahrungsgemäss in die Sackgasse von „Aussage gegen Aussage" und „Im Zweifelsfall für den Angeklagten" und verhindern die Entwicklung von praxistauglichen, kindeswohlorientierten Lösungen (⋯→Seite 209-210).

Um diese Sackgasse zu umgehen und zu ermöglichen, später in den Lösungsentwicklungsprozess einsteigen zu können, werden die Eltern eingeladen, die Situation neu zu sehen.

Eltern erkennen dann:
- dass der andere Elternteil sich aufgrund seiner persönlichen Wirklichkeitskonstruktion bisher logisch und nachvollziehbar verhielt,
- dass vergangenheitsorientierte Klärungsversuche kaum gelingen werden und das Kind oft zusätzlich belasten,
- dass der Vaterentzug dem Kindsbedürfnis nur teilweise Rechnung trägt, kaum durchsetzbar ist und wenn keine sexuellen Übergriffe stattgefunden haben, eine Kindeswohlgefährdung darstellt,

- dass die gesellschaftliche Prämisse „Im Zweifelsfall für den Ange-schuldigten" durch die Grundorientierung „Im Zweifelsfall für das Kind" ersetzt werden muss.

Zur Illustration im Folgenden ein paar typische Gesprächssequenzen zu einigen zentralen Punkten.

BISHERIGES VERHALTEN WAR LOGISCH

Thema: Kindsvorenthaltung

Vater: *„Sie kann doch nicht einfach etwas behaupten und mir dann Mirjam nicht mehr geben. Dazu hat Sie kein Recht und ich weiss, meine Tochter vermisst mich sehr."*

Fachperson: *„Ja, das ist sicher sehr schwierig für Sie. Darf ich Sie was fragen?"*

Vater: *„Ja."*

Fachperson: *„Wenn eine Mutter zu Recht oder zu Unrecht denkt, dass ein Vater das gemeinsame Kind sexuell missbraucht. Was würden Sie von einer guten Mutter erwarten?"*

Vater: *„Klar, dann dürfte eine Mutter das Kind dem Vater nicht geben. Sie weiss aber genau, dass ich das nicht tue."*

Fachperson: *„Wenn die Mutter diesen Verdacht hat, dann würden Sie von einer guten Mutter also erwarten, dass sie das Kind unter diesen Bedingungen nicht dem Vater gibt. Die Mutter hat soeben gesagt, dass sie diesen Verdacht hat."*

Thema: Druckaufbau mittels Anwalts usw.

Mutter: *„Als ich ihm Mirjam nicht mehr gegeben habe, ist er sofort zum Anwalt gerannt und bombardierte ab dann Mirjam täglich mit SMS-Nachrichten. Sie ist nun ganz konfus. Es entstehen wieder massive Anwaltskosten und neuer Stress durch die Behörden."*

Fachperson: *„Sicher eine belastende Situation. Darf ich Sie was fragen?"*

Mutter: *„Ja, natürlich!"*

Fachperson: *„Was würden Sie von einem Vater erwarten, wenn er zu Unrecht eines sexuellen Übergriffes beschuldigt wird, sein Kind gernhat und befürchtet, dass er den Kontakt zu seinem Kind verliert?"*

Mutter: *„Klar, in diesem Fall würde ich erwarten, dass er alles macht, um sein Kind wiederzusehen."*

Fachperson: *„Verstehe ich Sie recht, Sie denken, dass ein Vater, der nichts gemacht hat, alles unternehmen muss, um den Kontakt zum Kind weiterhin pflegen zu können?"*

Mutter: *„Ja, schon."*

Fachperson: *„Es ist natürlich so, dass auch ein zu Recht beschuldigter Mann dies als Abwehrmassnahme tun würde."*

WAHRHEITSFINDUNG

Thema: Vorschlag Kindbefragung

Vater: *„Fragen wir doch Christoph, ob was passiert ist."*

Fachperson: *„Angenommen, Christoph sagt, dass Sie nichts gemacht haben. Denken Sie, das wird die Mutter überzeugen?"*

Vater: *„Das muss sie doch überzeugen!"*

Fachperson: *„Wird es der Mutter genügend Sicherheit geben und sie überzeugen?"*

Vater: *„Ich hoffe doch! Aber sie ist wohl so von ihrem Verdacht überzeugt, dass sie das auch ignorieren wird!"*

Fachperson: *„Darf ich Ihnen meine fachliche Meinung dazu sagen?"*

Vater: *„Ja, gerne!"*

Fachperson: *„Kinder, die nicht sexuell missbraucht wurden, sagen bei Befragungen natürlich, dass nichts passiert ist. Kinder, die den missbrauchenden Elternteil gernhaben und diesen weiterhin sehen wollen, wissen, dass, wenn sie jetzt die Wahrheit sagen, der Kontakt zum Vater gefährdet ist. Aussagen von missbrauchten Frauen weisen darauf hin, dass die missbrauchenden Väter dies dem Kind manchmal sagen oder sogar mitteilen, dass sie dann ins Gefängnis müssen. Daher werden Kinder, die den Übergriff sicherlich abscheulich finden, aber den Elternteil gernhaben, wohl auch sagen, dass nichts passiert ist. Daher wird der Zweifel bei den Müttern bei solchen Kinderaussagen kaum ausgeräumt."*

MAXIMALE SICHERHEIT

Thema: Kontaktunterbindung

Mutter: *„Solange nicht bewiesen ist, dass der Vater nichts gemacht hat, kann ich ihm Fränzi nicht mehr geben. Bis auf Weiteres möchte ich auch, dass er mit Fränzi nicht mehr telefoniert. Sonst versucht er sie wieder zu beeinflussen!"*

Fachperson:	*„Was denken Sie, was würde der Vater tun, wenn Sie ihm Fränzi nicht mehr geben?"*
Mutter:	*„Er würde dann wieder zur Behörde rennen und die werden dann wieder bestimmen, ich muss ihm Fränzi geben. Die können das leicht sagen, ich muss doch mein Kind schützen."*
Fachperson:	*„Was wären die Überlegungen der Behörde dazu?"*
Mutter:	*„Das weiss ich auch nicht, die handeln einfach nach ihren Regeln."*
Fachperson:	*„Was denken Sie, was sind diese Regeln?"*
Mutter:	*„Ja, sie werden sagen, ich behaupte es nur und es liegen keine Beweise vor, darum können sie nicht anders entscheiden."*
Fachperson:	*„Was glauben Sie, was wird die Behörde auch noch bewegen, einem Kontaktabbruch nicht zuzustimmen?"*
Mutter:	*„Weiss nicht, an was denken Sie denn?"*
Fachperson:	*„Behörden müssen sich ans Gesetz halten und das schreibt vor, dass Kinder geschützt aufwachsen müssen und dass sie Kontakt zu beiden Elternteilen haben dürfen. Die Behörde muss auch die Möglichkeit in Betracht ziehen, dass der Verdacht unbegründet ist, und überlegen, welche Nachteile ein Kontaktabbruch für ein Kind hat.*
	Was denken Sie, was wären mögliche Nachteile für Fränzi, wenn sie keinen Kontakt zum Vater hätte?"
Mutter:	*„Sie hat ihn auch gern, das wäre wohl traurig für sie."*

AUSGANGSPRÄMISSE ÄNDERN

Thema: Im Zweifelsfall für das Kind

Vater:	*„Sie versucht, mich fertigzumachen und mich von Mariella wegzudrängen, obwohl ich nichts gemacht habe. Das ist hinterhältig und gemein."*
Fachperson:	(Blick zum Vater) *„Wenn Sie nichts gemacht haben, dann ist die jetzige Situation unglaublich unfair und Sie sitzen richtig in der Patsche. Natürlich wird ein Vater, der sich korrekt verhalten hat, sagen, er habe nichts gemacht. Ein Vater, welcher seine Tochter missbraucht hat, wird das aber auch sagen. Es wird zwar so sein, dass beide vor Gericht wohl recht bekommen, denn dort gilt der Grundsatz ‚Im Zweifelsfall für den Angeschuldigten'. Dies führt aber nur dazu, dass die Mütter noch mehr Angst bekommen und sie das Kind auf andere Art dem Vater vorenthalten, um dieses zu schützen. In beiden Fällen wird ein sicherer, dem Kind dienlicher Kontakt zum Vater verunmöglicht.*

Darum nützt weder dem Kind noch dem Vater die Prämisse ‚Im Zweifelsfall für den Angeklagten' schlussendlich."

Vater: *„Das ist furchtbar. Was kann ich da denn machen?"*

Fachperson: *(Blick zu den Eltern) „Sie sind auf den ersten Blick in einer Sackgasse angekommen. Ein Verdacht ist erfahrungsgemäss nicht beweisbar und auch nicht auflösbar. Nichts tun ist nicht akzeptabel, denn ein Kind könnte missbraucht worden sein. Ein Kontaktabbruch kann das Kind zwar auf den ersten Blick schützen, beachtet aber das Bedürfnis des Kindes, beide Elternteile zu sehen, nicht und der Verdacht könnte auch völlig zu Unrecht bestehen, womit dem Kind sein Vater vorenthalten würde. Jeder übliche Schritt, der sich anbietet, beinhaltet gravierende Nachteile für Ihre Tochter.*

Darf ich Ihnen sagen, was für Eltern in ähnlichen Situationen der Ausweg aus dieser Sackgasse war?"

Eltern: *„Ja, gern!"*

SOWOHL ALS AUCH!

Thema: Vom „Entweder-oder" zum „Sowohl-als-auch"

Fachperson: *„Diese Eltern haben einen dritten Weg beschritten. Sie haben sich entschieden kindeswohlorientierte Abmachungen zu entwickeln, welche einen sichereren Kontakt des Kindes zu allen Erwachsenen ermöglichten und denen beide Elternteile zustimmen konnten. Diese Abmachungen berücksichtigten, dass die Gefahr eines Missbrauches besteht wie auch dass diese Vermutung zu Unrecht im Raum steht. Diese Abmachungen mussten sowohl den Müttern genügend Sicherheit geben wie auch die Väter vor ungerechtfertigten Verdächtigungen schützen. Es braucht also Lösungen für zwei Möglichkeiten ‚Es könnte sein' und ‚Es könnte nicht sein'."*

Eltern: *„Ist das wirklich möglich?"*

Fachperson: *„Es war hart für diese Eltern und es ist ihnen gelungen!"*

Eltern: *„Wie kommen wir zu diesen Abmachungen?"*

In wenigen Fällen konnte ein Elternteil auch nach diesen Gesprächssequenzen noch nicht in den Lösungsprozess einsteigen. Dann brachte in der Regel der Einsatz des Tools „Durchdenken lassen" (⋯→Seite 153-160) den Durchbruch.

⇨ IN DEN LÖSUNGSPROZESS EINSTEIGEN

Sobald die Eltern bereit sind in den Lösungsprozess einzusteigen, kommen die Elemente der üblichen kindorientierten Elternberatung zum Einsatz (⇢Seite 68-72). Eine Anpassung der Grundbewegung ist aber erforderlich.

ERWEITERTE METHODISCHE GRUNDBEWEGUNG

Im üblichen kindorientierten Elterngespräch kommt vielfach die methodische Standardgrundbewegung zum Einsatz. Die Eltern werden aufgefordert:

1. einen Veränderungsvorschlag vorzubringen,
2. diesen zu präzisieren,
3. ihn kindeswohlorientiert zu begründen.

Liegt ein Verdacht vor, beispielsweise eines sexuellen Missbrauches, wird der dritte Punkt in zwei Unterpunkte differenziert.

a) Die Idee kindeswohlorientiert zu begründen unter der Annahme, dass der Verdacht begründet ist

b) Die Idee kindeswohlorientiert zu begründen unter der Annahme, dass der Verdacht unbegründet ist

Im Erstgespräch kann aufgrund der emotional aufgeladenen Stimmung in der Regel den Eltern die methodische Grundbewegung nur ansatzweise nähergebracht werden. Erst in den Folgegesprächen ist die Umsetzung dann möglich, wobei beispielsweise bei einem fünfjährigen Mädchen die Eltern folgenden Abmachungspunkt vereinbarten:

• *Bis auf Weiteres erfolgt das Hüten von Natascha ausserhalb der Kindergartenzeiten durch Frauen oder den Vater in Begleitung seiner Partnerin* (⇢ Seite 232).

Dieser von den Eltern erarbeitete Abmachungspunkt blockiert die Möglichkeit eines Übergriffes sowohl durch den Vater als auch durch andere Männer, wie beispielsweise den neuen Partner der Mutter (= Lösung für Missbrauchsgefahr). Die Abmachung ermöglicht aber eine Betreuung durch den Vater (= Lösung für Fortsetzung Tochter-Vater-Beziehung). Diese Abmachung schützt den beschuldigten Elternteil auch vor zukünftigen Missbrauchsvorwürfen, wenn diese unberechtigt erhoben wurden.

⇨ AUFTRAG AN ELTERN UND ABSCHLUSS

Der Gesprächsabschluss erfolgt wie beim Standardelterngespräch (⋯→ Seite 73-77). „Was sich oft bewährt" und die Überlegungen unter „Was tun, wenn …" können auch bei diesem Thema genutzt werden (⋯→Seite 78-84).

BESONDERHEITEN BEI FOLGEGESPRÄCHEN

Die Haltungen und das Vorgehen entsprechen im Grossen und Ganzen den Standardelterngesprächen (⋯→Seite 90-117). Nur der Punkt 3 der methodischen Grundbewegung wird erweitert (⋯→Seite 230).
Eine Gesprächssequenz dazu könnte beispielsweise so aussehen:

Fachperson: „Sie haben bisher verschiedene Ideen zur zukünftigen Betreuung von Natascha geäussert. Wie könnte dieser Punkt zugunsten von Natascha in Zukunft geregelt werden? Die Regel muss für beide Möglichkeiten gut sein, d.h., wenn der Verdacht zu Recht besteht und auch wenn dieser zu Unrecht erhoben wurde."

Mutter: „Wie gesagt, wäre es mir wohl, wenn Natascha bis auf Weiteres nur von Frauen gehütet wird."

Fachperson: „Wozu wäre das für Natascha gut?"

Mutter: „Dann wäre sichergestellt, dass nichts passieren kann."

Fachperson: „Der Punkt der Sicherheit wäre damit erfüllt. Der andere Punkt würde wie berücksichtigt?"

Vater: „Eben gar nicht!"

Fachperson: „Was wäre denn Ihre Idee, welche beide Punkte berücksichtigt?"

Vater: „Ich wäre damit einverstanden, dass Natascha von Frauen gehütet wird sowie von mir. Ich würde dafür sorgen, dass immer meine Freundin in Sichtnähe ist. Dann kann mir auch niemand in Zukunft was anhängen."

Mutter: „Mein Partner hat nichts getan, warum soll der nicht weiterhin Natascha hüten?"

Vater: „Ich habe auch nichts getan und müsste eine ‚Aufpasserin' akzeptieren!"

Fachperson: (Blick zur Mutter) „Sie haben den Verdacht, dass sexuelle Übergriffe stattgefunden haben. Ihre Vermutung ist, dass dies der Vater gemacht hat. Hatte der Partner auch die Möglichkeit?"

Mutter: „Ja, schon … Gut, ich bin einverstanden meinen Partner in die Regel einzuschliessen."

Fachperson: „Gut. Habe ich Sie also recht verstanden, die gemeinsame Idee wäre im Moment, dass bis auf Weiteres das Hüten von Natascha ausserhalb der Kindergartenzeiten durch Frauen oder den Vater in Begleitung seiner Partnerin erfolgt. Der Partner der Mutter darf ebenfalls hüten. Die Frauen bleiben immer in Sichtdistanz."

Eltern: (Nicken.)

Fachperson: „Bestens, ich schreibe dies gerade in den Vereinbarungsentwurf."

Auch bei diesen Beratungsgesprächen entwickeln die Eltern Lösungen für alle anstehenden Fragen bezüglich ihres Kindes und der Aspekte, welche ihnen Sorgen machen. Damit wird angestrebt, dem Kind einen sicheren, entspannten Kontakt zu beiden Elternteilen zu ermöglichen.

Sind mehrere Kinder involviert, ist es oft angezeigt, Regeln für alle Kinder entwickeln zu lassen, auch wenn der vermutende Elternteil nur ein Kind im Fokus hat. Erfahrungen zeigen, dass missbrauchende Elternteile manchmal ihre Kinder seriell missbrauchen.

↳ Checkliste „Mögliche Themen zum Regeln zwischen den Eltern" im Anhang (⸱⸱⸱→Seite 270-271)

↳ Beispiele für Vereinbarungsfomulierungen im Anhang (⸱⸱⸱→Seite 272-275)

BESONDERHEITEN BEIM EINBEZUG DES KINDES

Der Einbezug des Kindes erfolgt grundsätzlich wie im Standardmodell mit dem Familiengespräch (→Seite 123-125).

Zusätzlich wird bei der Verdachtsäusserung eines sexuellen Übergriffes (bei anderen Verdachtsthemen ist dies oft nicht erforderlich oder angezeigt) ein Prophylaxeteil vor dem Familiengespräch oder danach eingeschoben. Der Zeitpunkt wird je nach Verlauf der Beratung und mit Blick auf das Wohl des Kindes mit den Eltern vereinbart.

PROPHYLAXETEIL

Kinder, die missbraucht wurden oder auch nicht, verfügen selten über orientierende Vorstellungen und Begriffe für den Themenbereich sexuelle Übergriffe. Daher ist für beide Kindergruppen ein Informationsteil nützlich. Sind Geschwister vorhanden, werden diese miteinbezogen.

Der Prophylaxeteil wird hinsichtlich Sprache und Ablauf auf das Alter des Kindes abgestimmt.

Kinder sollen:
- hauptsächliche Übergriffsorte und -menschen kennenlernen,
- angenehme von unangenehmen Berührungen unterscheiden können,
- Ideen entwickeln, was sie tun könnten, wenn unerwünschte Körperkontakte erfolgen,
- erkennen, was „gute von falschen Geheimnissen" unterscheidet,
- erfahren, an wen sie sich neben den Eltern wenden können.

Zentral dabei ist, dass die Kinder von beiden Elternteilen verbal und nonverbal unmissverständlich in Kenntnis gesetzt werden, was „toleriertes" und „nicht toleriertes" Erwachsenenverhalten ist.

Dieser Teil soll nicht missbrauchte Kinder informieren und ihre Handlungsfähigkeit in diesem Themenbereich erhöhen. Missbrauchten Kindern soll er zudem helfen, die innere Verwirrung zu klären und bisherige Aussagen des Täters einordnen zu können.

Mit diesem Gesprächsteil wird nicht beabsichtigt, das Kind einzuladen, über einen erfolgten Übergriff zu sprechen. Es ist somit kein Aufdeckungstool. Bisher hat in diesen Gesprächen auch noch nie ein Kind angefangen, über Übergriffe zu sprechen. Dies hängt vielleicht damit zusammen, dass das Kind weiss, dass sein Schutz nun gewährleistet und ebenfalls sein Kontakt zu beiden Elternteilen nicht gefährdet ist, wenn es diese Kontakte will.

Bei Kindern ab vier Jahren ist oft der Einsatz des Films „SAG NEIN" (⤳Seite 281) hilfreich. Dieser greift häufige Übergriffssituationen auf und stellt diese kindgerecht dar.

Vielfach ist der Prophylaxeteil folgendermassen aufgebaut:

1) Den Eltern werden das Ziel und der Ablauf des Prophylaxeteils in einer der Folgesitzungen erklärt, sobald klar wird, dass voraussichtlich bald eine Absprachevereinbarung vorliegt. Sie werden gebeten, das Video „SAG NEIN" anzuschauen. Es wird vereinbart, dass anschliessend eine Familiensitzung mit allen Kindern der Eltern stattfindet, in welcher das Video gemeinsam angeschaut und besprochen wird.

2) In der Familiensitzung informieren die Fachpersonen die Kinder über das Ziel und den Ablauf. Sie rahmen die Sitzung als Prophylaxesitzung analog beispielsweise zum Klassenbesuch der Dentalhygieniker/innen, welche Kindern zeigt, wie sie ihre Zähne erfolgreich putzen können.

3) Gemeinsame Betrachtung des Videos im Go-Stop-Modus. Die Fachleute zeigen eine 3- bis 5-Minuten-Sequenz aus dem Film. Anschliessend fragen sie das Kind und danach die Eltern, was sie meinen, wie es dem Kind im Film geht und was nicht korrekt von den Erwachsenen war. Beispielsweise kann nach der Übergriffssequenz durch den Vater im Film der anwesende Vater eingeladen werden, sich dazu zu äussern.

Fachperson: „Was meinen Sie als Vater, wie geht es dem Kind im Film?"

Vater: „Sicher nicht gut!"

Fachperson: „Nicht gut?"

Vater: „Das Kind will das nicht. Es will Nähe zum Vater und nicht das, was der Vater da macht."

Fachperson: „Darf ein Vater sein Kind auffordern, seinen Penis zu berühren oder ihn zu streicheln?"

Vater: „Keinesfalls!"

Fachperson: *„Wenn ein Vater dies wie im Film macht, was soll dann ein Kind tun?"*

Vater: *„Das Mädchen im Film sollte sich der Mutter anvertrauen."*

Fachperson: *„Ja, das sehe ich genau wie Sie. Was soll das Kind aber machen, wenn es Angst hat, dass es dann keinen Kontakt mehr zum Vater haben darf, oder es befürchtet, dass der Vater dann ins Gefängnis muss?"*

Vater: *„Trotzdem, es soll mit der Mutter oder jemand anderem darüber reden, wie beispielsweise im Film gezeigt mit der Lehrerin."*

Fachperson: *„Mit wem könnte denn beispielsweise Ihre Tochter reden?"*

Vater: *„Äh, mit der Mutter natürlich oder auch mit Ihnen, sie kennt Sie ja jetzt."*

Der Film bietet unzählige Möglichkeiten, die Mutter oder den Vater einzuladen, die oben aufgelisteten Informationsteile – mittels unterstützender Fragen der Fachperson – unmissverständlich dem Kind oder den Kindern mitzuteilen.

Einem nicht missbrauchten Kind helfen diese Informationen sich in diesem Themenbereich zurechtzufinden. Ein missbrauchtes Kind kann die erlebte Situation nun einordnen, versteht nun insbesondere, was korrektes und unkorrektes Verhalten des Täters ist, und kennt jetzt eine oder mehrere Ansprechpartner/innen.

Bei kleinen Kindern können auch Bücher wie „Mein Körper gehört mir!" oder „Das grosse und das kleine NEIN" (→Seite 281) als Gesprächsmittel genutzt werden.

BESONDERHEITEN BEIM ABSCHLUSS

Diese Phase entspricht wieder den gemachten Ausführungen beim kindorientierten Elterngespräch (⋯→Seite 130-135).

VORTEILE UND MÖGLICHE NACHTEILE

Seit 1993 wird dieses Praxismodell angewandt. Die speziell ausgerichteten Gesprächstools ermöglichten bisher beinahe allen Eltern, in den Beratungsprozess einzusteigen, tragfähige und überprüfbare Lösungen zu entwickeln sowie einen zukünftig sicheren Kontakt ihres Kindes zu beiden Elternteilen zu installieren, auch nach langen Kontaktunterbrechungen.

Als Nachteile dieses Vorgehens könnten angeführt werden, dass beispielsweise bei missbrauchten Kindern ein möglicher positiver Effekt durch das „Aufdecken der Wahrheit" entfällt oder dass mit diesem Vorgehen dem Täter eine „goldene Brücke" vor einer Verurteilung ermöglicht wird. Fälschlicherweise beschuldigte Väter können sich bei diesem Vorgehen nicht wirklich rehabilitieren und es bleibt in der Regel etwas an ihnen hängen. Der aufgebaute Kinderschutz schliesst nur die Kinder des betroffenen Systems ein.

Demgegenüber stehen verschiedene Vorteile.

Dem Kind wird es wieder ermöglicht – oftmals nach grossen zeitlichen Unterbrechungen –, einen angemessenen, entspannten und sicheren Kontakt zu beiden Elternteilen zu leben. Es wird wieder freier, sich auf seine dem Alter entsprechenden Lebensfragen zu konzentrieren. Die konkreten, überprüfbaren Regeln wirken sich markant beruhigend auf die Eltern aus, sie reduzieren oder lösen den Triangulationsdruck auf das Kind auf. Alle bestehenden und weiteren Entscheidungen und Schritte orientieren sich zentral am Wohl des Kindes und nicht an Rechtsforderungen oder Bedürfnissen der Erwachsenen. Die neue Kooperationsbasis ermöglicht den Eltern, ihre Fähigkeiten, ihre Feinfühligkeit und ihr Engagement für ihr Kind einzusetzen. Die Elternkooperation verbessert sich dabei erfahrungsgemäss mindestens auf das minimal erforderliche Niveau, vielfach auf eine unerwartet konstruktive Ebene bei gleichzeitig bewusst am Leben erhaltener Vorsicht.

Das Kind verfügt über zusätzliche Selbstschutzoptionen und kann das Geschehene einordnen.

Das Beratungsvorgehen ist über den ganzen Prozess hinweg transparent und durch den elterlichen Auftrag legitimiert „Im Zweifel für das Kind!".

WAS SAGEN BETROFFENE?

Auch viele Jahre nach Abschluss der Beratung melden sich einzelne Familienmitglieder mit kurzen Mails und berichten, wie es ihnen geht. So schrieb eine Mutter vor Kurzem:

„Die Gespräche haben uns damals unbeschreiblich viel geholfen! Nach langer Leidensgeschichte wurden meine Kinder und ich erstmals ernst genommen. Dank den Abmachungen durften die beiden Mädchen doch noch gute und sichere Tage mit ihrem Vater erleben."

In einem Evaluationsgespräch zwei Jahre nach Beratungsabschluss berichtete eine Mutter:

„Ich weiß gar nicht, was wir in den Gesprächen gemacht haben ... Einfach geredet, bis alles klar war ... Es hat mich oft innerlich geschüttelt, wenn ich den Vater sah ... Nun aus Distanz bin ich total sicher, dass er die Buben missbraucht hat. Ich denke, wenn es aber ans Tageslicht gekommen wäre, hätte das den Kindern massiv geschadet, denn sie lieben den Vater sehr und sie konnten ihn dank den Abmachungen weiter auf eine für sie gute und selbstgesteuerte Art sehen und ich hatte immer die Gewissheit, dass sie nun wirklich geschützt sind. Ich bin dem Vater auch dankbar, dass er dazu bereit war."

Gelingende Zusammenarbeit Behörden und Beratende

Die Zusammenarbeit zwischen Behörden und beratenden Fachleuten ist für eine erfolgreiche kindorientierte Arbeit mit hochstrittigen Eltern zentral.

Sechs veränderungsunterstützende Auftragselemente werden besprochen und was für eine gelingende Zusammenarbeit während der Elternberatung wichtig ist.

Erfahrungen und Folgerungen

Um in der Arbeit mit hochstrittigen Eltern entwicklungsförderliche Lebensbedingungen für Kinder zu erreichen, ist eine professionelle Zusammenarbeit zwischen den auftraggebenden Behörden (z. B. Gericht, KESB) und auftragnehmenden beratenden Fachleuten (z. B. Beiständinnen/Beistände; spezialisierte Stellen) unabdingbar.

Je konfliktärer und langandauernder der Streit besteht, desto eindeutiger muss die Aufgabenaufteilung erfolgen und unmissverständlicher die Zusammenarbeit vereinbart sein. Erfahrungen aus der Praxis zeigen, dass ansonsten die Gefahr besteht, positive Veränderungsschritte zu behindern oder zunichte zu machen und im schlimmsten Fall sogar einer Chronifizierung Vorschub geleistet wird.

Behörden und Beratende verbindet das Interesse, dem Kind zu helfen. Unterschiedliche Aufträge, Ausbildungen, Rahmenbedingungen, Lösungsvorstellungen, persönliche Sichtweisen usw. können schnell und unerwartet die kindorientierte Kooperation zwischen den Fachleuten stören und im schlimmsten Fall den Konflikt der Eltern auf Fachleuteebene widerspiegeln.

Auf den folgenden Seiten wird besprochen, wie Entscheidungsbehörden einen veränderungsunterstützenden Kontext zugunsten der betroffenen Kinder gestalten, zu erwartende Fallen in der Zusammenarbeit mit den Eltern umgehen und eine für das Kind nützliche kindorientierte Elternberatung unterstützen können.

Beachtenswerte Punkte werden entlang des Ablaufs eines üblichen Elternberatungsprozesses behandelt (⇢Seite 52).

Kindorientierte Aufträge

AUSGANGSKONTEXT

Ein massiver, langandauernder Streit zwischen den Eltern schadet dem Kind (⋯→Seite 22-24) und stellt damit eine latente Kindswohlgefährdung dar. Sofern aber keine akute Kindswohlgefährdung erkennbar ist, bleibt die Verantwortung für die Kinder weiterhin bei den Eltern (⋯→Seite 28-30).

Wenn davon ausgegangen werden kann, dass die Mutter und der Vater grundsätzlich kompetent sind, für ihr Kind zu sorgen, eine latente Kindswohlgefährdung aber durch den elterlichen Konflikt anzunehmen ist und die Eltern kein Beratungsangebot freiwillig in Anspruch nehmen (Kaskadenstufe 1 > Seiten 29/30), ist eine veränderungs- und kindorientierte Weisung für die Eltern angezeigt (Kaskadenstufe 2 > Seiten 29/30)

Bei der Wahl der Weisung an die Eltern ist limitierend, dass eine nachhaltige Beendigung des Konfliktes und Rückkehr zu kinderdienlichem elterlichem Verhalten ausschliesslich in den Händen der Eltern liegt. Behörden können mit ihren Entscheiden, Beratende mit Informationen, Programmen und Gesprächen, die Eltern dabei nur unterstützen. Für einen kindswohlorientierten Auftrag stehen mehrere Standardoptionen zur Verfügung.

STANDARDOPTIONEN

Neben dem im Buch vorgestellten Modell der „Kindorientierten Elternberatung" stehen den Behörden für Weisungen beispielsweise zur Auswahl: „Regionale Eltern-/Familienberatung und kindorientierte Mediation", Kurse mit Bezeichnungen wie „Kinder im Blick", das Interventionsprogramm „Kinder aus der Klemme" (⋯→Seite 244-247). Diese Unterstützungen orientieren sich am Rollenverständnis II (⋯→Seite 36-39).

Angebote zur Verbesserung der Paarkommunikation unter dem Überbegriff „(Paar-)Mediation" werden bei hochstrittigen Eltern als wenig zieldienlich erachtet und darum im Folgenden nicht aufgeführt [106].

Weitreichendere Massnahmen der Kaskadenstufe 3 und 4 (⋯→Seite 28-30)

---

[106] Siehe auch Walper et al. (2013), Seite 161

erfüllen bei der vorgängig skizzierten Ausgangssituation kaum die Anforderungen der Zweckmässigkeit und Verhältnismässigkeit und vergrössern vielfach das Problem. Abklärungsaufträge beinhalten unter anderem die Gefahr, erstarrte Haltungen der Eltern und strategische Kommunikation mit Fachleuten zu verstärken, insbesondere bei Gewaltvorwürfen (···Seite 40).

Aufgrund bestimmter regionaler Gegebenheiten errichten einige Behörden zwar eine Beistandschaft, aber mit dem einzigen Auftragspunkt einer kindorientierten Elternberatung. Dies entspricht dann wieder sinngemäss der Kaskadenstufe II. Beratenden Fachpersonen erlaubt dies, mit Unterstützung der anordnenden Behörde, im zieldienlichen Rollenverständnis II zu handeln.

WELCHES IST DIE PASSENDE ELTERNUNTERSTÜTZUNG?

Beheben die Eltern im Rahmen ihrer elterlichen Verantwortung die latente Gefährdung des Kindes infolge ihres Konfliktes nicht selbstständig, sind behördlich Weisungen im Rahmen der Kaskadenstufe 2 möglich und angezeigt [107].

Die Massnahmen sind selbstredend den elterlichen Kompetenzen, dem Alter des Kindes usw. anzupassen. Bei der Wahl der passenden Massnahme können die nachstehend beschriebenen Unterschiede orientierend sein.

Eltern-/Familienberatung und kindorientierte Mediation ist erfolgsversprechend, wenn die Eltern voraussichtlich mit Unterstützung durch lösungsorientierte Gesprächstechniken befähigt werden können, ihre anstehenden Fragen und dysfunktionalen Verhaltensweisen kindorientiert zu lösen. Dafür müssen die Eltern insbesondere in der Lage sein, ihre konfliktären Impulse mit wenig invasiver Gesprächsführung zu kontrollieren. Zudem müssen sie sich als kooperierende Eltern verstehen und mit geringer Aussenhilfe in die Bedürfnisse von Kindern eindenken können. Dauer und Setting kann der aktuellen Situation angepasst werden.

---

[107] Das Gericht/die KESB ordnet im Rahmen von Art. 307 Abs. 3 ZGB i. v. m. Art. 273 Abs. 2 ZGB die Eltern an, das betreffende Unterstützungsangebot in Anspruch zu nehmen (··· Muster S. 242).

Der Kurs „Kinder im Blick" [108] ist ein psychoedukatives Angebot für Eltern an sieben Abenden à 3 Stunden zu Dynamik, Konsequenzen und Verbesserungsmöglichkeiten in Trennungskonflikten.

Die Eltern absolvieren den Kurs in unterschiedlichen Kursgruppen mit maximal zehn Elternteilen, in ähnlichen Lebensumständen. Die Gruppe wird als geschütztes und sicheres Übungsfeld genutzt, um neu Erlerntes in den Alltag zu transformieren.

Da die Module an allen Durchführungsorten gleich strukturiert sind, kann jeder Elternteil den örtlich geeignetsten Kursort wählen.

Der Kurs behandelt mit den Eltern drei grundlegende Fragen:

- Wie können sie weiterhin die Beziehung zu ihrem Kind positiv gestalten und seine Entwicklung fördern?
- Was können sie tun, um Stress zu vermeiden und abzubauen?
- Wie können sie den Kontakt zum anderen Elternteil im Sinne des gemeinsamen Kindes gestalten?

Kurzinputs, Übungen/Rollenspiele sowie Austauschrunden und Aufgaben zwischen den Abenden kommen zur Anwendung.

Für den Kurs müssen die Eltern ein Interesse an Selbstreflexion und Verhaltensveränderung mitbringen sowie sich mit Unterstützung der Kursleitenden konstruktiv in Gruppenprozesse einfügen können. Ein minimales Verständnis der deutschen Sprache ist Voraussetzung. Sie müssen ertragen, dass die Schilderung ihrer persönlichen Situation nur beschränkt möglich ist.

Die Teilnehmenden können von dem Kurs vor allem profitieren, wenn sie aktuell Kontakt zu ihrem Kind/ihren Kindern haben. [109]

Das Interventionsprogramm „Kinder aus der Klemme" basiert auf dem Grundsatz der Multifamilientherapie. Es findet an acht Abenden à 2 Stunden statt. Bedingung ist die Teilnahme an einem Vorbereitungsgespräch für die Eltern und ihren Kindern. Zudem wird ein Informationsabend für Verwandte, Freunde und andere Unterstützer durchgeführt.

---

[108] In verschiedenen Regionen werden ähnliche Kurse unter anderem Namen, beispielsweise „Eltern bleiben", angeboten.

[109] Weitere Informationen beispielsweise: www.kinderimblick.ch / www.zh.ch/eltern-bleiben

Eltern und Kinder arbeiten in parallelen Gruppen und die Pausen werden gemeinsam verbracht.

Ziele des Programms sind:
- Den Kindern (wieder) eine Stimme geben.
- Die Bedürfnisse der Kinder zurück ins Bewusstsein ihrer Eltern bringen
- Destruktive Muster und Handlungsalternativen erkennen lassen
- Dass es Eltern gelingt, mit Unterstützung ihrer Netzwerke Streitigkeiten zu befrieden
- Kinder Gemeinschaft und Akzeptanz für ihre Situation erleben lassen

Kurzinputs, Übungen und Aufgaben kommen zur Anwendung mit der Grundannahme, dass die Teilnehmenden mit Unterstützung der Fachleute und der anderen Teilnehmenden fähig zu kindorientierten Lösungen sind.

Um am Programm teilnehmen zu dürfen, müssen die Eltern bereit sein, sich zu bemühen, für ihre Kinder eine einfachere, konfliktfreiere Situation zu schaffen. Die Kinder müssen bereit sein, zu den Treffen zu kommen.

Jede Gruppe wird von zwei Fachleuten angeleitet.[110]

Kindorientierte Elterngespräche – wie im Buch beschrieben – zielen darauf ab, dass hochstrittige Eltern in Bezug auf konkrete Themen (inklusive schwerwiegender Verdachtsäusserungen) wieder kindorientiert denken. Gemeinsam getragene Vereinbarungen sollen sie absprechen und umsetzen.

Je mehr die Eltern den Kriterien von hochstrittigen Eltern entsprechen (→Seite 16-20), desto eher ist dieses Angebot angezeigt.

Aufgrund der direktiven Gesprächsführung sind keine besonderen Kompetenzen von den Eltern mitzubringen. Ziele, Form und Dauer wurden früher im Buch detailliert beschrieben.

---

[110] Angebote beispielsweise: www.kadk.ch / www.schlossmatt-bern. ch / www.akompa. ch / www.kinderausderklemme-sh.ch

Elternunterstützung abgestuft auf den Konfliktpegel

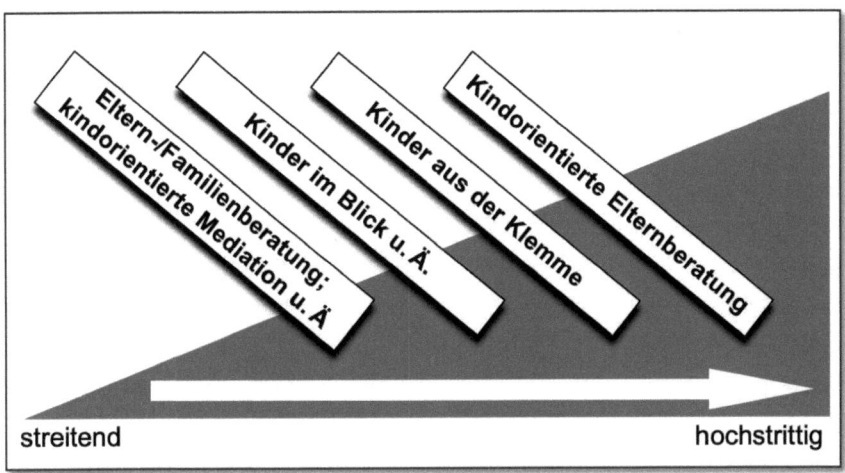

Das detaillierte Angebot (Zielgruppe, Themenschwerpunkte, Rahmenbedingungen, Kontraindikationen usw.) kann am besten von den jeweiligen regionalen Anbieter/innen erfahren werden.

EINSCHÄTZUNGSGESPRÄCH

Ist aufgrund der bekannten Informationen von einer akuten Kindswohl-gefährdung auszugehen, ordnet die Behörde eine kindorientierte Abklä-rung an (→Seite 41-43). Besteht eine latente Kindswohlgefährdung, stellt sich die Frage, ob und welche der vorgängig beschriebenen Elternun-terstützungen angezeigt ist.

Zur Bestimmung der zweckmässigen und verhältnismässigen Mass-nahme bei einer latenten Kindeswohlgefährdung kann ein 15- bis 30-minütiges Einschätzungsgespräch mit den Eltern helfen.

Die Aussagen und das Verhalten der Eltern in diesem Gespräch sollen insbesondere Auskunft darüber geben:

- Können die Eltern die Bedürfnisse ihres Kindes erkennen und sind diese für sie handlungsleitend (= Kindsbedürfnisse im Blick)?
- Stehen zukünftige Lösungen für das Kind oder vergangenheitsorien-tierte Schuldzuweisungen im Zentrum (= Kind- oder Paarfokus)?
- Wie gut gelingt es den Eltern, zuzuhören und auf Äusserungen des anderen Elternteils konstruktiv zu reagieren (= als Eltern begreifen und das Expertentum des Anderen anerkennen)?
- Wie stark ist das Kind durch die von der Fachperson erlebte elterliche Kommunikation voraussichtlich belastet (= Belastungspegel)?
- Wie direktiv muss die Gesprächsführung sein, damit die Eltern kindori-entiert sprechen können (= erforderliche Gesprächsführung)?

Ein Einschätzungsgespräch erfolgt entlang des Rollenverständnisses I und soll faktenbasierte Entscheidungen ermöglichen.

Je weniger die Eltern Kinderbedürfnisse im Blick haben, sich als gleich-bedeutsame Elternteile verstehen, konfliktdeeskalierend wirken können und desto mehr direktive Gesprächsführung erforderlich ist, wird eine Massnahme in Richtung Hochstrittigkeit erforderlich.

Um die elterliche Interaktion zutage treten zu lassen, werden die Eltern gemeinsam zum Gespräch eingeladen und zu Beginn bewusst keine deeskalierenden Gesprächsstrukturen eingeführt (→Seite 60-62).

In der Regel führt ein Behördenmitglied das Gespräch, eine zweite Per-son notiert zentrale Elternaussagen zu den oben beschriebenen Ein-schätzungspunkten.

Möglicher Ablauf und Fragebeispiele

1. Gesprächsauslöser und Rolle klären, etwa so:
   - *„X hat sich gemeldet und macht sich Sorgen um* [Name des Kindes]. *KESB hat Aufgabe zu prüfen, ob Sie zugunsten Ihres Kindes allein für Abhilfe sorgen können oder Hilfe benötigen".*

2. Mögliche Startfragen:
   - (an auslösenden Elternteil) *„Was macht Ihnen Sorgen?"*
   - (an den anderen Elternteil) *„Was ist Ihre Sichtweise?"*

3. Kind ins Zentrum stellen:
   - *„Wie fühlt sich Ihr Kind, wenn Sie beide derart unterschiedliche Sichtweisen haben … so miteinander reden …?"*
   - *„Was würde sich Ihr Kind von Ihnen wünschen, wenn es offen reden könnte?"*
   - *usw.*

4. Lösungsidee einfordern:
   - *„Wie wollen Sie diesen Konflikt zugunsten Ihres Kindes lösen?"*
   - *„Worüber sind Sie sich dazu bereits einig, worüber haben Sie noch unterschiedliche Ansichten?"*
   - *usw.*

5. Austausch:
   - *„Meine Kollegin und ich ziehen uns kurz zurück und tauschen uns über das Gehörte aus und teilen Ihnen danach unsere Einschätzung mit."*

6. Abschluss und Mitteilung weiteres Vorgehen:
   - *„Meine Kollegin und ich hören grosse Unterschiede zwischen Ihnen als Eltern in Bezug auf* [Name des Kindes]. *Konflikte zwischen Eltern belasten Kinder massiv und müssen daher von den Eltern gelöst werden. Aus unserer Sicht ist angezeigt … (Massnahme kurz vorstellen und Fragen beantworten; keine Diskussion!). Wir lassen Ihnen den Entscheid nach Rücksprache mit dem Spruchköper schriftlich zukommen."*

7. Verabschiedung und evtl. getrenntes Gehenlassen (⸽Seite 77)

Geeignete beratende Fachleute

Der Autor vertritt die Ansicht, dass kindorientierte Elternberatungen mit konfliktären Eltern am effektivsten von den bisher beauftragten beratenden Fachleuten (Beistände, Abklärende usw.) übernommen werden sollten. Die dafür erforderliche Schulung sowie die laufende supervisorische Unterstützung sind vom Arbeitgeber zu gewährleisten.

Der Zusatzaufwand für diese Tätigkeit soll durch die Reduktion von nicht mehr erforderlichen und vielfach wenig kinderdienlichen Tätigkeiten (sinnlose Elternmails beantworten; zeitaufwendige Stellungnahmen auf Elterneingaben verfassen; Aufstellen von Besuchs-/Ferienplänen, obwohl die Eltern dazu in der Läge wären; vielfach unnütze schriftliche und telefonische Kommunikation mit Fachleuten, Anwältinnen/Anwälten usw.) so weit wie möglich kompensiert werden.

Für besondere Situationen (chronifizierte, hochkonfliktive Elternbeziehungen; nicht bewältigbarer Arbeitsumfang; ausserordentlich konfliktäre Beziehung zwischen Fachinstanz und Eltern usw.) ist ein spezialisiertes Team in der Organisation aufzubauen oder ein Beratungsauftrag einer spezialisierten externen Beratungsperson zu übertragen[111].

Die nachstehenden Ausführungen zu «Hilfreiche Auftragselemente» beziehen sich auf die Unterstützung der Eltern mittels kindorientierter Elterngespräche und dürften wohl auch für die anderen erwähnten elterlichen Hilfsangebote angepasst anwendbar sein.

---

[111] Adressen von Fachleuten/Institutionen, beispielsweise unter: www.pf-sc.ch

HILFREICHE AUFTRAGSELEMENTE

Zentrale Punkte, wie Behörden (KESB/Gerichte) durch klare Weisungen eine erfolgreiche Elternberatung unterstützen können, wurden früher im Buch unter Kontextgestaltung (→Seite 54-56) beschrieben und in der Mustervorlage (→Seite 264; Zusatz bei Verdachtsäusserungen →Seite 218) illustriert.

Nachstehend werden dazu einige Vertiefungen und Präzisierungen vorgenommen sowie zusätzliche Optionen besprochen, welche ausgelöst sind durch erfreuliche und weniger kinderdienliche Praxiserfahrungen in den vergangenen Jahren.

⇨ VERÄNDERUNGSDRUCK AUF ELTERN

Die beratende Fachperson trägt die Verantwortung für eine kindswohlfokussierte Gesprächsführung und die Einhaltung des vorgegebenen Auftragsrahmens. In der Weisung ist aber darauf zu verzichten, den Beratenden inhaltliche Aufträge zu erteilen oder diese unter zeitlichen Ergebnisdruck zu setzen. Andererseits ist es überlegenswert, den Eltern zugunsten der Kinder zeitliche Vorgaben zu machen.

Die inhaltliche Veränderungsverantwortung ist explizit den Eltern zu übertragen. Sie sollen in der Weisung insbesondere erkennen, dass:

- die Verantwortung für die Entwicklung kindorientierter Lösungen bei ihnen belassen oder wieder zugeordnet wird.

- die Beratung erst endet, wenn sie gemeinsam alle zurzeit wichtigen kinderbezogenen Probleme gelöst haben und sie daher keine Möglichkeit haben „die Beratung auszusitzen".

- wenn ein Elternteil einen kinderschädlichen Verdacht hat (→Seite 204-205), dieser eine derartige Vermutung in der Elternberatung zur Sprache bringen muss und die Eltern dafür kindorientierte Lösungen erarbeiten müssen.

- Die Fachperson zurückmelden muss, ob die Eltern ihre Aufgabe erfüllen. Formulierungsbeispiel: *„[Name Fachperson/Fachstelle] wird gebeten, bis [Datum] mündlich zu berichten, ob die Eltern ihre elterliche Aufgabe wahrnehmen. In einem kurzen Abschlussbericht teilt [Name Fachperson/Fachstelle] die neuen kinderdienlichen Elternabsprachen [Name Gericht/Behörde] mit."*

Treten Probleme im Beratungsprozess auf, welche einen Erfolg fraglich erscheinen lassen, oder werden akute Kindswohlgefährdungen erkannt, so nimmt die beratende Fachperson mit dem Auftraggebenden Kontakt auf (→Seite 195-198). Es empfiehlt sich, diese zwei Punkte in der Weisung nicht explizit zu erwähnen (sie gelten auch ohne Erwähnung von Gesetzes wegen), um kein mögliches zusätzliches Konfliktfeld zu eröffnen.

⇨ GESPRÄCHSTERMINFESTLEGUNG

Dringend empfohlen wird, in der Weisung die ersten drei Elterngesprächstermine festzuhalten (→Seite 252). Bei angeordneten kindorientierten Elterngesprächen, in welchen Verdachtsäusserungen bekannt sind, empfiehlt es sich, die ersten fünf Termine vorzugeben. Damit wird beabsichtigt zu verhindern, dass die Eltern die Terminfindung als Konfliktmaterial einsetzen können.

In der Praxis versuchen einige Eltern dennoch, angeordnete Termine zu ihren Gunsten zu verändern, mit teilweise fadenscheinigen Begründungen, aber auch mit nachvollziehbaren, wie gebuchte Ferien, Arbeitsabwesenheiten.

Wird darauf eingegangen, begünstigt dies aus der Sicht der streitenden Eltern einen Elternteil und birgt die Gefahr, dass Behörden oder Fachleute von einem Elternteil als Allianzpartner und vom anderen als nicht fair und neutral angesehen werden. Das kann den Beratungsprozess massiv erschweren.

Berücksichtigung von Terminänderungswünschen eines Elternteiles im Kontext von Konflikten führen zudem oft zu erheblichen Verzögerungen und zusätzlichen administrativen Aufwendungen.

Vier Punkte bewähren sich in der Praxis, einen guten Start formal zu unterstützen:

- Die Terminfestlegung erfolgt durch die anordnende Behörde. Die Fachperson sendet dafür eine Auswahl von möglichen Terminen der Behörde zu, welche daraus auswählt. Oft bewährt es sich, zwischen dem ersten und zweiten Elterngespräch zwei Wochen und zum dritten drei Wochen Abstand zu legen.
- Bei der Terminfestlegung berücksichtigt die Behörde bereits bekannte Informationen (Schulferien/Ferien, Arbeitssituation, Kitazeiten usw.), ohne dies in der Weisung zu erwähnen.

- In der Weisung wird den Eltern die Verbindlichkeit der Termine mitgeteilt.

Wird die beratende Fachperson nach Erhalt der Weisung von einem Elternteil mit der Bitte um Terminverschiebung kontaktiert, so wird der Elternteil in der Regel an die Behörde als Entscheidungsinstanz verwiesen.

Eine Variante ist – wenn dies erfolgversprechend erscheint –, dass die Beratenden dem anfragenden Elternteil seine aktuell freien Termine mitteilt. Dieser Elternteil muss dann den anderen Elternteil direkt anfragen, ob dieser mit einer Verschiebung auf eines der Alternativdaten einverstanden ist. Dabei gilt die Regel, dass wenn keine Einigung zwischen den Eltern zustande kommt, die angeordneten Termine weiterhin gelten.

⇨ FÜR DAS KIND POSITIVES WEITERFÜHREN

Alles Funktionierende und von beiden Eltern bisher Mitgetragene, soll weitergeführt und, wenn zieldienlich, in der Weisung festgehalten werden: *„Den Eltern wird nahegelegt, während der kindorientierten Elternberatung alles, was gut für [Name des Kindes] ist und sie als Eltern bisher teilten, beizubehalten."* Eventuell ausformulieren: *„...insbesondere die wöchentlichen Telefonkontakte, ..."*

Bestehende Vorgaben zugunsten des Kindes können bei Bedarf ebenfalls festgehalten werden: *„Bis die Eltern neue, kinderdienlichere Absprachen in der Beratung vereinbart haben, bleiben die begleiteten Besuchskontakte bestehen."*

⇨ AUFTRAG AN ELTERN UND BERATUNGSDAUER

Absprachen zur Kontaktform, Erziehung, Schule usw., welche nicht (mehr) von beiden Eltern mitgetragen werden, triangulieren das Kind und müssen daher von den Eltern in der kindorientierten Beratung bearbeitet und mittels von beiden getragener Vereinbarungen für die Zukunft gelöst werden.

Den Eltern soll durch die Weisung klar werden, dass es ihre Verantwortung ist, konfliktbehaftete Themen in die Beratung einzubringen und dort zu lösen. Es soll auch deutlich werden, dass die Beratung logischerweise erst enden kann, wenn alle für die Kinder relevanten Punkte kindsgerecht gelöst sind. Eventuell bestehenden Vorstellungen, dass es genügt, zu kommen und nach einer vorgegebenen Anzahl von Sitzungen ergebnislos zu gehen, wird damit versucht, einen Riegel vorzuschieben.

Folgende Formulierung ist vielfach hilfreich: *„Die kindorientierte Elternberatung dauert so lange, bis die Eltern den kindswohlschädigenden Konflikt mittels einvernehmlich gefundenen Lösungen, die den Bedürfnissen und Interessen des Kindes entsprechen, beendet haben."* Wenn sinnvoll, genaue Punkte auflisten in der Form: *„Insbesondere sind Lösungen von den Eltern zu entwickeln zu…"*

Praxiserfahrungen zeigen, dass in der Regel 7–10 Elterngespräche in Fällen ohne Verdachtsäusserungen (→Seite 204-205) ausreichen und weitere Sitzungen nur in ausserordentlichen Fällen einen Mehrwert bringen. Um falschen Anreizen vorzubeugen, ist diese Begrenzung den Eltern nicht mitzuteilen.

Kommt die beratende Fachperson zur Ansicht, dass dieses spezialisierte Hilfsangebot nicht (mehr) zieldienlich ist, gehört es zu ihrer Verantwortung, die anordnende Behörde zu informieren und mit dieser das weitere Vorgehen abzusprechen.

⇨ ANWÄLTE UND JURISTISCHE PROZESSE

Zur Unterstützung einer erfolgreichen kindorientierten Elternberatung werden die Eltern in der Weisung aufgefordert, während der Dauer des Beratungsprozesses auf rechtliche Schritte zu verzichten (→Seite 54/264).

Dieser Punkt soll die Eltern zusätzlich in die kindorientierte Lösungsverantwortung nehmen und, soweit möglich, konfliktaufheizende Gespräche mit Anwälten und juristische Prozesse verhindern.

Nach erteiltem Beratungsauftrag sollen, bis zum Abschluss des Beratungsprozesses, anwaltschaftliche Einsprachen, so weit als gesetzlich vertretbar, blockiert werden. Es ist angezeigt, keine einspracheberechtigte mündliche oder schriftliche Zwischenberichte in der Weisung vorzusehen, da diese vielfach den Konflikt anfachen und zu Verzögerungen führen.

⇨ VIELE KÖCHE VERDERBEN DEN BREI

Kindorientierte Elternberatung, in welcher die Eltern wieder in ihre Verantwortung im Sinne des „Rollenverständnisses II" genommen werden sollen, bedürfen der Fokussierung auf eine beraterische Fachperson für alle direkt kinderbezogenen Themen (z.B. persönlicher Verkehr, Obhut, Erziehungs-/Schulfragen, medizinische Entscheidungen, elterliche Kommunikation), um eine nachhaltige, zukünftig von beiden Eltern mitgetragene Lösung zu erreichen.

In hochstrittigen Elternkontexten ist daher zentral, dass in der Weisung zur angeordneten kindorientierten Elternberatung bisherige Aufträge zu der gemeinsamen Elternverantwortung an andere Fachleute sistiert werden (⋯ Seite 264).

Den streitenden Eltern soll damit verunmöglicht werden, kinderbezogene Themen an zwei Orten zu besprechen und im ungünstigsten Fall Fachleute gegeneinander auszuspielen.

Bei zusätzlich erforderlichen Aufträgen zu anderen Bereichen als die gemeinsame Elternverantwortung (z.B. Gewaltberatung; individuelles Erziehungscoaching) oder bisherige Unterstützung eines Elternteils (z.B. sozialpädagogische Familienbegleitung) sowie für bestehende Übergangsmassnahmen (z.B. begleitete Übergaben), sind den jeweiligen Fachleuten von den Behörden klare Arbeitsabgrenzungen mitzuteilen. Dadurch soll die kindorientierte Elternberatung gestützt und gegenseitige Behinderung oder Doppelspurigkeiten zuungunsten der Kinder verhindert werden.

Bei einer Weisung zur kindorientierten Elternberatung soll – wenn immer möglich – auf die gleichzeitige Anordnung weiterer Massnahmen verzichtet und insbesondere keine Abklärungsaufträge (Rollenverständnis I) erteilt werden.

Die obigen Punkte bilden das erforderliche Fundament der Veränderungsarbeit mit den Eltern und für die Zusammenarbeit der Behörden und der Beratenden im Umgang mit verschiedenen herausfordernden Situationen im Beratungsprozess. Nachstehend werden Umgangsoptionen mit bekannten Situationen während des Beratungsprozesses beschrieben und Lösungsansätze vorgestellt.

Zusammenarbeit während der Beratungszeit

Während der Dauer einer angeordneten kindorientierten Elternberatung sind die Behörden zeitlich fast vollständig entlastet.

Es gibt für Behördenmitglieder und beratende Fachleute einige wenige Klippen zu beachten und bei Bedarf zu umsegeln, um einen erfolgreichen Beratungsprozess zu unterstützen und diesen nicht zu gefährden. Dies betrifft insbesondere Punkte, welche durch die Auftragsformulierungen (→Seite 251-255) bisher nicht geregelt sind.

⇨ KONTAKTAUFNAHME EINES ELTERNTEILS

Einige Elternteile rufen während einer angeordneten Elternberatung bei den Behörden an und äussern, dass das Kindeswohl gefährdet sei, oder kritisieren den anderen Elternteil oder die beratende Fachperson usw. Ihr Anruf hat zum Zweck, das Behördenmitglied als Allianzpartner zu gewinnen (→ Seite 20). Das Vorgehen entspricht zudem einer Vermeidungsstrategie. Dieser Elternteil versucht seine Verantwortung, im Elterngespräch seine Sorgen und Bedenken einzubringen, an die Behörden abzugeben.

Engagierte Fachpersonen, welche gewohnt sind, der Offizialmaxime nachzuleben und alle Eingänge und Hinweise aufzunehmen, zu dokumentieren und zu bewerten, laufen nun Gefahr, in die „Allianzfalle" zu geraten und/oder eine Expertenmeinung (Rollenverständnis I) zu äussern. Elternteile könnten in den folgenden Elterngesprächen „ausgewählte Äusserungen" anschliessend nutzen, um ihrer Sichtweise Nachdruck zu verschaffen, mit Sätzen der Art: *„Der Gerichtspräsident hat auch gesagt ..."* Um diese Behinderung der kindorientierten Elternberatung zu vermeiden, stehen nachstehende Möglichkeiten zur Verfügung.

Standardmässig kann das Behördenmitglied – ohne vertieftes Nachfragen! – den Elternteil in seiner Klage unterbrechen und diesen mit seinen Sorgen und Bedenken in die angeordnete Elternberatung verweisen. Beispielsweise mit folgenden Formulierungen: *„Bitte erzählen Sie Ihre Beobachtungen und Sorgen im nächsten Elterngespräch, welche wir dafür angeordnet haben."*

Beruhigt sich die Person weiterhin nicht, hilft vielleicht eine Formulierung der Art: *„Ich maile der Beratungsperson, dass Sie sich Sorgen machen und diese im nächsten Elterngespräch einbringen."* Es empfiehlt sich, die Sorgen inhaltlich nicht zu beschreiben, zur Vermeidung des „Postbotenmusters". Dieses Vorgehen nimmt den anklagenden Elternteil in seine Verantwortung, garantiert transparentes Vorgehen und stellt sicher, dass für das betroffene Kind Bedeutsames in den Elterngesprächen zur Sprache kommt.

Versucht der Elternteil weiterhin, das Behördenmitglied zum Handeln zu bringen, kann dieses die behördlich vorgegebene Aufgabenverteilung und die Rolle der Beratungsperson nochmals deutlich machen: *„Als Elternteil ist es Ihre Aufgabe, Ihre Bedenken dem anderen Elternteil offen und transparent zugunsten [Name des Kindes] darzulegen und mit diesem eine Lösung zu entwickeln. Die beauftragte Fachperson unterstützt Sie als Eltern dabei. Kommt die Fachperson zur Ansicht, dass das Kindswohl akut gefährdet ist, so wird diese sich mit uns in Verbindung setzen."*

Einige Elternteile schreiben anstelle eines Telefonanrufes. Die schriftliche Antwort kann analog zum mündlichen Vorgehen erfolgen.

Bei Angriffen gegen die beratende Fachperson, beispielsweise, wenn ein Elternteil sich unfair behandelt oder nicht gehört fühlt, kann analog mündlich oder schriftlich reagiert werden: *„Bitte teilen Sie Ihre Sichtweise der Fachperson mit und suchen Sie mit dieser eine Lösung, damit die kindorientierte Elternberatung zugunsten [Name des Kindes] erfolgen kann."*

In der Praxis bewährt sich, wenn die Behörden (KESB/Gerichte) Merkblätter zur angeordneten Elternberatung abgeben.

⇨ KONTAKTAUFNAHME ANDERER PERSONEN

Partner/innen, Familienangehörige, Therapeutinnen/Therapeuten eines Elternteils oder eines Kindes sowie auch Anwältinnen/Anwälte usw. können sich erfahrungsgemäss auch melden. Wie bei den Eltern, stellt ihre Kontaktaufnahme fast ausschliesslich einen Versuch dar, die Behörde in das Rollenverständnis I und zu einer Allianz gegen den Elternteil, mit dem sie nicht verbunden sind, einzuladen.

In der Regel ist es am kinderdienlichsten, diese Personen aufzufordern, den Elternteil, mit welchem sie verbunden sind, zu unterstützen, deren Sorgen, Bedenken und Kritik in die nächste Elternberatung einzubringen.

Die mündliche und schriftliche Kommunikation mit diesen Personen soll – analog zum Umgang bei Kontaktaufnahme eines Elternteils – auf ein absolutes Minimum beschränkt werden, auch wenn dies eventuell vom Gegenüber als Unhöflichkeit oder Desinteresse erlebt wird. Mit diesem Vorgehen sollen die elterliche Verantwortung und die angestrebte direkte Kooperation zwischen den Eltern gestärkt und auch als angestrebte Normalität hervorgehoben werden.

⇨ EIN ERFOLGREICHES BERATUNGSENDE WIRD FRAGLICH

Ist aufgrund der aktuellen Beratungssituation ein erfolgreicher Beratungsprozess unsicher (→Seite 194-198), so nimmt die beratende Fachperson mit den Auftraggebenden Kontakt auf.

Entstehen Zweifel bei den Behörden/Gerichten, dass die kindorientierte Elternberatung zugunsten des Kindes erfolgversprechend weitergeführt werden kann – beispielsweise aufgrund neuer Informationen –, so nehmen diese mit den Beratenden Kontakt auf.

Idealerweise ergänzen sich „die Aussensicht" der Behörden und „die Innensicht" der Beratenden und diese können im Konsens Abmachungen für das weitere Vorgehen treffen, welche von beiden mit Überzeugung mitgetragen werden.

Wenn unterschiedliche Sichtweisen im persönlichen Austausch bestehen, bewährt sich, dass die auftraggebende Behörde einen Grundsatzentscheid fällt:

A) Die Sichtweise der Gerichte/Behörden kommt zur Anwendung. Damit ist in der Regel die angeordnete kindorientierte Elternberatung beendet, die beratende Fachperson von ihrem Auftrag zu entbinden und die Eltern über das weitere Vorgehen zu informieren. Die Sprachregelung gegenüber den Eltern ist abzusprechen, um kein zusätzliches Konfliktthema zu eröffnen.

B) Die Sichtweise der beratenden Fachperson kommt zur Anwendung. Damit ist in der Regel die Fortsetzung der kindorientierten Elternberatung verbunden und die Behörden/Gerichte sichern zu, das vorgeschlagene Vorgehen der Beratenden zu stützen.

Ein erfolgreicher Beratungsverlauf mit hochstrittigen Eltern ist erfahrungsgemäss nur mit Arbeitsabsprachen, die von Behörden und beratenden Fachleuten mitgetragen werden, zu erreichen.

⇨ ABSCHLUSS BEI NICHT ERFOLGREICHEM BERATUNGS-
VERLAUF

Zeichnet es sich ab, dass mit der kindorientierten Elternberatung keine
Verbesserung zugunsten des Kindes erreicht werden kann, nehmen die
Beratenden mit den Behörden Kontakt auf und legen gemeinsam das
weitere Vorgehen fest.

In der Regel wird die beratende Fachperson in derartigen Situationen
– nach der Information an die Eltern und wenn möglich im Einverständnis mit diesen – das Rollenverständnis II aufgeben. Basierend auf den
bisherigen Beobachtungen werden Beratende einen Abschlussbericht
mit Empfehlungen der auftraggebenden Behörde zustellen und damit
ihre Aufgabe beenden.

Aufgrund des Abschlussberichtes und im Rahmen der gesetzlichen
Bestimmungen legt die Behörde das weitere Vorgehen fest.

⇨ ABSCHLUSS BEI ERFOLGREICHEM BERATUNGSVERLAUF

Je nach Absprache zwischen Behörden und beratenden Fachleuten erfolgt oft eine kurze mündliche oder schriftliche Rückmeldung zum erfolgreichen Beratungsabschluss (⋯Seite 133; 268-269).

Ein kurzer, schriftlicher und positiver Abschluss seitens der Behörde,
entlang der Rückmeldung der beratenden Fachperson, an die Eltern bewährt sich in der Praxis. Damit kann zudem vielfach der gesetzlich erforderliche Verfahrensabschluss erfüllt werden.

Aufgrund verschiedener Praxisrückmeldungen ist von einem persönlichen Abschlussgespräch bei der Behörde nach Möglichkeit abzusehen,
wenn die Eltern im Rahmen der angeordneten Beratung die Kinderbe-
lange regeln konnten. Es wird berichtet, dass die Gefahr besteht, dass
dabei frühere destruktive Muster reaktiviert werden, Behördenmitglieder
unvermittelt ins Rollenverständnis I abrutschen, Anwälte wieder für ihre
Mandanten sprechen und im ungünstigsten Fall eine alte oder neue
Kampffront eröffnet wird.

Sollte eine Behörde ein solches persönliches Abschlussgespräch als
unabdingbar erachten oder ist es vorgeschrieben, so wäre eine detaillierte Vorbereitung sehr zu empfehlen, damit das Gespräch kinderdien-
lich

verläuft und das in den Elterngesprächen Erreichte nicht torpediert wird. Vorbereitende Fragen wären beispielsweise:

- Welcher Nutzen wird für das Kind angestrebt?
- Wie kann das in den Elterngesprächen Erreichte gefestigt werden?
- Wie können die Eltern in ihrer kindorientierten Verantwortung bestärkt werden?
- Wie kann das Abgleiten von Behördenmitgliedern ins Rollenverständnis I verhindert werden?
- Welche kinderdienlichen Rollen hätten anwaltschaftliche Vertretungen in einem solchen Gespräch?

Bei direktem Einbezug des Kindes/Jugendlichen siehe auch Checkliste „Einbezug Kinder" (⋯→Seite 276).

NACHBEMERKUNG

Mit den Gedanken und Empfehlungen in diesem Buchteil wird das Ziel verfolgt, die Behörden/Gerichte und die Beratenden in ihrer anspruchsvollen Kooperationsaufgabe zu unterstützen. Selbstredend sind diese auf die jeweiligen Gegebenheiten anzupassen.

Anhang

- Mustervorlagen
- Checklisten
- Glossar
- Literaturverzeichnis
- Über den Autor

Mustervorlagen

ANORDNUNG EINER KINDORIENTIERTEN BERATUNG[112]

Sachverhalt: ...

Erwägung:

Aufgrund [vorbeschriebene Umstände], ist das Wohl von [Name des Kindes] gefährdet, da seine Eltern [Name der Eltern] seit längerer Zeit massive Konflikte haben, welche die erforderliche elterliche Zusammenarbeit zugunsten [Name des Kindes] beeinträchtigen oder verunmöglichen.

Anordnung:

- Gestützt auf [z.B. Art. 307 Abs. 3 ZGB i.V.m. Art. 273 Abs. 2 ZGB] werden die Eltern von [Name des Kindes] angewiesen, eine kindorientierte Elternberatung bei [Name Fachperson/Fachstelle] in Anspruch zu nehmen und aktiv und verbindlich teilzunehmen.
- Die ersten drei Sitzungen finden statt [Adresse] am [Datum].
- Die kindorientierte Elternberatung dauert so lange, bis die Eltern den kindswohlschädigenden Konflikt mittels einvernehmlich gefundener Lösungen, die den Bedürfnissen und Interessen des Kindes entsprechen, beendet haben. (Wenn sinnvoll, genaue Punkte auflisten in der Form „Insbesondere sind Lösungen zu entwickeln zu ...")
- Für eine erfolgreiche kindorientierte Elternberatung zugunsten von [Name des Kindes] werden die Eltern ersucht, während der Dauer des Beratungsprozesses auf rechtliche Schritte zu verzichten.
- [Name Fachperson/Fachstelle] wird gebeten, bis [Datum] mündlich zu berichten, ob die Eltern ihre elterliche Aufgabe wahrnehmen. In einem kurzen Abschlussbericht teilt [Name Fachperson/Fachstelle] die neuen kinddienlichen Elternabsprachen [Name Gericht/Behörde] mit.
- Wird die kindorientierte Elternberatung von einem Elternteil verweigert, abgebrochen oder verzögert, so macht sich dieser Elternteil gemäss Art. 292 StGB wegen Ungehorsam gegen amtliche Verfügungen] strafbar.
- In diesem Fall nimmt [Name Fachperson/Fachstelle] Kontakt mit [Name Gericht/Behörde] auf und bespricht das weitere Vorgehen.

---

[112] Erweiterte Vorlage aus Wider, Diana und Pfister-Wiederkehr, Daniel (2016), Seite 349

- (Bei bestehender Beistandschaft) Die Aufgaben der Beiständin/des Beistandes werden während der Dauer der kindorientierten Elternberatung sistiert.
- (…)

Weitere möglicherweise zu präzisierende Punkte: Übergangslösung (⋯→Seite 255); weiterführende spezifische Beistandsaufgabe (⋯→Seite 257)

EINLADUNGSBRIEF ZUM ELTERNGESPRÄCH

Die Vorlage ist ausgerichtet für die Situation, wenn sich ein Elternteil allein gemeldet hat und nun der zweite Elternteil zu einem gemeinsamen Elterngespräch einzuladen ist.

Mit diesem Einladungsbrief wird versucht, an die Elternidentität anzukoppeln und deutlich zu machen, dass der angeschriebene Elternteil aus der Sicht der Fachperson zentral wichtig ist.

Der Schwerpunkt der Botschaft liegt auf der Beziehungsebene. Um die Kooperation zu ermöglichen, bleiben Inhalte aussen vor und werden möglichst erst im Elterngespräch durch den anderen Elternteil vorgebracht.

Sehr geehrte/r [Name des Elternteils]

Ich wende mich an Sie als [Mutter/Vater] von [Name des Kindes]. [Die Mutter/der Vater] hat sich an mich gewandt, da sie sich ausserordentliche Sorgen um Ihre/n gemeinsame/n [Tochter/Sohn] macht.

Da es um Ihr gemeinsames Kind geht und ich sicher bin, dass Ihnen als [Mutter/Vater] das Wohl von [Name des Kindes] sehr am Herzen liegt, habe ich vorgeschlagen, Sie als Eltern von [Name des Kindes] zu einem gemeinsamen Elterngespräch einzuladen.

Könnten Sie zu einem Elterngespräch am [Tag, Datum, Zeit] kommen? Aufgrund der Dringlichkeit wäre ich mit Blick auf [Name des Kindes] sehr froh, wenn Sie sich den Termin einrichten könnten.

Ich freue mich, Sie bald kennenzulernen und alles Weitere im persönlichen Gespräch zu besprechen.

Mit freundlichen Grüssen

Beim einem Telefonkontakt sind ähnliche Inhalte und Formulierungen zieldienlich.

REAKTION AUF DIE MITTEILUNG EINES ELTERNTEILES, NICHT ZU KOMMEN

Diese Vorlage enthält mögliche Elemente für eine schriftliche Reaktion, wenn ein Elternteil nicht zum Erstgespräch kommen will und dies schriftlich mitgeteilt hat.

Sehr geehrte/r [Name des Elternteils]

Danke, dass Sie sich bei mir gemeldet haben.

Ich gehe davon aus, dass Sie als [Mutter/Vater] von [Name des Kindes] am Wohl Ihres Kindes sehr interessiert sind. Wenn ich von der [Name der Behörde] mit einer kindorientierten Elternberatung beauftragt werde, ist der Auslöser dafür in der Regel ein massiver Elternkonflikt. Ich gehe davon aus, dass auch Sie der Meinung sind, dass elterliche Konflikte Kindern schaden. Da Eltern ihre Kinder lieben, wollen sie den Kindern diese Belastung ersparen und müssen daher den Konflikt gemeinsam beenden. Ich gehe davon aus, dass allen Beteiligten klar ist, dass tragfähige Lösungen nur in direkten Gesprächen zwischen den Eltern entwickelt werden können.

In diesem Sinne lade ich Sie als [Mutter/Vater] ein, zum Erstgespräch zu kommen. Gerne informiere ich Sie dann über den Zweck der kindorientierten Elternberatung, das Vorgehen und die Erfolgsaussichten. Sie können anschliessend immer noch entscheiden, sich an die [Name der Behörde] wenden.

Es freut mich, Sie bald persönlich kennenzulernen.

Freundliche Grüsse

ZWISCHENBERICHT

Hier ein Beispiel mit häufigen Rückmeldungselementen.

ZWISCHENBERICHT
Kindorientierte Elternberatung für A..., geb. ../../....

Sehr geehrte Frau / Sehr geehrter Herr ...
Sehr geehrte Damen und Herren

Mit Ihrem Entscheid vom ../../.... haben Sie eine kindorientierte Elternberatung zugunsten von A... für die Eltern B... und C... angeordnet und um einen Zwischenbericht bis ../../.... gebeten.

Am ../../.... konnte mit der ersten Elternsitzung gestartet werden. Es fanden bisher drei kindorientierte Elterngespräche statt.

Die Eltern sind sich darüber einig ...

Sie haben bereits ...

Beide Elternteile zeigten, dass sie daran interessiert sind, eine gute zukünftige Lösung für A... zu finden. Sie waren bisher bereit, das Erforderliche von ihrer Seite beizusteuern. Daher ist eine Fortsetzung der kindorientierten Elternberatung aus fachlicher Sicht angezeigt.

Ohne Ihren Gegenbericht wird die Beratung fortgesetzt. Nach Abschluss der kindorientierten Elternberatung lasse ich Ihnen gerne den gewünschten Kurzbericht zukommen.

Treten im Verlauf der Beratung unerwarteterweise Schwierigkeiten auf, welche eine Lösung eher unwahrscheinlich erscheinen lassen oder einen grösseren Einsatz erfordern, nehme ich mit Ihnen Kontakt auf.

Ort, Datum, Name und Funktion/Titel

ABSCHLUSSBERICHT

Hier ein Beispiel mit häufigen Rückmeldungselementen.

ABSCHLUSSBERICHT
Kindorientierte Elternberatung für A…, geb. ../../....

Sehr geehrter Herr Gerichtspräsident Gross
Sehr geehrte Damen und Herren

Mit Ihrem Entscheid vom ../../.... haben Sie eine kindorientierte Elternberatung zugunsten von A… für die Eltern B… und C… angeordnet.

Am ../../.... konnte mit der ersten Elternsitzung gestartet werden. Es fanden anschliessend sieben kindorientierte Beratungsgespräche statt, davon eine Sitzung mit A… und seinen Eltern. An der Abschlusssitzung am ../../.... waren die Eltern und A… dabei.

Die Eltern von A... haben detaillierte Absprachen zugunsten ihres gemeinsamen Sohnes getroffen und schriftlich festgehalten (siehe Berichtsanhang).

Mit ihrer Unterschrift sichern sie zu, diese in Zukunft einzuhalten. A… stimmte den Vereinbarungspunkten, welche ihn im engeren Sinne betreffen, ebenfalls zu.

Aus fachlicher Sicht kann ich die Eltern beglückwünschen, trotz anfänglich sehr unterschiedlicher Ansichten eine gemeinsame Vereinbarung zugunsten von A… entwickelt zu haben.

Ein Abschluss der kindorientierten Beratung ist angezeigt, die Eltern können sich bei Bedarf wieder melden.

Ort, Datum, Name und Funktion/Titel

Checklisten

MÖGLICHE THEMEN ZUM REGELN ZWISCHEN DEN ELTERN

Kinderanliegen- Umgang mit Anliegen des Kindes

Aufenthalt
- Wo lebt Kind (wann, wie lange)?
- Besuchsregelung (Prozedere dazu)
- Ferienreglung (Prozedere dazu)
- Regelung bei Krankheit von Kind und Eltern
- Regelung bei Abwesenheit, Lustlosigkeit Kind
- Regeln bei kollidierenden Terminen (Geburts-
tagseinladungen, Sportveranstaltungen usw.)

Kontakt mit Kind
- Mail, Briefe usw. (Häufigkeit)
- Telefon, Skype usw. (Zeiten und Häufigkeit)
- Regelung bei Besuchs- und Ferienzeiten

Übergabe
- Wann und wo?
- Verbale und nonverbale Kommunikation dabei

Kleider, usw.
- Was mitgeben und zurückbringen?

Betreuung
- Wer zuständig (wenn dies nicht möglich)?

Übernachtung
- Wie (Zimmer, Bett)?
- Unaufgefordertes Betreten Zimmer, Bad
- Reden am Bett (offene oder geschlossene Türen)
- Verhaltensregeln, wenn Kind in der Nacht ruft

Körperkontakt
- Umarmungen und Küsse (Eltern, neue/r Lebens-
partner/in, Familienangehörige, Freunde usw.)
- Kuscheln, spielerisch kämpfen usw.
- Hilfe beim Anziehen, Ausziehen
- Medizinisch indizierte Kontrollen
- Massagen

Hygiene
- Duschen/baden und abtrocknen, eincremen
(wer, was, offene oder geschlossene Türen)
- Begleitung WC zuhause und öffentlich

Kultur   - Wie angezogen vor Kind (nackt aus Bad etc.)?

Information- Was erfordert gegenseitige Information (wer, bis
wann und in welcher Form, z.B. bei Verspätung, Krank-
heit/Unfall, Schule, bedeutsamen Vorfällen beim anderen Elternteil)?

Absprachen- Was erfordert gemeinsame Absprachen (Arzt-
wahl, Medikamente, Abklärungen, Therapien, spiritu-
elle Fragen usw.)?

Freizeit- Frei-/Hallenbad (umziehen, abtrocknen, etc.)
                          - Einreiben mit Sonnencreme

Medien- TV / Video / etc. (Menge, Begleitung etc.)
                          - Handy (Menge, Apps usw.)

Redefreiheit   - Umgang bei positiven oder negativen Erzäh-
                          lungen des Kindes über den anderen Elternteil

Fragen- Zu was darf das Kind über die Lebenswelt beim
anderen Elternteil befragt werden (Interesse vs.
Ausfragen)?

Konfliktregeln   - Was passiert, wenn etwas nicht klappt?

Erfolgskriterien   - An was ist erkennbar, dass die Vereinbarungs-
                          punkte für das Kind positiv oder negativ sind?

Vereinbarung   - Verbindlichkeit und Gültigkeit
                          - Wirkung gegen Dritte und Durchsetzungsver-
                          antwortung der Eltern

MÖGLICHE ELEMENTE EINER ELTERNVEREINBARUNG

Die Vereinbarung besteht in der Regel aus vier Teilen: a) Einleitung und Kontextdefinition; b) Vereinbarungspunkte; c) Konfliktregeln; d) Unterschrift der Eltern.

a) Beispiel für Einleitung und Kontextdefinition

VEREINBARUNG ZUGUNSTEN VON FRIDA

Als Eltern von Frida vereinbaren wir zu deren Wohl die nachstehenden Regeln. Sie gelten, wenn nicht ausdrücklich ausgeschlossen, jeweils für beide Elternteile und deren Umfeld.

Ausdrücklich halten wir fest, dass mit diesen Regeln keine Aussage über frühere nicht kindorientierte Verhaltensweisen des einen oder anderen Elternteils impliziert sind.

Wir verpflichten uns, diese Vereinbarungspunkte zukünftig einzuhalten. Erforderliche Anpassungen der Regeln und neue Regeln werden wir gemeinsam besprechen und können nur im gegenseitigen Einverständnis ausser Kraft oder in Kraft gesetzt werden.

---

b) Beispiele häufiger Vereinbarungspunkte

- *Wir vereinbaren die Besuchswochenenden und Ferien mit Blick auf die Bedürfnisse von Frida gemeinsam jeweils in der ersten Woche des Monates Januar, April, Juli, Oktober für das übernächste Jahresquartal, also beispielsweise im Januar für die Monate April, Mai, Juni.*

- *Können wir uns nicht einigen, so gilt bis zur Einigung Folgendes: Frida ist an jedem zweiten Wochenende beim Vater (Beginn ab…). Die Mutter bringt Frida am Freitag nach der Schule zum Vater und der Vater bringt Frida am Sonntag um 18.00 Uhr zur Mutter.*

- *Offizielle Feiertage sind für uns… Sie werden hälftig aufgeteilt. Wir wählen folgende Aufteilung… Im ersten Jahr gilt… im zweiten Jahr wenden wir diese Abmachung umgekehrt an.*

- *Die Hälfte der Schulferien ist Frida bei der Mutter, die andere beim Vater.*

- *Diese Kontaktabmachungen gelten auch bei üblichen Krankheiten und Unwohlsein, ausser in gesundheitsbedrohlichen Situationen (Arztbestätigung ist auf Wunsch zu erbringen).*

- *Als ergänzende Betreuungsperson(en) werden von uns akzeptiert: …*

- *Bei Änderungswünschen für bereits vereinbarte Daten lassen wir dem anderen Elternteil diese mündlich oder per Mail zukommen. Wir geben innerhalb von zwei Tagen kurz schriftlich Antwort. Können wir uns nicht einigen, gilt das bereits Vereinbarte.*
- *Frida darf jederzeit den nicht anwesenden Elternteil mit ihrem Handy anrufen oder ihm eine Mitteilung zukommen lassen.*
- *Beide Eltern dürfen Frida zwischen 10.00 bis 20.00 Uhr anrufen, wenn diese beim anderen Elternteil ist. Anrufe eines Elternteils kann Frieda annehmen oder später darauf reagieren.*
- *Frida darf über ihre Erlebnisse beim anderen Elternteil frei erzählen, aber wir fragen sie nicht aus.*
- *Über alle wichtigen Ereignisse, die Frida betreffen, wie z.B., dass sie krank wurde, einen Unfall hatte, Probleme in der Schule auftraten usw., informieren wir uns telefonisch am gleichen Tag. Wenn wir uns nicht erreichen, senden wir eine kurze SMS und informieren einander später telefonisch detailliert.*
- *Möchte ein Elternteil Genaueres erfahren, so nimmt er bei Bedarf direkt Kontakt mit den Lehrkräften, Ärzten, Therapeuten auf.*
- *Macht uns bei Frida etwas Sorgen oder sieht ein Elternteil Handlungsbedarf (z.B. Abklärungen, Arztbesuche, Medikation, Essensgewohnheiten), besprechen wir das zuerst als Eltern. Kommen wir nicht zu einer kindorientierten Einigung, ziehen wir eine Fachperson hinzu. Wir unterlassen präjudizierende Handlungen bis zum gemeinsamen Elternentscheid.*
- *Wir reden vor Frida über den nicht anwesenden Elternteil nur positiv und unterstützen eine gute Beziehung von ihr zu beiden Elternteilen aktiv und machen verbal und nonverbal klar, dass eventuell Meinungsunterschiede zwischen uns sie nicht betreffen.*
- *Wir sprechen mit ihr nicht über die Dinge, welche sie in Loyalitätskonflikte bringen könnten (Aussagen von bedeutsamen Menschen, Anwaltsschreiben, gerichtliche Regelungen usw.)*
- *Wenn wir etwas mit dem anderen Elternteil besprechen wollen, so nehmen wir mit diesem per Mail Kontakt auf und vereinbaren einen Austauschtermin, welcher für beide geeignet ist. Unsere Tochter lassen wir dabei außen vor.*
- *Wir sorgen dafür, dass Frida täglich höchstens … Minuten am Handy (Computer usw.) ist.*

- *Wir informieren einander, wenn Frida Aufgaben beim anderen Elternteil machen sollte. Ein Elternteil darf Wünsche an den anderen (möglichst zwei Tage im Voraus) formulieren und umgekehrt.*
- *Beide Eltern und ihre Partner/in veröffentlichen von Frida keine Videos und Fotos in den sozialen Medien.*

Beispiele von Vereinbarungspunkten bei geäussertem Verdacht eines sexuellen Übergriffes zum Schutz des Kindes und des Vaters

- *Bis auf Weiteres erfolgt das Hüten von Natascha ausserhalb der Kindergartenzeiten durch Frauen oder den Vater in Begleitung seiner Partnerin.*
- *Natascha soll sich allein waschen und duschen und benutzt das Badezimmer auch allein. Die benötigten Badetücher, Kleider, etc. werden vorher ins Badezimmer gelegt. Benötigt Natascha Hilfe, so wird diese durch eine Frau geleistet.*
- *Sie soll nach dem Duschen/Waschen mit dem Bademantel ins Zimmer gehen und sich dort allein anziehen. Benötigt sie zum Abtrocknen oder Anziehen Hilfe, so wird diese von einer Frau geleistet oder in Anwesenheit einer Frau durch den Vater.*
- *Natascha cremt ihren Körper selber mit Körpercreme oder Sonnencreme ein. Benötigt sie Hilfe, so wird diese durch Frauen geleistet, im Gesicht auch durch den Vater.*
- *Auf das WC soll Natascha allein gehen und sich auch allein im Intimbereich reinigen. Bittet sie um Hilfe, so kann diese von einer Frau geleistet werden. Der Vater und andere Männer sind explizit von dieser Aufgabe befreit.*
- *Bei öffentlichen Toiletten wird Natascha bis vor die Kabinentür begleitet, die erwachsene männliche Person wartet davor.*
- *Natascha kann beim Vater im eigenen Zimmer und Bett übernachten. Seine Partnerin ist die ganze Zeit in Ruf- und Sichtnähe. Der Vater betritt das Kinderzimmer nicht allein.*
- *Sämtliche aufgeführten Punkte in Bezug auf Umgang und Pflege für Natascha gelten auch für alle anderen männlichen Bezugspersonen von Natascha, insbesondere den Lebenspartner der Mutter, die Grossväter usw. sowohl in der Wohnung der Mutter, des Vaters oder analog auch an anderen Orten.*

> • *Der Vater darf Natascha in öffentlichen Räumen knuddeln und ihr bei offener Tür eine Gutenachtgeschichte vorlesen, wenn Natascha darum explizit bittet.*

c) Konfliktregel

> • *Wenn ein Elternteil eine Besprechung mit dem anderen Elternteil bei der Fachstelle XY wünscht, erklärt sich der andere kommentarlos einverstanden, daran zeitnah teilzunehmen.*

d) Der Schlussteil enthält den Vornamen und Namen der Eltern, eventuell den Wohnort sowie einen Platz für den Unterschriftsort, das Unterschriftsdatum und natürlich genügend Platz für die Unterschrift.

EINBEZUG KINDER[113]

Die nachstehenden Fragen sollen helfen zu entscheiden, in welcher Form ein Kind in den Lösungs-/Begleitprozess kindswohlorientiert einbezogen werden soll.

Analysefragen:

- Welche Ziele und Aufträge werden mit dem Gespräch verfolgt?
- Welchen voraussichtlichen Nutzen haben die Ziele und Aufträge für das betroffene Kind?
- Was könnte das Kind zur Lösung beitragen? Ist es dazu bereit oder könnte es dazu gewonnen werden?
- Kann das Kind frei denken und sprechen?
- In welcher Zusammensetzung und unter welchen Bedingungen könnte ein mehrheitlich positiver Gesprächsfokus ermöglicht werden?
- Wer ist für eine Lösung/die Aufgabe unabdingbar? Wie muss das berücksichtigt werden?
- Wer ist am geeignetsten mit dem Kind zu sprechen?
- Welche möglichen negativen Folgen könnten im und nach einem Gespräch eintreten (z.B. Loyalitätsbelastungen, Instrumentalisierung)? Welche Konsequenzen sind daraus für den Einbezug zu berücksichtigen?
- Ist der mehrheitliche kurz- und mittelfristige Nutzen für das Kind gegeben?

Reflexion und Entscheid

Welcher Einbezug hat für das Kind unter Beachtung der obigen Erkenntnisse den grösstmöglichen nachhaltigen Nutzen bei der geringstmöglichen Belastung:

- indirekter Gesprächseinbezug
- mit Eltern und Geschwistern
- mit „Lebensfamilie" (Grosseltern, Paten usw.)
- mit „professioneller Familie" (Pflegefamilie usw.)
- mit involvierten Fachleuten
- Kind allein

---

[113] Das Wort „Kind" steht auch für „Jugendliche" und „junge Erwachsene".

Glossar

- **Allianz**: (frz. alliance) … Bündnis … Aus: Brockhaus, das Taschenlexikon in 24 Bänden (2010). In diesem Buch wird der Begriff Allianz auch als Bündnis für oder gegen jemand verstanden.

- **Ambivalenzen**: Aus dem Lateinischen, „ambi" bedeutet zweifach und „valens" Wert und Kraft. Aus: Brockhaus, das Taschenlexikon in 24 Bänden (2010). München: Brockhaus. Seite 213. Fischer und Lüscher beschreiben Ambivalenzen als „das gleichzeitige Auftreten von einander widersprechenden Vorstellungen, Gefühlen … und Willensregungen". Sie unterscheiden emotionale Ambivalenzen oder Ambivalenzen bei Verhaltensweisen. FISCHER, Hans Rudi & LÜSCHER, Kurt (2014). Ambivalenzen bedenken und nutzen. Familiendynamik – Systemische Praxis und Forschung, 39. Jahrgang, Heft 2/2014, Seite 84-85.

- **Autopoiese/Autopoiesis**: Autopoiesis oder Autopoiese (altgriechisch αὐτός autos, „selbst" und ποιεῖν poiein „schaffen, bauen") ist der Prozess der Selbsterschaffung und -erhaltung eines Systems. „Autopoietische Systeme (beispielsweise Menschen und andere Säugetiere) sind rekursiv organisiert, das heisst, das Produkt des funktionalen Zusammenwirkens ihrer Bestandteile ist genau jene Organisation, die die Bestandteile produziert … Durch diese besondere Form der Organisation lassen sich lebende von nicht-lebenden Systemen unterscheiden: nämlich dadurch, dass das Produkt ihrer Organisation sie selbst sind, das heißt, es gibt keine Trennung zwischen Erzeuger und Erzeugnis. Das Sein und das Tun einer autopoietischen Einheit sind untrennbar, und dies bildet ihre spezifische Art von Organisation." (WIKIPEDIA, 12.06.2017 unter https://de.wikipedia.org/wiki/Autopoiesis). Literatur: MATURANA, Humberto R. & VARELA, Francisco (1984). Der Baum der Erkenntnis. Bern: Scherz. Seite 55-60. SCHLIPPE, Arist von & SCHWEIZER, Jochen (2012): Lehrbuch der systemischen Therapie und Beratung I. Göttingen: Vandenhoeck & Ruprecht. Seite 111-115.

- **Empowerment**: „to empower" (englisch) = „ermächtigen" oder „befähigen". „Mit Empowerment bezeichnet man Strategien und Maßnahmen, die geeignet sind, das Maß an Selbstbestimmung und Autonomie im Leben der Menschen zu erhöhen und sie in die Lage zu versetzen, ihre Belange (wieder) eigenmächtig, selbstverantwortlich und selbstbestimmt zu vertreten und zu gestalten. Empowerment bezeichnet dabei sowohl den Prozess der Selbstbemächtigung als auch die professionelle Unterstützung der Menschen, ihre Gestaltungsspielräume und Ressourcen wahrzunehmen und zu nutzen." (WIKIPEDIA, 16.06.2018 unter http://de.wikipedia.org/wiki/Empowerment).

Literatur: HERRIGER, Norbert (2006): Empowerment in der Sozialen Arbeit. Stuttgart: Kohlhammer.

• **Nonverbale Kommunikation**: Nonverbale/nichtverbale Kommunikation bezeichnet die Kommunikation mit „nichtsprachlichen Verhaltens- und Interaktionselementen (Körperkontakt, Körperbewegungen, Körperhaltung, Blicke, Gesten, Mimik …)". Aus: Brockhaus, das Taschenlexikon in 24 Bänden (2010/Band 15). München: Brockhaus. Seite 5330.

• **Offenes System**: Schlippe & Schweizer (2012) schreiben dazu: „Lebende Systeme werden daher immer als offene Systeme bezeichnet, weil sie kontinuierlich im Wechselbezug mit der Umwelt ihre einzelnen Komponenten neu aufbauen und wieder zerstören" (Seite 112). Literatur: SCHLIPPE, Arist von & SCHWEIZER, Jochen (2012). Lehrbuch der systemischen Therapie und Beratung I. Göttingen: Vandenhoeck & Ruprecht. Seite 111-115.

• **Operationale Geschlossenheit**: Schlippe & Schweizer (2012) schreiben dazu: „Lebende Systeme erzeugen, regulieren und erhalten sich selbst. Es gibt keine Möglichkeit, von aussen zielgerichtet auf ihre Prozesse zuzugreifen. Sie sind von aussen nicht determinierbar, zumindest nicht konstruktiv (freilich sehr wohl destruktiv, auf das System so einwirkend, dass es zugrunde geht)." (Seite 113). Literatur: MATURANA, Humberto R. & VARELA, Francisco (1984). Der Baum der Erkenntnis. Bern: Scherz. Seite 110 ff. SCHLIPPE, Arist von & SCHWEIZER, Jochen (2012). Lehrbuch der systemischen Therapie und Beratung I. Göttingen: Vandenhoeck & Ruprecht. Seite 111-115.

• **Paraverbale Kommunikation**: „Als paraverbale Kommunikation werden Botschaften bezeichnet, die auf der Parasprache als jenem Anteil des Sprechens beruhen, der die individuellen Eigenschaften des Sprechers bezüglich Stimmeigenschaften und Sprechverhalten zusammenfasst. (…) Die paraverbale Kommunikation beinhaltet daher die Stimmlage (hoch – tief, tragend – zitternd), die Lautstärke (angenehm – unangenehm laut – unangenehm leise), die Betonung einzelner Wörter oder Satzteile, das Sprechtempo (schnell – langsam), die Artikulation (deutlich – undeutlich) und die Sprachmelodie (eintönig – moduliert – singend). Menschen übermitteln in der direkten Kommunikation etwa ein Drittel der empfangenen Botschaft durch ihre Stimme, wobei dies zusammen mit der nonverbalen Kommunikation rund 90 Prozent der gesamten Nachricht ausmacht (…)." Stangl, W. im Online-Lexikon für Psychologie und Pädagogik, 30.06.2018 unter http://lexikon.stangl.eu/12100/paraverbale-kommunikation/.

Literatur- und Medienhinweise

FACHBÜCHER

- DE JONG, Peter & BERG, Insoo Kim (2008). Lösung(en) erfinden. Dortmund: modernes lernen.
- DELFOS, Martine F. (2015). Sag mir mal … Gesprächsführung mit Kindern, 4-12 Jahre. Weinheim: Beltz.
- DIETRICH, Peter & FICHTNER, Jörg & HALATCHEVA, Maya & SANDNER, Eva & WEBER, Matthias (2010). Arbeit mit hochkonflikthaften Trennungs- und Scheidungsfamilien: Eine Handreichung für die Praxis. Bezugsquelle: www.bmfsfj.de.
- HOLDT, Sabine & SCHÖNHERR, Marcus (2015). Lösungsorientierte Beratung mit getrennten Eltern. Stuttgart: Klett-Cotta.
- HÖTKER-PONATH, Gisela (2009). Trennung und Scheidung – Prozessbegleitende Interventionen in Beratung und Therapie. Stuttgart: Klett-Cotta.
- KEIL DE BALLÓN, Silvia (2018). Hocheskalierte Elternkonflikte nach Trennung und Scheidung. Wiesbaden: Springer.
- MATURANA, Humberto R. & VARELA, Francisco (1984). Der Baum der Erkenntnis. Bern: Scherz.
- MILLER, Scott D., DUNCAN, Barry & HUBBLE, Mark A. (2000). Jenseits von Babel. Stuttgart: Klett-Cotta.
- PFISTER-WIEDERKEHR, Daniel (2019). Beraten & Coachen. Norderstedt: Books on Demand. Als iBook für Mac im Apple Book Store.
- STEINER, Therese & BERG, Insoo Kim (2009). Handbuch Lösungsorientiertes Arbeiten mit Kindern. Heidelberg: Carl-Auer
- VAN LAWICK, Justine & VISSER, Margreet (2017). Kinder aus der Klemme. Heidelberg: Carl-Auer.
- VON GLASERFELD, Ernst (1985). Einführung in den radikalen Konstruktivismus. In „Die erfundene Wirklichkeit". Frankfurt: Serie Piper.
- WALPER, Sabine & FICHTNER, Jörg & NORMANN, Katrin / Hrsg. (2013). Hochkonflikthafte Trennungsfamilien. Weinheim und Basel: Beltz Juventa.
- WATZLAWICK, Paul, BEAVIN, Janet H. & JACKSON, Don D. (1969). Menschliche Kommunikation. Bern: Hans Huber.
- WEBER, Matthias & SCHILLING, Herbert / Hrsg. (2012). Eskalierte Elternkonflikte. Weinheim und Basel: Beltz Juventa.

- WIDER, Diana & PFISTER-WIEDERKEHR, Daniel (2016). Persönlicher Verkehr. In Handbuch Kindes- und Erwachsenschutz (S. 322-352). Bern: Haupt-Verlag.

MEDIENHINWEISE FÜR FACHPERSONEN UND ELTERN

Roman:
- Loyalitäten (2018). Delphine de Vigan. Verlag DuMont. Eindrückliche Beschreibung von Loyalitätsauswirkungen auf Kinder. Geeignet für Fachleute und Eltern.

Filme:
- SAG NEIN (2005). Film von Alice Schmid. Häufige sexuelle Übergriffsituationen und einige Umgangsmöglichkeiten werden kindgerecht gezeigt und helfen zum Verstehen und Einordnen (ca. 30 Minuten). Information: www.aliceschmid.ch.
- Weil du mir gehörst (2020). Film von Alexander Dierbach. Eindrücklich wird gezeigt, wie ein Elternteil das gemeinsame Kind dem anderen Elternteil entfremdet.
- Where We Belong (2019). Film von Jacqueline Zünd. Zwei Brüder erzählen im Dokumentarfilm über sich und ihre Eltern, die sich trennen.

Zeichenheft:
- Meine zwei Zuhause (2016). Ben Furmann & Mathias Weber. Heidelberg: Carl-Auer. Auf zwei gegenüberliegenden Seiten können kleine Kinder – unterstützt von skizzenhaften Vorlagen – die Lebenswelten von beiden Elternteilen visualisieren.

Kinderbücher zum Zusatzmodell „Befreiung aus der Sackgasse"
- Das grosse und das kleine NEIN (2018). Gisela Braun & Dorothea Wolters. Mülheim: Verlag an der Ruhr.
- Mein Körper gehört mir (2011). Pro Familie Darmstadt. Bindlach: Verlag Loewe.

Über den Autor

Daniel Pfister-Wiederkehr (geb. 1956) ist ausgebildeter Handwerker, Sozialarbeiter, anerkannter Systemtherapeut, Psychotherapeut und Lehrsupervisor.

Seit über 40 Jahren arbeitet er mit hochstrittigen Eltern im sozialarbeiterischen und psychiatrischen Feld, welche freiwillig kommen oder von Behörden und Gerichten geschickt werden.

Er unterrichtete Jahrzehnte an verschiedenen Hochschulen und Ausbildungsinstituten zu lösungs- und kompetenzorientierter Beratung und Coaching sowie zu kindorientierter Arbeit mit hochstrittigen Eltern.

Seit 2022 konzentriert er sich in seiner Beratungstätigkeit, seinen Supervisionen und Weiterbildungen auf die Arbeit mit hochstrittigen Eltern.

Kontakt: Daniel Pfister-Wiederkehr, SystemConsulting
Brunnackerstrasse 3, CH-4433 Ramlinsburg
daniel.pfister@pf-sc.ch oder www.pf-sc.ch